CACCIA A EL CHAPO

**LA STORIA MAI RACCONTATA DELL'EX AGENTE SPECIALE
CHE HA CATTURATO IL NARCOTRAFFICANTE PIÙ PERICOLOSO DEL MONDO**

ANDREW HOGAN
CON DOUGLAS CENTURY

Traduzione di
Nicolò Marcionni

HarperCollins

ISBN 978-88-6905-305-4

Titolo originale dell'edizione in lingua inglese:
Hunting El Chapo
Harper
An Imprint of HarperCollins *Publishers*
© 2017 QQQ, LLC
Traduzione di Nicolò Marcionni

Realizzazione editoriale: studio pym / Milano

© 2018 HarperCollins Italia S.p.A., Milano
Prima edizione HarperCollins
aprile 2018

MISTO
Carta da fonti gestite
in maniera responsabile
FSC® C005461

FSC
www.fsc.org

A mia moglie e ai miei figli
A.H.

Non c'è caccia come la caccia all'uomo e chi ha cacciato a lungo uomini armati provando piacere poi non ha più interesse per nient'altro.

Ernest Hemingway, *Sull'acqua azzurra* (1936)

NOTA DEGLI AUTORI

Questa non è un'opera di narrativa: tutti gli eventi descritti sono veri e i personaggi sono reali. I nomi dei poliziotti e magistrati – come quelli dei militari messicani – sono stati modificati, a meno che non fossero già noti all'opinione pubblica. Per motivi di sicurezza, anche diverse località, marche di veicoli, cognomi e pseudonimi sono stati alterati. Tutti i dialoghi sono stati riprodotti sulla base dei ricordi di Andrew Hogan.

SOMMARIO

PARTE TERZA

PROLOGO: EL NIÑO DE LA TUNA

Phoenix, Arizona
30 maggio 2009

Ho sentito parlare per la prima volta della leggenda di Chapo Guzmán una sera, poco dopo mezzanotte, al Mariscos Navolato, un locale messicano poco illuminato che si trova sulla Sessantasettesima Avenue Nord nel quartiere Maryvale di Phoenix.

Il mio collega della squadra speciale Narcotici della DEA (Drug Enforcement Administration), Diego Contreras, mi stava urlando nell'orecchio la traduzione di una canzone.

Cuando nació preguntó la partera
Le dijo como le van a poner?
Por apellido él será Guzmán Loera
Y se llamará Joaquín

«Quando nacque, la levatrice chiese: come lo chiameranno?» gridava Diego, con l'alito caldo e pungente

11

per il Don Julio che si era appena scolato. «Il cognome è Guzmán Loera, e il nome sarà Joaquín...»

Diego e io lavoravamo insieme nella squadra speciale di Phoenix dall'inizio del 2007, e due anni dopo eravamo come fratelli. Ero l'unico bianco al Mariscos Navolato, quella sera di maggio, e percepivo su di me lo sguardo di tutti i presenti, che mi squadravano dall'alto in basso. Tuttavia, seduto accanto a Diego non mi sentivo a disagio.

A Phoenix Diego mi aveva subito introdotto alla cultura messicana. Mangiavamo *birria* dai piatti di plastica nell'accogliente cucina di una señora che aveva fatto di casa sua un ristorante improvvisato, e ordinavamo *raspados* al mango da un venditore ambulante che spingeva il suo carretto lungo la via, ascoltando tutti i *narcocorridos* che Diego aveva nella sua collezione di CD. Benché non fossi affatto messicano, Diego sosteneva che mi stessi lentamente trasformando in un *güero* – un messicano con gli occhi azzurri, i capelli biondi e la pelle chiara – e che in breve nessuno mi avrebbe più preso per un gringo.

Nel locale stavano suonando a tutto volume della musica *norteña*; Los Jaguares de Culiacán era una band di quattro elementi appena arrivata dalla violenta capitale dello Stato di Sinaloa per un tour nel Southwest. La melodia della tuba e della fisarmonica, simile a quella di una polka, emanava un fascino strano e contagioso. Avevo una certa conoscenza dello spagnolo, ma Diego mi stava insegnando una lingua del tutto nuova: lo slang dei barrios, dei narcos, delle *zone di guerra* come Ciudad Juárez, Tijuana e Culiacán. Ciò che rendeva questi narcocorridos così tosti, mi spiegò Diego, non era il ritmo forsennato della tuba, della fisarmonica e della chitarra, bensì il modo di raccontare appassionato e il tono da spietato pistolero racchiuso nei testi.

Una cameriera con capelli neri, jeans bianchi attillati e scarpe col tacco ci portò un secchio pieno di bottiglie gelate di La Cerveza del Pacifico. Ne tirai fuori una dal ghiaccio e strappai un angolo dell'etichetta giallina. *Pacifico*: l'orgoglio di Mazatlán. Mi venne da ridere: eravamo nel cuore di West Phoenix, ma sembrava che in qualche modo fossimo stati catapultati oltre il confine, a 1200 chilometri di distanza, nello Stato di Sinaloa. Il bar pullulava di trafficanti; Diego e io stimammo che tre quarti degli avventori fossero in qualche misura coinvolti nel commercio di cocaina-marijuana-metanfetamina.

Era facile individuare i trafficanti di mezz'età, con quei cappelli da cowboy e gli stivali di alligatore; alcuni di loro lavoravano anche regolarmente come allevatori di bestiame. Poi c'erano i narcos junior, la nuova generazione, che avevano l'aspetto dei tipici studenti di college dell'Arizona, con le magliette Lacoste sopra jeans di marca, anche se molti ostentavano orologi che un normale ventenne non si sarebbe mai potuto permettere.

Ai bordi della pista da ballo notai un gruppetto di uomini che aveva l'aria di avere già ammazzato qualcuno, individui con occhi di ghiaccio che imponevano la legge del cartello. Infine, qua e là nel locale, c'erano dozzine di onesti lavoratori – imbianchini, segretarie, giardinieri, cuochi, infermiere – a cui piaceva ascoltare dal vivo quei cantori di ballate sul mondo della droga venuti dal Sinaloa.

Diego e io avevamo passato l'intera giornata in una noiosissima attività di sorveglianza, e dopo dieci ore senza

13

toccare cibo mi scolai la bottiglia di Pacifico, emettendo un lungo sospiro compiaciuto quando la birra mi riempì lo stomaco.

«*Mis hijos son mi alegría y también mi tristeza*» gridò Diego, facendomi quasi scoppiare il timpano. «I miei figli sono la mia gioia, ma anche la mia tristezza.»

«*Edgar, te voy a extrañar*» cantò poi, all'unisono con il leader dei Jaguares. «Edgar, mi mancherai.»

Gli lanciai un'occhiata interrogativa.

«Edgar era uno dei figli del Chapo ed è stato ucciso in un parcheggio a Culiacán» mi spiegò. «Era il suo figlio preferito, l'erede predestinato. Quando Edgar è stato assassinato, El Chapo si è imbufalito. Quel *pinche cabrón* se l'è presa con un sacco di gente…»

Ero stupito da come Diego dominasse la situazione. Non per via della sua corporatura – non superava il metro e settanta – ma grazie alla sua sicurezza e al suo fascino. Notai che una delle ballerine lo guardava insistentemente, anche mentre volteggiava fra le braccia di un mezzo cowboy. Diego non era il tipico poliziotto della Narcotici in T-shirt e jeans larghi; spesso indossava una camicia ben stirata, sia a casa sia in azione per le strade.

Quando parlava, soprattutto in spagnolo, incuteva rispetto. Era nato nella periferia di Città del Messico ed era emigrato a Tucson con la famiglia quando era ancora bambino. Poi si era trasferito a Phoenix, ed era entrato nella polizia di Mesa come agente di pattuglia nel 2001. Come me, si era fatto una reputazione di agente particolarmente aggressivo. Diego era così bravo a indagare nel mondo della droga che era stato promosso ispettore nel 2006. Un anno dopo era stato scelto dal suo capo per un incarico speciale nel Team 3 della squadra Narcotici della DEA di Phoenix. Ed è lì che l'avevo conosciuto.

Dal momento in cui iniziammo a lavorare insieme ci fu chiaro che le nostre forze erano complementari. Diego aveva l'istinto della strada. Si stava sempre *lavorando* qualcuno: un informatore, un truffatore, perfino qualche suo amico. Spesso maneggiava quattro cellulari contemporaneamente. Il ruolo di infiltrato, l'essere in prima linea, era quello che gli piaceva di più. Anche a me piaceva operare per le strade ma preferivo rimanere nell'ombra, come quella sera seduto al nostro tavolo, a prendere nota di ogni dettaglio, a studiare e memorizzare ogni volto. Non cercavo i riflettori; il mio lavoro dietro le quinte avrebbe parlato da solo.

Diego e io avevamo da poco iniziato a seguire un gruppo di narcos junior con base a Phoenix. Erano sospettati di distribuire quantità industriali di cocaina, meth e *cajeta* – la marijuana messicana di qualità – del cartello di Sinaloa attraverso l'intero Southwest.

Benché non avessimo programmato di affrontarli direttamente quella sera, Diego si era vestito proprio come un narco junior: camicia nera button-down di Calvin Klein tenuta fuori da un paio di jeans blu scuro, orologio Movado col quadrante nero e scarpe da ginnastica Puma di pelle nera. Io invece sembravo uno studente di un college californiano, con il mio berretto da baseball nero, la T-shirt grigia e le scarpe Diesel dello stesso colore.

I miei figli sono la mia gioia, ma anche la mia tristezza, mi ripetevo in silenzio. Quel popolarissimo narcocorrido – *El Niño de La Tuna* di Roberto Tapia – era un pugno nello stomaco emotivo. Scorgevo la passione negli occhi degli spettatori, che conoscevano quella ballata parola per parola. Sembrava che vedessero nel Chapo un misto tra Robin Hood e Al Capone.

Mi guardai intorno e feci un cenno di assenso a Diego come se avessi afferrato tutto, ma in realtà non avevo ancora capito niente.

Ero un giovane agente speciale del Kansas cresciuto a base di Metallica, Tim McGraw e George Strait, e c'erano troppe cose da osservare e capire quella sera con Diego al Mariscos Navolato.

Sui cinque televisori a schermo piatto era in corso un'importante partita di calcio della Primera división messicana: il Mérida stava vincendo 1-0 contro il Querétaro, ma a me importava poco. Il jukebox a CD era pieno di musica *banda* e *ranchera*, le pareti erano coperte di manifesti di Modelo, Tecate, Dos Equis e Pacifico, poster di imminenti concerti di norteño, foto di torte fatte in casa e cartelli scritti a mano con le specialità di *mariscos* della casa, come l'*almeja reyna*, un popolare piatto di frutti di mare tipico del Sinaloa.

El Chapo. Il tappo: voleva essere un soprannome minaccioso? Come aveva fatto un ragazzino semianalfabeta, originario di La Tuna nelle montagne della Sierra Madre, uno che aveva mantenuto la sua famiglia vendendo arance per le strade, ad arrivare a essere celebrato come il più grande signore della droga di tutti i tempi? El Chapo era davvero – come dicevano le leggende metropolitane e le ballate popolari – più potente perfino del presidente del Messico?

Qualunque fosse la verità, tenevo gli occhi fissi sui narcos junior seduti a un tavolo dall'altra parte del locale. Uno di loro aveva un taglio di capelli militare, altri due un taglio fauxhawk e il quarto indossava un berretto dell'università dell'Arizona. Diego e io sapevamo che erano sicuramente armati.

Se fossero usciti per andare alle loro auto avremmo dovuto seguirli.

Diego buttò due banconote da 20 dollari sul tavolo, strizzò l'occhio alla cameriera e si tirò su dalla sedia. Il gruppo dei narcos junior si mosse, uno di loro si alzò, sistemandosi il berretto sulla testa, e si girò facendo perno sulle sue Air Jordan come un perfetto playmaker.

Diego finì la sua birra e mi indicò con un cenno di fare lo stesso. La band suonava a tutto volume. Diego scoppiò a ridere, insieme all'intero bar, quando la canzone raggiunse il suo apice:

Sarò piccolo, ma sono coraggioso…

Sorrisi anch'io, spingendo indietro la sedia per alzarmi.

Quel ritmo ipnotico aveva catturato anche me. Mi ritrovai a cantare con lo stesso piacere di quei trafficanti col cappello da cowboy:

«Sono El Chapo Guzmán!».

PARTE PRIMA

BREAKOUT

Guadalajara, Messico
24 maggio 1993

Gli spari improvvisi di un AK-47 infransero la calma di un perfetto pomeriggio di primavera, scatenando il panico nel parcheggio dell'aeroporto di Guadalajara. Seduto di fianco all'autista nella sua Grand Marquis bianca, il cardinale Juan Jesús Posadas Ocampo, arcivescovo di Guadalajara, venne colpito da quattordici proiettili mentre andava ad accogliere il nunzio apostolico che stava per atterrare. Il cardinale sessantaseienne si accasciò al centro del veicolo col sangue che gli colava dalla fronte. Morì all'istante. La Grand Marquis venne crivellata da più di trenta colpi d'arma da fuoco e l'autista fu una delle sei vittime della sparatoria.

Chi mai aveva voluto colpire l'arcivescovo – una delle figure più amate della Chiesa messicana – in un attacco così sfrontato? Si disse che in realtà il cardinale Posadas fosse rimasto accidentalmente coinvolto nella guerra in atto fra il cartello di Sinaloa e quello di Tijuana, da mesi in lotta per il controllo della *plaza* – la via di contrabbando della droga – verso il sud della California. Posadas era stato scambiato per il capo del cartello di Sinaloa, Joaquín Archivaldo Guzmán Loera, detto El Chapo, che sarebbe dovuto arrivare in quello stesso parcheggio su una berlina bianca più o meno a quell'ora.

I telegiornali di tutto il mondo trasmisero immediatamente le immagini di quella sparatoria in stile western, mentre le autorità e i giornalisti cercavano di dare una spiegazione a quella carneficina. *Gli elicotteri ronzavano in cielo mentre la polizia requisiva venti automobili crivellate di colpi, fra cui una che conteneva granate e potenti armi automatiche*, scrisse il *Los Angeles Times* in prima pagina. L'assassinio del cardinale Posadas in pieno giorno scosse profondamente la società messicana. Il presidente Carlos Salinas de Gortari giunse immediatamente sul posto per manifestare il suo cordoglio e tranquillizzare la nazione.

Quella sparatoria sarebbe diventata un punto di svolta nella storia dell'America Latina moderna: per la prima volta l'opinione pubblica messicana si rendeva conto della natura selvaggia dei cartelli della droga attivi nel paese. La maggior parte dei messicani non aveva mai sentito parlare del piccolo capo del Sinaloa, il cui soprannome lo faceva sembrare più comico che spietato.

Dopo l'assassinio di Posadas, in tutta l'America Latina i giornali pubblicarono in prima pagina alcuni grezzi ritratti a matita del Chapo. Il suo nome veniva ripetuto ogni sera in televisione: ricercato per omicidio e traffico di stupefacenti.

Rendendosi conto di non essere più al sicuro nemmeno nella sua Sierra Madre o nel vicino Stato di Durango,

Guzmán si rifugiò probabilmente nello Stato di Jalisco, dove possedeva un ranch, e poi in un albergo di Città del Messico, dove si incontrò con diversi luogotenenti del cartello di Sinaloa, a cui trasferì decine di milioni di dollari perché provvedessero ai bisogni della sua famiglia mentre lui era latitante.

Travestito e con un passaporto intestato a Jorge Ramos Pérez, El Chapo si spostò nel sud del Messico e attraversò il confine col Guatemala il 4 giugno 1993. Con tutta probabilità aveva deciso di muoversi clandestinamente, accompagnato dalla sua fidanzata e da diverse guardie del corpo, per stabilirsi in El Salvador finché le acque non si fossero calmate. In seguito fu reso noto che El Chapo aveva pagato ingenti somme di denaro per la sua fuga, corrompendo un ufficiale dell'esercito guatemalteco con 1,2 milioni di dollari perché gli garantisse un passaggio sicuro oltre il confine messicano.

Nel maggio del 1993, al tempo dell'assassinio di Posadas, ero a più di 2000 chilometri di distanza, nella mia città natale, Pattonville nel Kansas, e stavo spiegando un complicato schema di gioco al mio fratellino. Lui era Sweetness e io Punky QB – indossavamo entrambi la maglia regolamentare blu e arancione dei Bears – e giocavamo nel giardino davanti a casa contro una squadra composta da cugini e vicini. Nostra sorella e le sue amiche erano vestite da cheerleader, con dei pompon autoprodotti, e facevano il tifo da bordo campo.

Mio fratello, Brandt, giocava sempre nel ruolo di Walter Payton, mentre io facevo sempre Jim McMahon. Ero un vero fanatico di football – mi prendevano tutti in giro per questo – e anche per una semplice partita in giardino volevo che tutti i dettagli fossero quelli giusti; persino la fascia con il nome ROZELLE (che avevo scritto con un pennarello indelebile) doveva essere identica a quella che aveva indossato McMahon in vista del Super Bowl del 1985.

Nessuno di noi pesava più di cinquanta chili, ma prendevamo quelle partite molto sul serio, come se fossimo davvero Payton, McMahon, Singletary, Dent e tutti gli altri giocatori dei Chicago Bears (i Mostri del Midway). A Pattonville – una cittadina di 3000 abitanti a 80 chilometri da Kansas City – non c'era granché da fare, a parte giocare a football e andare a caccia. Mio padre faceva il pompiere e da una vita cacciava gli uccelli di palude. Mi aveva portato a caccia di anatre per la prima volta quando avevo otto anni e mi aveva comprato il primo fucile – un Remington 870 *youth model* – quando ne avevo compiuti dieci.

Tutti si aspettavano che avrei fatto anch'io il pompiere; il bisnonno, il nonno e tre zii lo erano stati. Passavo lunghe ore nella caserma seguendo mio padre, provando il suo elmetto di cuoio coperto di fuliggine, salendo e scendendo dai camion nel garage. In quinta elementare portai a casa un tema e lo mostrai a mia madre:

Un giorno farò… il pompiere, il poliziotto o l'agente segreto.

Da che ho memoria, tuttavia, ero seriamente intenzionato a diventare una cosa sola: il poliziotto. E non un poliziotto *qualsiasi*, ma un agente della polizia del Kansas.

Mi piacevano le loro uniformi azzurro scuro con il cappello di feltro blu e le potenti Chevrolet che avevano in dotazione. Per anni ho disegnato ossessivamente macchine della polizia. Non era un semplice passatempo. Me ne stavo da solo in camera a disegnare febbrilmente, dovevo avere tutte le matite e i pennarelli dei colori giusti allineati davanti a me, e riproducevo le auto della polizia fin nei minimi dettagli: i lampeggianti, le scritte, i contrassegni, le ruote… ogni cosa doveva essere precisa, perfino le antenne radio. E se un particolare non corrispondeva al vero, ricominciavo tutto da capo. Disegnavo Ford Crown Vics ed Explorers, ma la mia preferita era la Chevy Caprice, con il motore della Corvette LT1 e i cerchioni delle ruote neri. Sognavo spesso mentre coloravo, mi vedevo al volante di una rombante Caprice lanciata all'inseguimento di un rapinatore sulla Route 36…

L'autunno era la mia stagione preferita. Andavo a caccia di anatre con mio padre e mio fratello. E poi c'era il football, quello vero, giocato sotto i riflettori dello stadio, non nel giardino di fronte a casa. La squadra del college passava i giovedì sera in un fienile o in un campeggio in mezzo ai boschi seduta intorno al fuoco ad ascoltare il consulente motivazionale della settimana, con gli elmetti – fondo arancione e zampe nere di tigre sui lati – che riverberavano alla luce della fiamma.

La vita a Pattonville ruotava intorno alle partite del venerdì sera. Lungo le vie della città si vedevano striscioni arancioni e neri e tutti venivano a vedere i Tigers giocare. Io avevo il mio rituale pre-partita, mi sparavo una buona dose di Metallica in cuffia…

Hush little baby, don't say a word
And never mind that noise you heard

Finita la scuola secondaria, ero convinto che non mi sarei mai allontanato dalla città in cui vivevano i miei genitori, i miei nonni, i miei zii e decine di cugini. Non volevo andare da nessun'altra parte. Non potevo nemmeno immaginare di lasciare Pattonville. Non potevo immaginare la vita in una città con più di 26 milioni di abitanti avvolta nello smog, costruita sulle rovine dell'antica capitale azteca Tenochtitlán...

Il Messico? Messo alle strette – sotto lo sguardo impaziente del mio insegnante di spagnolo – forse sarei riuscito a trovarlo sulla cartina. Ma per quel che ne sapevo avrebbe potuto essere tranquillamente il Madagascar.

Diventai presto la pecora nera: l'unico poliziotto in una famiglia di pompieri. Dopo la laurea in Criminologia all'università del Kansas, feci l'esame scritto per entrare nella polizia stradale del Kansas, ma un blocco delle assunzioni a livello nazionale mi costrinse a seguire un'altra direzione. Un vecchio capitano che lavorava nell'ufficio dello sceriffo mi offrì un posto come agente di pattuglia nella contea di Lincoln, aprendomi così le porte in polizia.

Non era il lavoro che avevo sperato, ma di sicuro era *la macchina* che avevo sognato: mi venne assegnata una Chevrolet Caprice del 1995 dotata del potente motore della Corvette, la stessa macchina che avevo disegnato e colorato con precisione ossessiva nella mia stanza da quando avevo dieci anni. Adesso potevo portarla a casa e parcheggiarla per la notte sul nostro passo carraio.

Per ogni turno di dodici ore mi veniva assegnata un'area di trenta chilometri per cinquanta. Non avevo un compagno di pattuglia: ero un agente con la faccia da bambino che copriva una vasta campagna cosparsa di fattorie e qualche cittadina. L'agente di pattuglia più vicino controllava una zona grande quanto la mia. Se ci fossimo trovati agli estremi opposti delle nostre aree di competenza e avessimo avuto bisogno di aiuto ci sarebbe voluta una buona mezz'ora per raggiungerci.

Me ne resi conto una sera d'inverno del primo anno, quando mi venne chiesto di mettermi sulle tracce di un individuo sospetto alto quasi due metri – un tizio di nome Beck – che era appena uscito dal reparto psichiatrico dell'ospedale statale di Osawatomie. Avevo già avuto a che fare con Beck quella sera, dato che si era reso colpevole di disturbo della quiete pubblica in una città vicina. Poco dopo le otto, sul mio computer di bordo apparve un messaggio del sergente: *Hogan, hai due possibilità: o lo fai uscire dalla contea o lo porti in prigione.*

Sapevo di essere solo: il sergente e altri agenti erano impegnati con una macchina finita nel fiume, e quindi erano almeno a venti minuti di distanza. Mentre procedevo su una stradina sterrata, i miei fari investirono una figura scura che camminava sul ciglio con passo tranquillo. Feci un profondo sospiro e mi fermai.

Beck.

Ogni volta che avevo la sensazione di dover menare le mani lasciavo il mio Stratton di feltro marrone sul sedile del passeggero. Feci così anche in quell'occasione.

«David venticinque» dissi alla radio. «Ho bisogno di un'altra auto.»

Era il modo più tranquillo di richiedere sostegno immediato. Ma sapevo già come stavano le cose: non c'era un agente disponibile nel raggio di quaranta chilometri.

«Il fottuto ranger solitario» bisbigliai, scendendo dalla Caprice. Mi avvicinai cautamente a Beck, ma lui non si fermò, portandomi sempre più lontano dai fari, nel buio.

«Signore, posso darle un passaggio fino alla stazione di servizio più vicina o condurla in prigione» dissi in tono pragmatico. «Decida lei.»

Beck mi ignorò e allungò il passo. Feci una breve corsa per ridurre la distanza e gli afferrai uno dei grossi bicipiti con una presa da manuale, come mi era stato insegnato alla scuola di polizia.

Ma Beck era troppo forte e si lanciò in avanti, tentando di liberarsi. Sentii la ghiaia frantumarsi sotto i nostri piedi mentre cercavamo entrambi di mantenere l'equilibrio. Beck mi strinse le braccia in una morsa e per un istante, con i volti vicinissimi, vedemmo il nostro fiato condensarsi nell'aria fredda. Non sapevo a cosa appoggiarmi, su cosa fare leva, i miei piedi sfioravano appena il terreno... Era chiaro che Beck si preparava a sollevarmi e a scaraventarmi a terra.

Sapevo di non poter effettuare nessuna contromossa, ma riuscii con uno strattone a liberare il braccio destro e gli assestai un pugno violento sul volto butterato, e poi un altro, finché un destro potente e preciso gli fece rovesciare indietro la testa, costringendolo a mollare la presa. Mi misi a gambe larghe, come se mi stessi preparando a placcarlo, e gli affondai una spalla nello stomaco, facendolo cadere a terra. Rotolammo uno sull'altro nel fosso ghiacciato. Beck cercava di prendermi la pistola Smith & Wesson calibro 45, aveva già slacciato la fondina...

Alla fine riuscii a mettermi sopra di lui. Allungai una mano al cinturone e gli riempii gli occhi e la bocca con una bella dose di spray al peperoncino. Beck gridò, portandosi le mani alla gola, e in un attimo gli misi le manette. Poi lo tirai in piedi e lo spinsi sul sedile posteriore della Caprice.

Eravamo a metà strada dalla prigione quando l'agente più vicino fu in grado di rispondermi.

Quello era stato il momento più spaventoso della mia vita, fino a quando, dodici anni più tardi, misi piede a Culiacán, la tristemente nota capitale del regno della droga messicano: lo Stato di Sinaloa.

A dispetto dei pericoli, imparai presto ad apprezzare la caccia. Nel controllare i veicoli che fermavo, guardavo sotto i sedili e frugavo nel vano portaoggetti in cerca di droga, trovando in genere solo bong e bustine semivuote di marijuana. Poi, una sera, su un tratto tranquillo di autostrada fermai una Jeep Cherokee per eccesso di velocità. Sul lunotto era attaccato un piccolo adesivo dei Grateful Dead, e alla guida c'era un hippie di quarantadue anni con una T-shirt bianca piena di macchie d'unto. Capii subito come dovevo comportarmi: recitai la parte del poliziotto ingenuo e sprovveduto, ottenendo il suo consenso a perquisire la jeep, e così scovai 90 grammi di crack e una mazzetta di banconote del valore di 13.000 dollari.

La notizia dell'arresto venne ripresa dai giornali locali – era una delle confische più grosse mai avvenute nella nostra contea – e io mi feci la reputazione di agente scafato e smaliziato, quasi un cane da fiuto antidroga. Un trampolino di lancio, così almeno pensai, verso il mio obiettivo: diventare un agente della polizia del Kansas.

Ma poi, un'altra sera, tornato a casa con la mia Caprice a fine turno, trovai una sottile busta bianca ad aspettarmi. Nel quartier generale della polizia stradale a Topeka avevano finalmente deciso: benché avessi superato l'esame, ero solo uno fra più di tremila candidati e non ero stato selezionato.

Chiamai subito mia madre per farglielo sapere. Tutta la mia famiglia aveva aspettato per settimane il risultato dell'esame. Nell'attimo in cui riagganciai il telefono, l'occhio mi cadde sulla foto incorniciata del distintivo della polizia stradale del Kansas che conservavo dai tempi del college. Ebbi la sensazione che le pareti della stanza mi si chiudessero addosso, strette come il corridoio della prigione della contea. Sentii montare la rabbia, mi voltai e fracassai la cornice contro il muro, sparpagliando i frammenti di vetro sul pavimento. Poi saltai sulla mia Harley-Davidson Softail Deuce del 2001 e per cinque ore girovagai lungo strade secondarie, fermandomi in tutte le bettole che incontravo.

Mio padre nel frattempo era andato in pensione; aveva comprato la sede originaria dei vigili del fuoco di Pattonville, un edificio di mattoni rossi costruito nel 1929 all'angolo tra East Main e Parks Street, e l'aveva restaurata e trasformata in un pub. Il Pattonville's Firehouse Pub era diventato subito uno dei locali più frequentati della città, famoso per le sue ali di pollo piccanti, i gruppi che vi suonavano dal vivo e i festosi happy hour.

Quella sera il pub era pieno di gente e sul palco si esibiva una band di quattro elementi. Accostai davanti all'ingresso e mi imbattei in un vecchio compagno di squadra del liceo, Fred Jenkins, da poco entrato a far parte dei vigili del fuoco di Kansas City.

Cercai di scuotermi ma ero ancora pieno di rabbia, e

30

l'ennesima bottiglia di Budweiser non mi avrebbe cambiato l'umore. Mi allungai e gridai a Freddie: «Seguimi».

Lo condussi sul retro del pub.

«Cosa diavolo stai combinando?»

«Aiutami a spingere dentro questa cazzo di moto.»

Freddie afferrò le forcelle e cominciò a spingere mentre io cercavo di infilare a marcia indietro la mia Deuce attraverso la porta di servizio del pub.

Saltai in sella e accelerai, e in pochi secondi si alzò del fumo bianco intorno allo pneumatico posteriore, come se stesse segando il pavimento di cemento grezzo.

Un boato assordante – avevo le marmitte più rumorose della città – sovrastò la musica della band. Spesse nuvole dall'odore acre riempirono il pub mentre io tenevo forte il manubrio, con le gambe strette alle pedane poggiapiedi per tenere in equilibrio la belva. Diedi un ultimo colpo di gas e cacciai un grido, senza provare particolare sollievo.

Parcheggiata la Deuce entrai nel bar, sperando che gli avventori mi dessero il cinque entusiasti – facendomi così passare il cattivo umore – ma erano tutti incazzati, specialmente mio padre.

Poi un vecchio pompiere in pensione mi batté violentemente sulla spalla.

«Ragazzo, bella cazzata» disse. «Adesso il mio pollo puzza di gomma.»

Infilai una mano nei jeans e tirai fuori un fascio di banconote con cui avrei potuto pagare la cena a tutti. Poi scorsi mio padre uscire da dietro il bancone e venire di corsa verso di me.

«Squagliamocela» gridai a Freddie. «Meglio andarcene di qui prima che il vecchio mi faccia il culo.»

Rifeci l'esame per la polizia stradale, ma nel frattempo cominciai anche a raccogliere informazioni su quella federale; uno dei miei migliori amici in polizia mi aveva parlato molto bene della Drug Enforcement Administration. Fino a quel momento non avevo mai preso in considerazione l'ipotesi di diventare agente speciale, ma decisi di fare il viaggio fino a Chicago e assistere ai loro corsi di orientamento. Avvenne tutto molto in fretta, venni immediatamente ritenuto *particolarmente idoneo* grazie alla laurea e all'esperienza già maturata in polizia. Poi trascorsero dei mesi nel più assoluto silenzio, ma sapevo che poteva passare anche un anno prima che mi chiamassero a completare i test. Finché un giorno d'autunno, mentre ero in giro sulla mia Harley con un gruppo di poliziotti e pompieri per raccogliere fondi da destinare al programma Toys for Tots, organizzato dal corpo dei Marines, buttai lì al cugino di Freddie, Tom, che avevo fatto domanda per entrare nella DEA. Avevamo trascorso l'intera giornata sulle stradine dell'interno e ci eravamo fermati in un bar.

«Davvero? Conosci Snake?» chiese Tom. Poi gridò per farsi sentire dall'altra parte del bar: «Snake! Vieni qui, c'è uno che ha fatto domanda per la DEA».

Snake si avvicinò con l'aria da spaccone. Indossava un giubbotto di pelle tutto graffiato e aveva i capelli biondi e unti che gli arrivavano alle spalle, la barba mal rasata e uno sguardo da assassino. Più che un agente della DEA sembrava uno di quei motociclisti che vivono ai margini della legge.

Andammo subito d'accordo. Ci scolammo un paio di Budweiser e parlammo dell'estenuante lentezza con cui procedeva la mia candidatura.

«Ascolta, ragazzo, è una rottura di palle, lo so. Questo è il mio biglietto da visita» disse Snake. «Chiamami lunedì.»

Prima che potessi rendermene conto, grazie a Snake mi trovai su una corsia preferenziale: conclusi rapidamente i test di ammissione e ricevetti l'invito al centro di addestramento della DEA. Dopo un'ultima notte di baldoria al Firehouse Pub, mi diressi a est, abbandonando la vita meticolosamente organizzata che avevo condotto fino a quel momento in Kansas. Attraversai la fitta foresta intorno a Quantico – piena di docili cervi dalla coda bianca, che si lasciavano quasi accarezzare – e attraversai i cancelli dell'accademia della DEA come membro di una nuova classe di reclute.

Mi ero appena abituato alla vita che si faceva a Quantico quando con una telefonata fui informato che ero stato selezionato per il prossimo corso della polizia stradale del Kansas. Ancora oggi non posso credere a cosa risposi al sergente maggiore.

«Grazie per l'invito» dissi, «ma non intendo lasciare la DEA.»

A quel punto mi ero lanciato a capofitto nel programma di addestramento della DEA.

Trascorrevamo lunghe ore al poligono, consumando migliaia di munizioni con le pistole Glock 22 calibro 40 che avevamo in dotazione, e ci spaccavamo il culo a fare esercizi fisici vicino al lago: piegamenti nell'acqua fredda e fangosa, e poi, sulla vicina strada di ghiaia, flessioni sulle nocche.

Il cuore dell'addestramento erano gli scenari pratici, o *practicals*. Un pomeriggio, nel corso di un'esercitazione, mi chiesero di tenere d'occhio un bersaglio – un membro dell'accademia nel ruolo di un trafficante di droga – che stava organizzando uno scambio con un altro malvivente in un parcheggio lontano.

Fermai la macchina dove non mi potessero vedere, presi il binocolo e la radio e mi avvicinai strisciando tra un gruppo di pini.

«Il baule è aperto» dissi via radio ai miei compagni. «Bersaglio Uno ha appena sistemato una grossa sacca da viaggio nel bagagliaio di Bersaglio Due. Si preparano a partire. State pronti.»

Da solo, nella mia Ford Focus, seguii l'auto di Bersaglio Due fino alla scena seguente.

Era arrivato il momento di tirare fuori il guidatore dalla macchina. Avevo gli occhi fissi su Bersaglio Due, ma ancora nessuno dei miei compagni mi aveva raggiunto. I minuti passavano, guardavo l'orologio e chiamavo la mia squadra via radio. Sapevo di dover arrestare subito quell'individuo, altrimenti avremmo fallito l'esercitazione.

Pigiai l'acceleratore e mi fermai sbandando vicino al retro del veicolo bersaglio, poi spalancai la portiera del guidatore puntandogli contro la pistola.

«Polizia! Fammi vedere le mani! Fammi vedere le mani!»

L'uomo che interpretava il malvivente si spaventò così tanto che non oppose la minima resistenza. Mi allungai nell'abitacolo e lo afferrai per i capelli, poi lo trascinai fuori dal veicolo e lo scaraventai a faccia in giù sull'asfalto prima di mettergli le manette.

La mia squadra fu promossa, ma mi presi una lavata di capo dall'istruttore durante il *debriefing*. «Credi di essere un dannato cowboy, Hogan? Perché non hai aspettato i tuoi compagni prima di procedere all'arresto?»

Aspettato?

Mi trattenni. Era stato l'istinto del poliziotto di strada, affinato negli anni in cui avevo lavorato come vicesceriffo senza poter contare sull'aiuto di nessuno.

Quell'etichetta – cowboy – mi rimase appiccicata per tutte le ultime settimane all'accademia.

Mi diplomai fra i migliori della classe e, alla presenza di tutta la mia famiglia, salii sul palco con l'uniforme blu perfettamente stirata per ricevere il distintivo dorato dalle mani di Karen Tandy, la prima donna a capo della DEA. Poi mi girai e strinsi la mano alla sua vice, Michele Leonhart.

«Congratulazioni» mi disse. «E ricorda: vai là fuori e cerca di fare grandi cose.»

La prigione era il suo parco giochi.

Nello Stato di Jalisco – il regno della produzione messicana di tequila, un'industria da miliardi di dollari – El Chapo viveva come un principino. Il 9 giugno 1993, dopo essersi trasferito furtivamente in Guatemala, venne catturato dall'esercito guatemalteco in un albergo vicino al confine. L'eco che quell'evento suscitò sotto il profilo politico fu troppo vasta e lui non poté tirarsi fuori da quel pasticcio corrompendo qualcuno. Era la prima volta che i suoi polsi assaporavano il freddo acciaio delle manette e le sue prime foto segnaletiche lo ritraggono con la camicia marrone dei carcerati. Poco dopo Guzmán si ritrovò su un aereo militare per essere trasferito al Centro federale di riabilitazione n. 1, noto come Altiplano, il carcere

35

di massima sicurezza a un centinaio di chilometri da Città del Messico.

A quel punto l'opinione pubblica sapeva molte cose sul Chapo. Il giovane *campesino* aveva abbandonato la scuola e si era messo a fare il venditore ambulante di arance per sostenere la sua famiglia. Poi aveva fatto l'autista – e a detta di molti anche il killer – per Miguel Ángel Félix Gallardo, noto anche come El Padrino, il boss messicano della droga di quel periodo.

Nato nei sobborghi di Culiacán, Gallardo era stato agente motorizzato nella polizia giudiziaria federale del Messico e guardia del corpo del governatore dello Stato di Sinaloa, di cui aveva sfruttato i contatti politici per costruire la propria organizzazione dedita al traffico di stupefacenti (DTO). Laureato in Economia, Gallardo aveva avuto una visione criminale e profetica del futuro: riunire tutti i trafficanti in lotta fra loro – perlopiù del Sinaloa – nella prima DTO messicana, il cosiddetto cartello di Guadalajara, che sarebbe diventato il modello di tutte le successive organizzazioni messicane legate al traffico di stupefacenti.

Proprio come Lucky Luciano con la nascita del moderno crimine organizzato, alla fine degli anni Venti, Gallardo aveva capito che le dispute per la divisione del territorio portavano solo a spargimenti di sangue e così suddivise il paese in *plazas* di contrabbando, affidando al suo protetto, Chapo Guzmán, il controllo del lucroso traffico di stupefacenti dello Stato di Sinaloa.

Mentre si trovava dietro le sbarre dopo essere stato catturato in Guatemala, Guzmán vide comunque il suo impero crescere e prosperare. Suo fratello, Arturo, esercitava le funzioni del boss, ma era chiaramente El Chapo in persona a prendere le decisioni; ormai le autorità messicane e statunitensi l'avevano classificato fra i più potenti narcotrafficanti internazionali.

El Chapo muoveva impressionanti quantità di cocaina, in modo regolare e affidabile, dall'America del Sud attraverso il Centro America e il Messico fino agli Stati Uniti. Non era un lavoretto semplice: gli uomini del Chapo spostavano tonnellate di prodotto colombiano via nave, su piccoli aerei, perfino con sottomarini riadattati, i *narco-sub*, capaci di trasportare sei tonnellate di cocaina alla volta. El Chapo aveva inventato dei metodi di trasporto molto creativi e in continua evoluzione, guadagnandosi così la reputazione di uno che consegnava sempre il carico intatto e al momento stabilito. Col tempo si assicurò il controllo dei porti messicani sulle coste dell'Atlantico e del Pacifico, e alcuni punti chiave di passaggio sui confini; non solo fra Stati Uniti e Messico, ma anche fra Messico e Guatemala.

Riuscì inoltre a infiltrare membri del cartello di Sinaloa in Colombia, Ecuador, Costa Rica, El Salvador, Guatemala e Venezuela, cosa che gli diede una maggiore flessibilità nel negoziare direttamente con i vari anelli dell'intera catena di produzione. Grazie alla sua versatilità, all'ingegnosità e alla forza dei suoi tentacoli criminosi riuscì a surclassare anche i suoi più famigerati predecessori, come Pablo Escobar. Le confische di cocaina del Chapo riempivano le prime pagine dei giornali – 13.000 chili su un peschereccio, 1000 su un narco-sub, 19.000 su una nave proveniente dalla Colombia e diretta in Messico – ma erano solo briciole nell'attività complessiva del cartello, normali costi d'impresa.

El Chapo si trovava in carcere quando ebbe l'intuizione di diversificare le attività del cartello di Sinaloa: se in un primo momento si era occupato solo di cocaina, marijuana ed eroina, decise che era arrivato il momento di allargarsi alla produzione e al contrabbando di metanfetamine di qualità, importando le sostanze chimiche necessarie dall'Africa, dalla Cina e dall'India.

Il 22 novembre 1995 – dopo essere stato condannato per possesso di armi da fuoco e traffico di stupefacenti, subendo una pena a vent'anni di reclusione – riuscì a farsi trasferire dall'Altiplano al Centro federale di riabilitazione n. 2, noto come Puente Grande, fuori Guadalajara.

A Puente Grande, Guzmán costruì in poco tempo un rapporto fidato con Dámaso López Núñez, detto anche El Licenciado – o semplicemente El Lic – originario di El Dorado nello Stato di Sinaloa. El Lic era stato agente di polizia nella Procura generale del Sinaloa prima di venire trasferito nel carcere di massima sicurezza di Puente Grande con un incarico dirigenziale.

Sotto lo sguardo di El Lic, El Chapo conduceva una vita lussuosa: alcol e feste, la possibilità di guardare le partite di *fútbol* che tanto lo appassionavano e di ordinare piatti speciali scegliendoli da un menu, e quando queste cose non erano più sufficienti, poteva contare su tutto il sesso che voleva. Al Chapo venne concesso di ricevere regolarmente le visite di sua moglie, di svariate fidanzate e di una marea di prostitute. Ottenne perfino che venisse trasferita a Puente Grande una giovane donna condannata per furto d'armi perché soddisfacesse i suoi appetiti sessuali. Quella donna poi svelò cosa El Chapo intendesse per romanticismo: «Dopo la prima volta mi fece recapitare in cella un mazzo di fiori e una bottiglia di whisky. Ero la sua regina». La realtà, tuttavia, è ben più triste: pare che, quando si stancava di lei, Guzmán la passasse ad altri membri del cartello in carcere con lui.

El Chapo era chiaramente padrone della situazione. E nel crescente timore di essere estradato negli Stati Uniti, organizzò una spudorata fuga da Puente Grande.

Poco dopo le dieci del mattino del 19 gennaio 2001 le porte della sua cella, controllate elettronicamente, si aprirono come per miracolo. La leggenda vuole che Guzmán sia stato fatto uscire in un sacco di tela nascosto su un carrello della biancheria sporca, e sia poi stato trasportato fuori dal carcere su un furgone da una guardia carceraria corrotta, un piano che ricorda quello della celebre evasione di John Dillinger negli anni Trenta.

La fuga richiese complicità, cooperazione e molto denaro per corrompere dirigenti della polizia carceraria, agenti e autorità governative, per un totale stimato in 2,5 milioni di dollari. Alle 23.35 al direttore del penitenziario venne notificato che la cella del Chapo era vuota, e allora scoppiò il caos. Quando la stampa diffuse la notizia, il governo messicano lanciò un'operazione di rastrellamento senza precedenti, la più poderosa caccia all'uomo che il paese avesse mai conosciuto dai tempi di Pancho Villa.

A Guadalajara la polizia messicana fece irruzione in casa di uno dei soci di Guzmán, confiscando armi automatiche, droga, cellulari, computer e migliaia di dollari in banconote. Nel giro di pochi giorni, tuttavia, fu chiaro a tutti che Guzmán non era più nello Stato di Jalisco. La caccia all'uomo si estese ad altri Stati, con centinaia di poliziotti e soldati che perlustravano le principali città e le più tranquille comunità rurali.

Guzmán convocò una riunione di tutti i luogotenenti del cartello di Sinaloa, ansioso di dimostrare che era ancora lui il grande capo. Un nuovo narcocorrido si diffuse in tutto il Messico, *El regreso del Chapo*.

No hay Chapo que no sea bravo
Así lo dice el refrán[1]

Ma El Chapo non era soltanto coraggioso: adesso era considerato inafferrabile, il boss della droga che nessuna prigione poteva trattenere. Venne avvistato in tutti gli angoli del paese, ma ogni volta che le autorità pensavano di essere vicine alla cattura, Guzmán svaniva nel suo nascondiglio sulla Sierra Madre – spesso trascorrendo diverse notti nella fattoria in cui era nato – oppure nelle fitte foreste o nei campi di marijuana. Era libero, e ostentava il suo potere guidando impunemente il cartello di Sinaloa.

Sarebbero trascorsi tredici anni prima che si trovasse di nuovo faccia a faccia con un onesto agente di polizia.

---

[1] Gli uomini piccoli sono sempre coraggiosi / così dice il proverbio.

LA NUOVA GENERAZIONE

Phoenix, Arizona
5 ottobre 2008

«*Las Tres Letras.*»

Ripetei quelle parole guardando Diego nella speranza che mi venisse in aiuto, ma invano. Eravamo nella nostra Chevrolet Suburban z71 impegnati in un'operazione di sorveglianza e stavamo ascoltando un narcocorrido degli Explosion Norteña.

Diego mordicchiava la cannuccia e faceva tintinnare i cubetti di ghiaccio nel bicchiere di Coca, scuro in volto come un professore severo.

«Le tre lettere?»

La nostra Black Bomber era la macchina ideale per ascoltare i narcocorridos, bassi potenti nelle casse Bose e un suono pulito che non aveva niente da invidiare ai nightclub di Phoenix. Quando Diego era entrato nella DEA di Phoenix gli avevano dato quella Chevrolet con i vetri oscurati e gli interni di pelle marrone.

La polizia di Mesa l'aveva sequestrata a un commerciante di carbone un paio di anni prima. I lussuosi optional installati dal proprietario avevano fatto della Bomber il mezzo a noi più congeniale per le operazioni di sorveglianza. C'era anche uno schermo video estraibile sul cruscotto e spesso ammazzavamo il tempo guardando *Super Troopers*, parcheggiati in una via laterale prima che avesse luogo una consegna di droga.

Ma la Black Bomber non era solo un complesso multimediale su cerchi da 24 pollici: era anche perfetta in caso di irruzione e a differenza delle altre macchine della polizia poteva contenere quattro agenti in equipaggiamento tattico. Per noi la Bomber era un membro della squadra. Fu un triste giorno quando un pedante burocrate costrinse Diego a riconsegnarla perché aveva superato i 300.000 chilometri.

Alla guida della Black Bomber, Diego veniva sempre fermato dalla polizia di Phoenix perché aveva la targa messicana. Aveva deciso di tenere quella originale dello Stato di Sonora, bianca e rossa con lettere e numeri neri. La polizia locale cercava sempre macchine con targa messicana – soprattutto suv rimaneggiati e pieni di fronzoli – ma a noi permetteva di girare indisturbati nei quartieri messicani di Phoenix. A nessuno sarebbe mai venuto in mente di dare anche solo un'occhiata a una Suburban targata Sonora: dietro quei finestrini scuri, Diego e io potevamo starcene un'intera notte a sorvegliare indisturbati.

I narcocorridos che Diego ascoltava di continuo sulla Black Bomber diventarono un capitolo fondamentale della mia istruzione. Ogni trafficante un po' famoso a sud del Rio Grande aveva almeno un norteño che ne celebrava le gesta.

Diego mi spiegò che, nel mondo dei narcos, non eri nessuno finché non avevi il tuo corrido. Ma io stavo ancora cercando di decifrare *Las Tres Letras...*

«Dai, fratello» disse Diego ridendo. «Lo sai. Cazzo, a questo punto sei più messicano tu di quasi tutti i messicani che conosco...»

Mi chinai in avanti e pigiai il tasto Repeat del lettore CD per darmi un'ultima possibilità di capire il testo di quella canzone.

«Las Tres Letras?»

Alla fine Diego mi conficcò un dito nella spalla.

«Fratello, *Las Tres Letras* sei tu! DEA.»

Las Tres Letras... Il più grande timore di ogni narcotrafficante.

Qualche giorno dopo aver sentito i racconti di Diego sul Niño de La Tuna avevo iniziato a fare delle ricerche nel mio ufficio alla sede della DEA di Phoenix.

Avevo cercato *Joaquín Guzmán Loera* nel nostro database, il NADDIS (Narcotics and Dangerous Drugs Information System). Il file riguardante El Chapo era sterminato. Si poteva farlo scorrere sullo schermo del computer per un'ora senza raggiungerne la fine. La DEA di Phoenix aveva aperto un'inchiesta su Guzmán, ma l'avevano fatto anche altre decine di sedi in tutto il paese. Non mi era facile capire cosa avrei dovuto fare, e quante indagini avrei dovuto avviare, per essere l'agente a cui affidare il caso Guzmán.

Nel 2001, e poi di nuovo nel 2009, il presidente degli Stati Uniti aveva inserito Guzmán e il cartello di Sinaloa nel Kingpin Act[1], ritenendoli fra i più potenti e pericolosi narcotrafficanti stranieri. Il governo degli Stati Uniti aveva offerto una ricompensa di 5 milioni di dollari a chi avesse fornito informazioni utili alla sua cattura, mentre il governo del Messico aveva offerto 60 milioni di pesos.

Intorno alla figura del Chapo cominciarono a diffondersi voci d'ogni genere. Alcune avevano origine dalle varie forze di polizia, altre da chiacchiere di strada, pettegolezzi magari messi in giro dagli informatori, mentre altre ancora erano solo leggende metropolitane piazzate ad arte nei testi dei corridos.

C'era, per esempio, chi sosteneva che El Chapo stesse considerando l'ipotesi di una plastica facciale per non farsi riconoscere. O che avesse giurato di suicidarsi piuttosto che farsi prendere vivo. Nel maggio del 2003 cominciò a circolare la voce che vivesse in una grotta sperduta – una versione messicana di Osama bin Laden – ma poi, due mesi più tardi, qualcuno disse che Guzmán si muoveva libero come un uccel di bosco per tutta Città del Messico. Un rapporto dei servizi segreti lo dava nascosto in Guatemala e solo occasionalmente di ritorno in Messico... Un altro sosteneva che nel settembre del 2004 fosse sfuggito per un pelo alla cattura in Sierra Madre, durante un'operazione che aveva portato al sequestro di due tonnellate di marijuana e di armi.

Come distinguere la realtà dalla finzione? El Chapo era davvero sempre circondato da centinaia di guardie del corpo armate e dotate di giubbotti antiproiettile? O vive-

---

[1] Il Foreign Narcotics Kingpin Designation Act, la lista nera delle organizzazioni criminali non americane dedite al traffico di stupefacenti.

va invece più tranquillamente – spostandosi solo con due persone fidate – perché poteva contare sulla tacita protezione dalla polizia del Sinaloa che figurava in pianta stabile sul suo libro paga?

Non avevo il tempo di rimuginare sulla vita e sui crimini di Chapo Guzmán; per più di un anno Diego e io fummo costretti a occuparci del trentunenne Pedro Navarro, noto anche come Bugsy. La banda di Bugsy era composta di giovani fra i venti e i venticinque anni, ma non per questo era meno determinata e pericolosa. Poche settimane dopo aver stilato il mio primo rapporto su Bugsy venni autorizzato ad avviare un'indagine sul crimine organizzato legato alla droga che Diego e io chiamammo *La Nueva Generación*, un'indagine con precedenza assoluta per la DEA di Phoenix.

Da quando li avevo visti per la prima volta quella sera al Mariscos Navolato, avevo sviluppato una specie d'insofferente rispetto per i narcos junior. Erano ragazzi che avevano il traffico di droga nel DNA – spesso erano figli di membri influenti di qualche cartello messicano – anche se la maggior parte di loro aveva studiato in college americani ed europei. Il livello di istruzione elevato, l'inglese perfetto e la familiarità con la cultura americana permetteva a quei giovani di mettere in piedi la propria organizzazione in modo quasi perfetto. Narcos junior come Bugsy erano presenti in tutto il Southwest, da Phoenix a San Diego.

Avevano anche la sicurezza e la spavalderia tipiche delle nuove generazioni, e così anche io e Diego cominciammo a definirci *La Nueva Generación*. Eravamo la loro immagine speculare, parte di una nuova nidiata di poliziotti che avevano la forza, la capacità di resistenza e la scaltrezza necessarie per tenere testa a quei giovani trafficanti messicani.

Avevamo capito che la banda di Bugsy era responsabile della spedizione di tonnellate di marijuana a New York, Baltimora, Boston e St Louis, via FedEx, ups e con grossi Tir. Navarro aveva affittato un deposito di 650 metri quadrati a Mesa per l'imballaggio e la spedizione di marijuana, che veniva nascosta in grandi pallet mascherati da scaffalature per magazzini. Inoltre disponeva di giovani proprietari di aziende che riciclavano per lui il denaro sporco. Per trasferire il denaro si avvaleva di spogliarelliste locali, che si muovevano in continuazione da un posto all'altro permettendogli così di far circolare il contante attraverso tutti gli Stati Uniti. Infine poteva contare su un ex giocatore della National Football League che faceva da grossista di marijuana per la DTO.

Bugsy viaggiava spesso armato, tenendo le pistole in speciali scomparti segreti, o *pozzetti*, nascosti nella sua Mercedes GL550 suv. Erano più sofisticati di quelli tipici dei narcotrafficanti: perché il pozzetto si aprisse bisognava che fosse inserita la chiave di accensione, che fosse azionata la freccia sinistra e che fosse tirata una levetta di plastica nel portabicchiere, tre passaggi da eseguire esattamente in questa sequenza.

Diego e io tenevamo sotto controllo i cellulari di Bugsy, e io mi divertivo a decifrare il codice dei narcos junior; era una sfida che mi piaceva. L'espressione *gangsta-up* significava che avevano viaggiato armati; *pool house* si riferiva alla casa di Bugsy a Glendale; *picture of my son* stava per un campione di marijuana. Di tutte le battute che ascolta-

vo, la migliore fu quando sentimmo Bugsy vantarsi apertamente che lui e i suoi ragazzi stavano "a metà tra *Entou-
rage* e *I Soprano*".

Ma Bugsy aveva un grosso problema: la sua fornitura di *cajeta* dal Sinaloa si era temporaneamente bloccata a
Phoenix. Un sabato mattina l'agente speciale Nick Jones,
Diego e io stavamo sorvegliando la *pool house*, perché non
avevamo ancora ottenuto l'autorizzazione a intercettare i
cellulari di Bugsy. Ci volevano mesi di richieste scritte e
deposizioni giurate ogni volta che il giovane narco cambiava telefono, cosa che accadeva quasi ogni settimana. E
così, non potendo acquisire niente attraverso le intercettazioni, eravamo obbligati a seguire Navarro e la sua banda
per ottenere più informazioni possibile.

«A quanto pare stanno facendo le valigie» disse Nick
alla radio. «Pronti a muoversi, ragazzi.» Bugsy e i suoi
partirono a gran velocità con la GL550, diretti all'Interstate
8 che portava fuori Phoenix.

Non eravamo preparati a un lungo viaggio, ma ero
contento che Nick fosse con noi: veniva chiamato *colla* da
tutta la squadra speciale perché non aveva mai perso di
vista un criminale. Bugsy procedeva lungo l'Interstate e
più o meno ogni ora imboccava un'uscita all'ultimo minuto nel tentativo di far perdere le proprie tracce, ma noi
l'avevamo inseguito già troppe volte per cadere in quella vecchia trappola. Gli restammo alle calcagna per quasi cinque ore, seguendolo a distanza di sicurezza per non
farci scoprire, finché ci ritrovammo a San Diego.

Lo sorvegliammo per diversi giorni, senza poterci
nemmeno cambiare i vestiti, mentre passava da un de-

posito segreto all'altro nei vari quartieri periferici di San Diego, finché chiesi alla polizia locale di fermare una Chevy Avalanche che stava uscendo da uno di quei depositi. Trovarono 150 chili di *cajeta* nel cassone del pickup guidato da uno dei ragazzi di Bugsy.

«Evidentemente doveva portare quel carico a Phoenix» dissi a Diego. «Adesso sono a secco, dobbiamo approfittarne.»

«Già» annuì Diego. «Credo di avere la persona adatta.»

Tornati a Phoenix, io e Diego stabilimmo un piano: un informatore di Diego presentò Bugsy a un agente infiltrato della DEA, un trentaduenne americano d'origine messicana che lavorava nella sede di San Diego. Come Diego, *Alex* era in grado di recitare alla perfezione il ruolo di narco junior.

Sapendo che Bugsy era troppo smaliziato per cadere nella classica trappola di una finta vendita di droga, lo attirammo a Mission Bay, dove gli avremmo mostrato 500 chili di marijuana stipata nello yacht di un infiltrato della DEA pieno di telecamere nascoste e di giovani ragazze in bikini (anche loro infiltrate della polizia di San Diego). Mischiati alla marijuana c'erano i pacchi di *cajeta* che avevamo appena sequestrato.

Il giorno dell'operazione, a bordo di un'auto qualsiasi sull'altro lato della baia, Diego e io tenevamo gli occhi fissi sullo schermo di una delle telecamere di sorveglianza installate sullo yacht. Bugsy stava annusando la stessa *cajeta* che aveva visto nel deposito una settimana prima. Cadde subito nella trappola e disse al nostro infiltrato che aveva bisogno di altri 250 chili per completare un carico diretto a Chicago. Alex gli rispose che quella *cajeta* non era disponibile, perché destinata a un acquirente di Los Angeles, e che avrebbe dovuto aspettare una settimana.

Nel frattempo, Diego e io lavorammo per ottenere la messa in stato d'accusa della DTO e decidemmo di impadronirci dei soldi di Bugsy quando sarebbe venuto a comprare i 250 chili di cui aveva bisogno.

Bugsy e il suo braccio destro, Tweety, si incontrarono con Alex nel parcheggio di un ristorante TGI Fridays, e gli mostrarono 250.000 dollari in mazzette tenute insieme da un elastico in una sacca marrone di Gucci, certi che poco dopo avrebbero potuto ritirare la *cajeta* non lontano da lì. Ma prima che Bugsy e Tweety riuscissero ad allontanarsi con il denaro, Diego e io entrammo in scena.

In quello stesso istante si materializzò un'auto della polizia di San Diego per bloccare la strada alla Ford F150 nera di Bugsy, che accelerò; i due narcos cominciarono a lanciare manciate di banconote fuori dal finestrino lungo le vie principali della città.

Diego e io ci accodammo all'inseguimento, fermandoci a raccogliere tutti i soldi che potevamo da usare poi come prove. Purtroppo altri guidatori fecero lo stesso, mettendosi in tasca le banconote di Bugsy e risalendo di corsa in macchina prima che potessimo fermarli.

L'inseguimento proseguì lungo l'Interstate 5 finché Bugsy e Tweety finirono i soldi e si fermarono in mezzo alla strada per arrendersi alla polizia. Si erano lasciati alle spalle una scia di *coriandoli in contanti*, come disse la CNN, banconote da 50 e 100 dollari che svolazzavano in aria creando il caos nel traffico dell'ora di punta. Una storia che finì sulle prime pagine dei quotidiani nazionali.

EL CANAL

Panama City
14 giugno 2009

La vasca idromassaggio sulla terrazza era a forma di rene
e la birra era una panamense Balboa, in omaggio al *con-
quistador* Vasco Núñez de Balboa. Le palme e la vista dello
skyline sembravano dipinte in spesse pennellate di verni-
ce tropicale. Panama City luccicava come una Dubai dei
Caraibi.

«*Salud!*» disse Diego, sollevando un bicchiere di Balboa. «Alla Nueva Generación!»

«*Salud!*» risposi, imitandolo.

La Nuova Generazione faceva finalmente la sua appa-
rizione sulla scena internazionale.

Quella sera a San Diego e a Phoenix avevamo sgomi-
nato la banda di Bugsy, annientando la sua intera organizzazione, sequestrando altri 500 chili di marijuana e
più di 450.000 dollari in beni di vario genere, inclusi lo
yacht personale di Bugsy, una serie di Mercedes e svariati gioielli.

Ma dopo un'operazione di quella portata era naturale che rimanessero scoperti elementi probatori importanti, come tracce cartacee e documentazione di altre attività criminose.

Fra le questioni rimaste in sospeso c'era la figura del padre di Tweety, Gerardo, che negli anni precedenti aveva venduto molti chili di metanfetamina messicana al nostro informatore.

Gerardo aveva solide relazioni nella città messicana di Nogales, e per caso aveva fatto riferimento a un'amica che doveva trasferire del denaro. Era una donna di mezz'età con la pelle che sembrava porcellana e i capelli neri e ricci raccolti in una coda di cavallo. Oltre a contrabbandare grossi quantitativi di metanfetamina e cocaina attraverso il confine con la sua Toyota RAV4, Doña Guadalupe – come tutti la chiamavano – aveva fatto sapere tramite Gerardo che stava cercando qualcuno per i trasferimenti di denaro. E non si trattava di 200.000 dollari, bensì di decine di milioni.

Da infiltrato, Diego aveva assunto con facilità diversi ruoli nel corso degli anni, ma non aveva mai fatto l'esperto in riciclaggio di denaro sporco.

«È la nostra chance di mettere le mani su un mucchio di soldi» gli dissi un giorno a pranzo nel nostro ristorante cinese preferito di Mesa. «Pensi che potremmo farcela?»

Vidi le rotelle girare nella testa di Diego mentre pensava a come ottenere l'incarico da Doña Guadalupe per trasferire i soldi di cui lei diceva di disporre.

Prima della fine della settimana Diego si procurò un incontro con la donna, alla quale vendette i servizi della sua *ditta*. Diego sembrava proprio il tipo di cui lei aveva bisogno, ma saltò fuori che Doña Guadalupe era solo un'intermediaria, uno *strato tampone* – il primo di molti, come avremmo presto scoperto.

Fu così che ci ritrovammo a mollo in una vasca idromassaggio sul tetto di un albergo di Panama nel nostro primo viaggio all'estero: perché Diego potesse essere presentato di persona agli amici di Doña Guadalupe.

A poche ore dal primo incontro, Diego si comportava come se non avesse la benché minima preoccupazione. Come tutti i bravi attori, era straordinariamente sicuro di sé e certo di riuscire a districarsi in qualunque situazione. Non era solo un talento naturale, alle spalle aveva anche una preparazione meticolosa e attenta. Avevamo passato molti mesi a creare la nostra copertura: Diego avrebbe interpretato il ruolo del direttore operativo di un'azienda con sede negli Stati Uniti dietro alla quale si nascondeva una rete criminale capace di trasferire enormi quantità di droga e di denaro. Doña Guadalupe aveva già venduto Diego ai suoi amici, fra cui un'efficientissima cellula che si occupava di riciclaggio e intermediazione finanziaria guidata da Mercedes Chávez Villalobos e da diversi soci, con basi a Città del Messico, Guadalajara e Bogotá.

Quando Diego incontrò Mercedes, lei si mostrò molto aggressiva. Parlava in fretta e sembrava molto esigente. Diego mi disse poi che era una tosta *chilanga*.

Facendo qualche ricerca, scoprii che su di lei pendeva un mandato di cattura ad Amsterdam per riciclaggio di denaro sporco, e che aveva contatti in tutto il mondo. Viaggiava da una nazione all'altra quasi ogni settimana; era sempre alla ricerca dell'affare più vantaggioso e di persone fidate che potessero muovere in fretta centinaia di milioni di dollari, tutto con una semplice stretta di mano.

«Credi davvero che maneggi tutti quei soldi?» La sera prima dell'incontro guardavo scorrere un flusso di dati sul mio MacBook, e la quantità di dollari che vi appariva era stupefacente. «Pare che abbia 100 milioni in Spagna, 50 in Canada, 10 in Australia. E qualcosa come 200 milioni a Città del Messico.»

«Senti, anch'io sono scettico» ammise Diego. «Ma che alternativa abbiamo? Dobbiamo andare fino in fondo per smascherarla.»

«Ciò che a noi serve sapere è a chi *in realtà* appartiene tutto questo denaro» dissi.

«Esatto.»

Sulla terrazza dell'albergo guardai la città ai nostri piedi. Mercedes alloggiava in uno dei pochi alberghi di lusso appena ultimati. Gran parte dello skyline di Panama City era occupato da edifici in costruzione, gru, impalcature e travi d'acciaio. Parecchi erano stati abbandonati a metà dei lavori, mentre molti di quelli portati a termine erano completamente vuoti.

Panama City era la capitale del riciclaggio dell'emisfero occidentale. A ogni angolo di strada era sorta una banca come i cactus lungo i marciapiedi di Phoenix. Citibank, Chase, RBC, Bank of Montreal... ma anche banche sudamericane meno note: Balboa Bank & Trust, Banco General, Mercantil Bank, Centro Comercial de Los Andes... Le banche lavoravano a pieno regime e in modo del tutto legale, anche se alcune, come l'HSBC, erano sottoposte a procedimenti giudiziari "per essersi deliberatamente sottratte a un effettivo programma di antiriciclaggio" attraverso cui bloccare i milioni di dollari posseduti dai capi dei cartelli messicani.[1]

Nei numerosi contatti telefonici avvenuti nel corso dei mesi precedenti Mercedes aveva proposto di incontrare Diego di persona a Città del Messico, ma i pezzi grossi della DEA l'avevano giudicato troppo pericoloso, e la nostra controparte messicana non l'avrebbe mai permesso. *El Canal* era il luogo ideale: Panama era nota come zona franca per i trafficanti di tutto il mondo, che lì potevano vedersi senza subire minacce. Era anche più adatto da un punto di vista geografico per organizzare incontri con emissari colombiani o messicani. Molti esponenti del mondo della droga si sentivano a loro agio in quell'istmo elegante.

Alla fine tornammo nelle nostre stanze d'albergo. Avevo da scrivere per almeno un'ora, stilare i *sixes*, senza i quali tutta l'operazione a Panama City non avrebbe avuto valore probatorio.[2]

Mentre io arrancavo sui rapporti, Diego stava seduto sul bordo del letto, ragguagliandomi fin nei minimi dettagli sulla sua ultima telefonata con Mercedes. Da buon infiltrato, il mio collega doveva farsi un'idea chiara di tutto – mescolandosi con la gente del luogo, percependo le vibrazioni della città – e così, dopo avermi dato tutte le informazioni, scese al bar del terzo piano per bere qualcosa.

---

[1] HSBC ha ammesso di avere tenuto questa condotta, ottenendo così la possibilità di fare un accordo con il governo degli Stati Uniti.
[2] *Six* è il modo in cui gli agenti della DEA chiamano i loro rapporti (ufficialmente DEA-6).

Io aprii un'altra Balboa e continuai a scrivere i miei rapporti. Un quarto d'ora dopo la porta si aprì.

«Niente male giù da basso» disse Diego.

«Cioè?»

«Ci sono un sacco di bei bocconcini.» Rise. «Qualcuna mi ha pure guardato, dico davvero. E una mi ha scopato con gli occhi, fratello.»

«E dai, Diego, lasciami finire questi dannati *sixes*» gli risposi ridendo. Lui fece scivolare un'altra Balboa attraverso la scrivania. Feci un sospiro profondo, chiusi il MacBook e lo seguii al terzo piano. Diego non aveva esagerato. Appena si aprirono le porte dell'ascensore ci ritrovammo nel bar fra alcune delle donne più belle che avessi mai visto: minigonne con lo spacco, top succinti, tacchi a spillo, jeans attillati che mettevano in vetrina l'opera dei migliori chirurghi estetici colombiani.

Dovetti scambiare qualche parola in spagnolo prima di capire che quelle donne erano tutte prostitute colombiane d'alto bordo fornite di *permesso di lavoro* da Medellín, Cali e Bogotá. Diego scrollò le spalle e decidemmo di trattenerci. Ballammo un po' mentre una band suonava dal vivo, anche se io non avevo idea di cosa stessi facendo; i passi del merengue erano facili da imitare, ma per le mosse complicate della salsa dovetti lasciarmi guidare dalla mia *colombiana*. Poi saltammo tutti su un taxi per andare in uno dei più famosi e frequentati nightclub della città. Qualche bicchiere, qualche altro ballo, e via verso un altro nightclub...

Tornammo in albergo in tempo per farci tre ore di sonno prima del grande incontro. Ma Diego ora aveva le idee chiare: era pronto a trattare con alcuni dei più potenti intermediari del cartello di Sinaloa. Quella serata divenne il modello di tutte le altre che ci toccò trascorrere in un paese straniero: tirare l'alba facendo la vita notturna degli indigeni e fiutare l'aria che si respirava per le strade, cosa che ci sarebbe tornata poi utilissima nell'agire da infiltrati.

Stavo per addormentarmi quando scorsi sullo schermo del televisore il volto di un famigerato criminale. E sentii dire, in spagnolo, che per la prima volta *Forbes* aveva inserito Joaquín El Chapo Guzmán nella lista dei miliardari, mettendolo fra i più ricchi e più potenti *businessmen* del mondo.

Avevamo scelto una nota e lussuosa steak-house di nome La Rosita – un ristorante situato all'ingresso di un elegante centro commerciale – per incontrare, il giorno seguente, Mercedes Chávez Villalobos.

Il piano era questo: Diego e Mercedes si sarebbero seduti a un tavolo all'esterno in modo che io potessi tenerli d'occhio dalla mia Toyota Hilux, l'auto *sicura* di uno degli agenti della DEA di base a Panama.

Né io né Diego eravamo armati: la legge panamense non ci avrebbe permesso di introdurre le nostre pistole nel paese. Ma il mio collega era dotato di un gadget altamente tecnologico: una telecamera che sembrava la chiave elettronica di un'automobile, capace di registrare ore di audio e video.

Diego indossava un elegante abito grigio con la camicia bianca e una cravatta marrone così stretta che gli gonfiava la pelle sopra il colletto.

«Uccidi, baby» gli dissi, allungandomi per abbracciarlo. Diego annuì, stringendo le labbra come se si stesse già prefigurando degli scenari.

Cercai un posto nel parcheggio che mi consentisse una

visuale perfetta sui tavoli all'esterno del ristorante. Ma dopo due minuti Diego non era ancora comparso.

Tre minuti. Cinque. Sette. Diego non c'era. Gli mandai un sms nel codice prestabilito, un'innocua frase in gergo messicano che significava: Cosa succede, amico?

K onda güey?

Nessuna risposta.

K onda?

Cominciai a muovere nervosamente le gambe, continuando a premere il tasto Resend sul BlackBerry.

Niente.

Sentivo il sudore colarmi sotto la camicia. Era lo scenario peggiore: non avevamo agenti di sostegno all'interno del ristorante, né poliziotti panamensi che ci coprissero le spalle.

Non potevo restare lì seduto senza fare niente. Scesi dalla Toyota e mi diressi verso l'ingresso di La Rosita.

E se Mercedes avesse deciso di cambiare posto all'ultimo minuto?

Se i suoi uomini avessero preso Diego per perquisirlo e assicurarsi che non fosse un poliziotto?

Entrai. La cameriera mi sorrise e mi chiese: «Ha una prenotazione, signore?».

Ero così concentrato e teso a cercare l'abito grigio di Diego fra i tavoli del ristorante che risposi sovrappensiero: «No, sto solo cercando un amico. Dovrebbe essere già qui».

Mi guardai intorno dappertutto, ma di Diego nessuna traccia.

Cazzo! E se l'avessero già preso?

Sentivo su di me lo sguardo di tutti i commensali mentre mi muovevo freneticamente fra i tavoli.

Fa' che non sia in pericolo.
Ma dove cazzo è finito?

Non sapevo più dove andare, giravo in tondo al centro del ristorante, mi si stava annebbiando la vista. Afferrai un giovane cameriere per le spalle.

«*El baño?*» gli chiesi, e nell'attimo in cui lui fece un gesto per indicarlo mi accorsi che stavo proprio di fianco a Diego; anzi, gli stavo guardando i capelli dall'alto.

Stava parlando intensamente e a bassa voce con Mercedes e altri due uomini più anziani che avevano l'aria di essere messicani. Due killer, probabilmente. Uno sembrava avere una pistola, a giudicare dal rigonfiamento sotto il risvolto della giacca.

Tre persone? L'incontro era previsto solo con Mercedes. Ero sicuro che Diego avrebbe cercato di parare il colpo, ma anche a un primo sguardo avvertii una certa tensione. Mercedes e i suoi due scagnozzi lo fissavano con scetticismo; non si stavano bevendo il suo racconto.

Prima che qualcuno potesse notarmi, mi precipitai alla toilette. Un rivolo di sudore mi scorreva lungo il petto e respiravo affannosamente. Avvicinandomi alla porta del bagno vidi su un tavolo un coltello seghettato che sembrava aspettare solo me.

Sarei riuscito a prenderlo senza che nessuno se ne accorgesse? Non avevo alternative. Avevo bisogno di un'arma e dovevo correre il rischio.

Lo afferrai il più rapidamente possibile, lo infilai nella manica e me lo feci scivolare in tasca. Poi, nella toilette, lasciai scorrere l'acqua nel lavandino e mi rinfrescai la faccia nel tentativo di calmarmi, sperando che nessuno di quei due entrasse per i suoi bisogni.

Cosa potrei fare se decidessero di rapire Diego? E se questo incontro fosse solo una trappola per catturarlo e tenerlo in ostaggio?

All'improvviso la porta si aprì: mi irrigidii, col volto ancora bagnato d'acqua fredda, ma era solo un cliente qualsiasi del ristorante. Di una cosa, comunque, ero certo: diventava di fondamentale importanza fare delle foto di Mercedes e dei suoi due scagnozzi, per identificarli in caso avessero tenuto Diego sotto tiro e se poi fossero stati posti in stato d'accusa. Ma non potevo contare sulla chiave elettronica che Diego aveva con sé.

Avevo il coltello in una tasca, pronto per essere usato, e una piccola macchina fotografica Canon che misi in modalità video.

Tienila stretta in mano. Non guardarli. Non vedranno che è accesa, cerca solo di tirare dritto...

Procedendo verso l'uscita del ristorante, passai lentamente di fianco a Diego senza puntare l'obiettivo. Potevo solo sperare di avere ripreso i volti delle persone sedute a quel tavolo. Sapevo di non potermi fermare dentro al locale e così cercai un posto un po' defilato all'esterno da dove osservare Diego attraverso i vetri della porta d'ingresso. E lì rimasi, con le mani tremanti, in attesa che il mio collega uscisse.

Dopo un'ora Diego si alzò, strinse la mano a ciascuno e, nello stile messicano, accennò un abbraccio a tutti e tre. Poi uscì.

Lo seguii a una trentina di metri di distanza mentre si addentrava nel centro commerciale, accertandomi di non essere seguito a mia volta da uno degli uomini di Mercedes. Alla fine, dopo essermi guardato alle spalle ancora tre volte, gli andai incontro nel parcheggio. Saltammo sulla Hilux e filammo via.

Diego rimase in silenzio per qualche minuto; guardava fuori dal finestrino cercando di fare chiarezza in tutto ciò che era appena successo. Sembrava in trance.

«Tutto bene, fratello?» Gli misi una mano sulla spalla come per scuoterlo e farlo tornare alla realtà.

«Cosa?»

«Tutto a posto?»

«È stata maledettamente dura» mi rispose dopo un po'. «Un vero e proprio interrogatorio. Quella donna mi ha bersagliato di domande. "Di chi è la tua azienda?" "Con chi lavori?"»

«E tu cos'hai risposto?»

«All'inizio ho un po' tergiversato, inventandomi una storia dopo l'altra. Le ho spiegato come facciamo a trasferire milioni di dollari su grossi camion, ho parlato della nostra flotta di aerei privati. E di navi. Le ho detto che trasportiamo tonnellate di cocaina.»

«E lei?»

Diego sorrise.

«Se l'è bevuta!» gridò. «Cazzo come se l'è bevuta! Li avevo praticamente in pugno, tutti e tre.»

«Fantastico! Ti ha detto di chi sono i soldi?»

«Sì, di quello lì» rispose Diego.

«Quello lì?»

«Sì, *quello lì*» ripeté Diego. Poi si calmò e sorrise.

«Insomma, chi?» tornai a chiedergli.

«El Chapo.»

«El Chapo.»

«Sì. Mi ha detto: "Sono soldi del Chapo".»

TEAM AMERICA

Phoenix, Arizona
1° luglio 2010

Mi sentivo un milionario. E lo *ero*, o almeno lo sono stato per qualche ora. Mi erano stati affidati 1,2 milioni di dollari – denaro dei narcos da riciclare – appena prelevati dal nostro conto corrente segreto in una banca di Phoenix. Insieme ad altri tre agenti dei servizi speciali, contai e ricontai quelle banconote, inserendole poi in due scatole bianche della FedEx.

Sembravano soldi falsi. Mi ero quasi abituato a quella sensazione, nell'ultimo anno: ogni volta che maneggiavo valuta statunitense utilizzata nelle nostre operazioni sotto copertura, mi pareva di avere a che fare con i soldi del Monopoli. Un buon poliziotto sa come non lasciarsi prendere dalla soggezione del denaro. Quelle spesse pile di banconote sul tavolo della nostra sala riunioni erano solo uno dei tanti strumenti del mestiere.

Contando le banconote mi venne da pensare a quando, quattro mesi prima, Diego e io avevamo fatto la nostra prima riscossione. Dopo circa un anno di promesse a vuoto – il suo "contratto da centinaia di migliaia di dollari valido su tutto il pianeta" – finalmente Mercedes era venuta al dunque: ci aveva fatto avere 109.000 dollari (una bazzecola), che erano stati consegnati a Diego e a un mio collega in un secchio di detergente (una scelta quanto mai appropriata) nel parcheggio di un Home Depot a sud di Los Angeles. Quello stesso pomeriggio, seguendo meticolosamente le istruzioni fornite da Mercedes, Diego e io avevamo portato il malloppo alla banca facendolo poi trasferire su un conto della Deutsche Bank a New York. Da lì il denaro era stato passato su un conto collegato in Messico. Rientrato in ufficio, Diego aveva mandato a Mercedes una foto della ricevuta dal suo BlackBerry, poi aveva piazzato i piedi sulla scrivania.

«Abbiamo sfondato, amico» avevo detto in tono sarcastico. Non era stata una partenza alla grande, considerando le cifre di cui Mercedes aveva parlato, ma non molto tempo dopo Diego e io venimmo sommersi di richieste da parte sua. Mercedes ci organizzò una serie di consegne a New York, in sacche da viaggio nere piene di soldi sporchi: 199.254 dollari un giorno, 543.972 il successivo, e 560.048 il terzo. Le istruzioni erano sempre le stesse: i soldi dovevano essere versati su un conto della Deutsche Bank a New York.

Quasi tutti gli altri corrieri non sembravano adatti. Una volta volammo a New York e seguimmo una coppia di settantenni che aveva parcheggiato il loro camper (con targa californiana) in una via non lontano da Time Square, poi aveva trasportato a piedi due valigie piene di banconote per consegnarle a un nostro infiltrato al riparo dei cartelloni pubblicitari.

Qualche tempo dopo ci venne chiesto di andare a Vancouver, in Canada, per prelevare più di 800.000 dollari canadesi da convertire velocemente in dollari statunitensi prima di trasferirli a Mercedes. In meno di un mese avevamo riciclato più di 2,2 milioni di dollari del Chapo per conto di quella donna.

La parte dell'indagine relativa al riciclaggio era autorizzata dall'AGEO (Attorney General Exempt Operation), che permetteva ad agenti federali di monitorare i trasferimenti di denaro per poi successivamente condurre le loro indagini. In questo modo si arrivava a smantellare un'intera organizzazione di narcotrafficanti, anziché limitarsi ad arrestare qualche corriere di basso livello. Passai mesi a scrivere i documenti necessari per ottenere l'autorizzazione a creare società fittizie e ad aprire conti bancari sotto copertura.

Avevamo incastrato così tanti componenti della banda di Bugsy, costringendoli a cooperare, che il nostro procuratore distrettuale prima di ogni proposta chiedeva a chi era citato in giudizio: «Ora che ha visto quali prove abbiamo contro di lei, non vuole passare dalla parte del Team America?».

Avevamo chiamato il nostro nuovo caso *operazione Team America*. Nel giugno del 2010 Mercedes era occupatissima, e nel pieno dei trasferimenti di denaro attraverso l'intera nazione aveva presentato Diego a un certo Ricardo Robles, un messicano di trentaquattro anni con la faccia da ragazzino e folti capelli neri. Ricardo era un intermediario molto potente, cresciuto nel ricco mondo delle *casas de cambio* (cambiavalute) messicane, di alcune delle quali era anche proprietario.

Presto scoprimmo che molti dei nostri appalti provenivano da Ricardo. Mercedes era uno dei tanti strati protettivi, un *cuscinetto* che faceva scudo ai veri boss, prendendosi la sua quota.

Nel corso delle settimane successive, Diego e Ricardo costruirono una solida relazione. Alla fine Ricardo chiese di incontrare Diego di persona nel suo ufficio di Phoenix. C'era solo un piccolo problema: noi *non avevamo* un ufficio.

Ricardo si era imbarcato su un aereo che sarebbe atterrato nel pomeriggio. Lo mandammo a prendere davanti al Phoenix Sky Harbor International Airport con una Mercedes CL 63 AMG grigio metallizzato. Alla guida ci sarebbe stato un nostro collega in grado di interpretare alla perfezione il ruolo di giovane narco. Alcuni agenti della squadra speciale, che avremmo spacciato per guardie del corpo di Diego, li avrebbero seguiti su una Cadillac Escalade nera con cerchi in lega da 22 pollici.

Mentre Ricardo era in arrivo dall'aeroporto, noi stavamo ancora dando gli ultimi ritocchi a un lussuoso ufficio che avevamo affittato, una meravigliosa suite di 120 metri quadrati con vista sul centro di Phoenix.

«Cazzo, c'è un problema» dissi a Diego mentre facevamo un giro dell'ufficio ammirando il panorama.

«Sì, non sembra un posto vissuto» confermò Diego. «Sembra che ci siamo trasferiti qui cinque minuti fa.»

Corsi all'ascensore, scesi in strada e saltai sulla macchina precipitandomi a casa. Lì presi dei quadri dalle pareti del salotto, qualche vaso con delle piante, delle sculture e dei soprammobili che avevo comprato nei miei viaggi. Nel frattempo Diego era riuscito a sistemare una foto dei suoi figli sulla scrivania. Con tutta quella roba l'illusione era perfetta. Diego si sedette nella poltrona di pelle dietro la scrivania: nel suo abito grigio di Armani aveva proprio l'aria di un losco dirigente d'azienda.

Poco dopo, i colleghi mi comunicarono via radio che erano arrivati e che Ricardo era già in ascensore. Diego si strinse la cravatta, io gli diedi una pacca sulla spalla e corsi fuori dalla porta.

Caricavamo almeno il 7 per cento su ogni transazione, una commissione standard che, in quel caso, avevamo accantonato come Trafficker Directed Funds (TDF) per affittare l'ufficio, comprare dei MacBook di ultima generazione e alcuni strumenti di registrazione sofisticatissimi – nascosti in costosi orologi da polso – oltre all'abito di Armani di Diego.

Avendo già riciclato 2 milioni di dollari per loro, ci eravamo ormai conquistati la fiducia dell'organizzazione, ed era quindi giunto il momento che Diego e Ricardo affrontassero il secondo aspetto della questione: il trasporto di due tonnellate di cocaina dall'Ecuador a Los Angeles.

«Vuole presentarmi agli uomini del Chapo» mi disse Diego mentre mi raccontava del loro incontro bevendo un caffè.

A quel punto ci fu chiaro che, come Doña Guadalupe e Mercedes, anche Ricardo era un *cuscinetto*, un intermediario. E sapevamo che ce ne sarebbero stati altri prima di arrivare al vertice.

Ma affinché Diego potesse essere presentato agli uomini del Chapo, c'era un ultimo test da superare. Ricardo doveva trasferire 1,2 milioni di dollari in contanti da Vancouver in Messico, e voleva che venissero consegnati in *blocco*.

Diego volò a Città del Messico per coordinare l'operazione con gli agenti in loco della DEA e con uomini fidati della polizia federale messicana (PF). Da solo, quindi, mi occupai di caricare le scatole FedEx su un Learjet – un aereo che la DEA usava solo per operazioni sotto copertura – parcheggiato in un hangar dello Sky Harbor International Airport. Salendo fra le nuvole mi venne voglia di farmi un sonnellino, ma non osavo distogliere lo sguardo da quelle due scatole piene di contante. E così le fissai per tutta la durata del volo come se fossero le mie figlie gemelle appena nate.

Atterrammo a Toluca, fuori dal Distrito Federal, dove venne a prendermi un agente della DEA in servizio a Città del Messico, Kenny McKenzie, con una Ford Expedition blindata. Misi le scatole sul sedile posteriore guardandomi prudentemente intorno.

Perché non c'era un agente armato a coprirci?

Ero nervoso, ma non feci commenti mentre uscivamo dalla zona dell'aeroporto. Per arrivare a Città del Messico occorreva un'ora di viaggio lungo le montagne che circondano la capitale, su una strada in cui a ogni curva si correva il rischio di essere fermati e rapiti.

Andammo direttamente in un parcheggio sotterraneo di una zona residenziale chiamata Satélite, a nord della città. Mi sentii sollevato nel vedere Diego, un altro agente della DEA di Città del Messico, e due agenti in borghese della polizia federale messicana.

La PF aveva fornito il veicolo per la consegna, una Chevy Tornado bianca che a me sembrò la versione ridotta di un pickup Chevrolet El Camino. Il veicolo era stato confiscato a dei contrabbandieri e aveva un comparto nascosto, un semplice spazio vuoto sotto il pianale di carico; niente a che vedere con i mezzi sofisticati che Bugsy e la sua banda di narcos junior usavano a Phoenix. Si accedeva a quel pozzetto lungo come tutto il pianale – chiaramente progettato per trasportare merci voluminose, come balle di marijuana compressa o pacchi di cocaina – dal paraurti posteriore. Diego e io legammo insieme le due scatole FedEx e usammo la corda che restava per fare in modo che non fossero sballottate avanti e indietro.

I nostri colleghi messicani infilarono nel pickup anche un piccolo GPS perché potessimo seguirlo dovunque i trafficanti avrebbero deciso di scaricare il denaro, permettendo così di localizzare una delle loro basi d'appoggio: un altro tassello del puzzle, altri complici e un'ulteriore possibilità di seguire i movimenti del denaro. Continuavo a ripetermi come un mantra: *Sfrutta ogni occasione, approfitta, trai vantaggio*, come mi avevano insegnato all'accademia della DEA.

La PF ci stava facendo un enorme favore concedendoci di consegnare 1,2 milioni di dollari, ma sapeva di dover rimanere a bordo campo e di non poter mettere le mani su quel denaro. Di conseguenza, nessuno di loro volle nemmeno sfiorare il pickup, tantomeno guidarlo.

Finito di caricare, Diego si mise in contatto con i trafficanti e insieme concordarono che la consegna del veicolo sarebbe avvenuta all'ultimo piano del parcheggio di un altro centro commerciale chiamato Plaza Satélite.

Diego e il poliziotto messicano guidarono la Ford Expedition blindata davanti a noi, mentre io e Kenny ci infilammo in quella merda di Tornado col cambio manuale. Kenny prese il volante e seguì la Ford nel traffico.

Il nostro sistema di sicurezza non serve a niente, mi ripetevo, *abbiamo più di un milione in contanti e quattro agenti americani a coprirci. Solo due hanno una pistola Glock, del tutto inutile se venissimo rapinati da qualche stronzo con un AK...*

Se qualcosa fosse andato storto il nostro pickup non avrebbe avuto la minima speranza di portarci sani e salvi fino in fondo. Quella piccola Chevy ci metteva un'eternità a raggiungere i 70 all'ora. Procedevamo sobbalzando nel traffico mentre Kenny ingranava faticosamente le marce.

L'aria condizionata era fuori uso e nell'abitacolo faceva un caldo torrido. Intorno a noi le macchine, le moto e i camion sciamavano come mosche, suonando in continuazione il clacson e zigzagando a grande velocità. Era il traffico selvaggio e caotico per cui Città del Messico è famosa, cosa di cui mi sarei perfettamente reso conto negli anni successivi. Kenny sembrava fare apposta a prendere ogni buca e ogni semaforo rosso.

Per quanto riguardava la nostra sicurezza, la polizia locale era la mia principale preoccupazione. Troppi agenti della PF erano al corrente dell'operazione, per i miei gusti. Era sufficiente che uno di loro non fosse pulito e che avvisasse un amico perché finissimo in un'imboscata. E quei due si sarebbero spartiti il bottino *fifty-fifty*.

La Chevy continuava a traballare mentre io mi tenevo in contatto con Diego grazie al mio Nextel. All'improvviso l'Expedition accostò al marciapiede, il guidatore aprì la portiera e cominciò a vomitare come una furia. Aveva mangiato qualcosa un'ora prima a un baracchino di carne lungo la strada.

Quando arrivammo al Plaza Satélite, uno dei più grandi centri commerciali della città, cominciai a pensare che qualcosa non andava. Come mai uno shopping center in genere molto frequentato era così deserto?

Né Diego né io sapevamo se i nostri referenti ci aspettassero sul posto. Eravamo in anticipo di venticinque minuti, ma avrebbero potuto esserlo anche loro. Kenny salì all'ultimo piano del parcheggio e sistemò il pickup fra le poche macchine sparse qua e là. Aspettai che la sorveglianza mi desse il segnale di via libera per uscire: avremmo lasciato lì il pickup, con la chiave inserita nel comando d'accensione, e loro sarebbero venuti a prenderselo.

Stavo per uscire dall'abitacolo quando sollevai lo sguardo e vidi un messicano – sui trent'anni, un metro e ottanta, nerboruto – che camminava lentamente davanti al pickup. Sentii una stretta allo stomaco: erano già lì?

Indossava una camicia button-down nera, una giacca grigia e dei jeans blu. Aveva due occhi scuri e penetranti. Dall'occhio sinistro gli scendeva una cicatrice lunga circa cinque centimetri, come se fosse stato sfigurato con l'acido.

Ma non era solo la cicatrice a far paura. Un poliziotto di strada sviluppa in fretta una certa sensibilità per queste cose. Analizzai la sua camminata: sembrava che tenesse nascosto qualcosa sul fianco destro. Aveva l'aria e il passo inconfondibile del criminale in avanscoperta. Passò oltre il pickup, guardandosi un'ultima volta alle spalle con aria minacciosa.

Mi girai verso Kenny. «Chi è?»

«Non ne ho idea, fratello.»

«Kenny, dobbiamo assolutamente uscire di qui prima che ci sparino.»

Spalancammo le portiere del Tornado nello stesso istante. Non sarei potuto restare un secondo di più nell'occhio del mirino.

Quell'operazione fu qualcosa di unico. Mai prima di allora un'agenzia federale aveva consegnato così tanto denaro lasciandolo poi al suo destino, men che meno per le strade di Città del Messico.

Gli uomini del Chapo ormai ci consideravano due operatori capaci di muoversi velocemente sulla scena internazionale: eravamo in grado di consegnare più di un milione di dollari, e appena quarantott'ore dopo il ritiro, il denaro era a 5000 chilometri e due confini di distanza.

Ricardo non poteva in alcun modo sospettare di avere a che fare con dei poliziotti, tanto meno della DEA. Disse a Diego che il denaro sarebbe andato a sud per un'importante fornitura di cocaina destinata agli Stati Uniti. Stava accadendo tutto così in fretta che io e Diego facevamo fatica a stare al passo. Trascorrevamo più tempo in volo o in qualche albergo che nell'ufficio della squadra speciale a Phoenix. La settimana prima eravamo su un aereo per i Caraibi, quella dopo eravamo inchiodati alla scrivania, e quella successiva eccoci di nuovo in volo per un incontro da qualche parte ai tropici.

Trovare paesi neutrali dove organizzare gli incontri con i narcos diventava sempre più difficile, e così mi procurai una mappa del mondo lunga circa due metri e l'appesi in ufficio. Per divertirci Diego e io chiudemmo gli occhi e puntammo a caso il dito sulla possibile sede del prossimo incontro. Il suo cadde sull'Islanda, mentre il mio finì in mezzo all'Oceano Pacifico.

Poi Diego restrinse la mira sul Centro America, a nord di Panama.

«San José» disse. «Il prossimo incontro lo organizziamo in Costa Rica.»

«Mi sembra una buona idea» risposi.

Il Costa Rica, come Panama, era considerato zona franca dai narcos. *Más tranquilo* e molto meno rischioso del Messico o della Colombia.

Il giorno seguente Diego era seduto di fronte a Ricardo e a due emissari del Chapo in un ristorante all'aperto nel cuore della capitale del Costa Rica.

Questa volta, diversamente che a Panama, riuscii a tenerlo d'occhio: ero in una Toyota Land Cruiser nera presa a noleggio e avevo parcheggiato sul lato opposto della strada. Se Diego si era trovato con le spalle al muro nell'incontro di Panama, questa volta aveva preso in mano la situazione, parlando più degli altri e mettendoli alle strette con mille domande. La consegna di quell'enorme somma di denaro gli aveva dato totale credibilità.

Diego chiese – anzi, *pretese* – di sapere a chi appartenessero tutti quei soldi e la cocaina, chi fosse in realtà *el jefe*, prima di mettersi in azione.

Gli ci volle un buon quarto d'ora, ma alla fine uno degli uomini di Ricardo, per quanto restio, gli fece il nome dell'uomo che fino a quel momento avevano chiamato El Señor.

«Carlos Torres-Ramos.»

Un nome che a noi non diceva niente.

Tornati a Phoenix, mi misi subito alla ricerca di questo Carlos nel database della DEA finché trovai la sua scheda: Carlos Torres-Ramos non era ancora finito nel radar della DEA, ma aveva un passato criminale degno di nota. Alcuni informatori avevano rivelato che Carlos era famoso per la sua capacità di muovere tonnellate di cocaina dalla Colombia, dall'Ecuador e dal Perù. Mi studiai la sua foto in bianco e nero: un metro e ottanta di altezza, capelli neri, leggermente stempiato, pizzetto nero corto e ben curato, occhi scuri che gli davano l'aria di un professore. Ma fu un altro dettaglio a colpirmi.

«Non ci crederai» dissi, con lo sguardo fisso sullo schermo del computer. «Diego, vieni qui.»

Gli mostrai il link: la figlia di Carlos, Jasmine Elena Torres-Leon, era sposata con Jesús Alfredo Guzmán Salazar, uno dei più leali figli del Chapo.

«Cazzo» disse Diego a mezza voce. «Carlos e El Chapo sono *consuegros*.» Consuoceri: un legame di non poco conto fra due famiglie messicane, soprattutto nel mondo dei narcos del Sinaloa.

Sapevamo già che Carlos era un esponente importante di quel mondo, ma non avremmo mai immaginato che potesse essere *così* importante.

Diego iniziò a parlare con Carlos di come organizzare il trasporto direttamente al telefono, poi via BlackBerry Messenger; il messicano era convinto che il BlackBerry fosse il mezzo di comunicazione più sicuro. Benché non si fossero ancora incontrati di persona – Diego stava a Phoenix, Carlos nello Stato di Sinaloa – i due stavano costruendo un solido rapporto di fiducia.

«*Cero-cinquenta*» disse Diego con un sorriso sulle labbra, dopo uno scambio di sms con Carlos. «Credo di averlo in mano.»

«*Cero-cinquenta?*»

«Mi ha appena assegnato un numero, e questo significa che mi considera parte della sua organizzazione. Mi chiama *cero-cinquenta*.»

Diego era diventato 050 e figurava nella lista dei codici segreti di Carlos. Tutti i suoi uomini più fidati erano identificati con un numero, che ne indicava la località: 039 rappresentava il Canada, 023 Città del Messico, 040 l'Ecuador.

Carlos mandò anche a Diego la formula usata dalla sua organizzazione per decrittare i numeri di telefono che venivano inviati tramite sms. I trafficanti di alto livello non si scambiano mai i numeri alla luce del sole, per cui, per ottenere il nuovo numero di cellulare di Carlos, Diego avrebbe dovuto moltiplicare ogni cifra per quella formula.

E così, dal Canada furono trasferiti milioni di dollari interamente destinati all'acquisto di due tonnellate di cocaina che Carlos avrebbe effettuato in Ecuador. Naturalmente non lavoravamo gratis; Diego conosceva le regole dei narcotrafficanti e aveva chiesto a Carlos di concedergli un fondo per coprire i costi iniziali. Carlos si era detto subito d'accordo, e il giorno dopo a Montreal e a New York erano a nostra disposizione tre milioni di dollari suddivisi in diversi punti di prelievo.

Tre milioni in contanti: l'equivalente di una confisca col vantaggio di non avere bruciato la nostra indagine sotto copertura. Con quella somma depositata sul nostro conto corrente TDF, Diego e io filammo in Ecuador col primo aereo per organizzare la presa in consegna di due tonnellate di cocaina.

Appena arrivati, Diego fu contattato per una breve riunione con alcuni uomini di Carlos in una delle migliori steakhouse di Guayaquil. Io mi sedetti a un tavolo dall'altra parte del ristorante. Questa volta avevo un piccolo esercito pronto a scattare in mia difesa: un'intera squadra di agenti in borghese della polizia ecuadoriana. Era la più affidabile unità investigativa della DEA in quel paese: ogni agente era stato addestrato a Quantico in operazioni antinarcos. Gli agenti in borghese erano sparpagliati per tutto il locale e al suo esterno e controllavano ogni mossa degli uomini di Carlos.

Terminato l'incontro i poliziotti li seguirono, con macchine prive di qualunque contrassegno, per i sobborghi di San José – gli uomini di Carlos fecero solo una breve sosta per comprare del nastro adesivo – fino a un'anonima *finca*, una piccola fattoria. C'era un camioncino bianco parcheggiato fuori e i poliziotti riuscirono a trascriverne la targa.

Classico scenario di Quantico, pensai, ricordando le esercitazioni pratiche che si facevano all'accademia. Quello che stava succedendo seguiva i metodi standard di movimentazione della droga.

I poliziotti ecuadoriani tennero d'occhio il camioncino tutta la notte; lo videro lasciare la *finca* il mattino seguente, dopo che era stato caricato di sacchi di sale gialli. Diego e io ordinammo di predisporre un normale controllo di polizia stradale, e il camioncino cadde nella trappola.

Appena il guidatore notò le auto della polizia con i lampeggianti accesi frenò di colpo, schizzò fuori dall'abitacolo e si mise a correre attraverso i campi, ma venne catturato subito e ammanettato. Nel camioncino gli agenti trovarono settanta sacchi di sale che a loro volta contenevano 2513 pacchi di cocaina da un chilo con la scritta 777, tutti sigillati con nastro da pacchi.

Col BlackBerry Diego informò rapidamente Carlos che il carico era stato sequestrato dalla polizia locale, ma il boss non fece una piega. Aveva perso più di 2000 chili di coca in un controllo della polizia stradale, ma rientrava per così dire nei costi d'impresa. Carlos non perse tempo e chiese subito a Diego se fosse pronto a prendere in consegna dell'altra cocaina.

«Tu credi a quel tipo?» gli domandai. «Ha il ghiaccio nelle vene. Ha appena perso un carico che sul mercato finale vale quasi 63 milioni di dollari e vuole affidarcene un altro.»

Diego rispose immediatamente all'sms di Carlos: *Estamos listos. A sus ordenes.*

Siamo pronti. Aspettiamo ordini.

Nel corso delle settimane successive la banda di Carlos consegnò più di 800 chili di cocaina ad agenti ecuadoriani fatti passare come dipendenti di Diego, mandando così in rovina l'organizzazione di Carlos Torres-Ramos.

In poche ore cadde l'intero castello di carte: Carlos, Ricardo, Mercedes, Doña Guadalupe e altri cinquantuno membri dell'organizzazione sparsi tra il Canada e la Colombia. Vennero inoltre confiscati più di 6,3 milioni di dollari e 6,8 tonnellate di cocaina.

Impiegammo mesi per smaltire tutto il lavoro generato da quella massiccia operazione.

Quando negli uffici della squadra speciale si tornò a un ritmo di vita normale ci venne una gran voglia di rimetterci in caccia. Ma a quel punto ci era rimasto solo un posto dove andare. Analizzammo l'organigramma del cartello di Sinaloa e ci rendemmo conto che c'era solo un nome al di sopra di Carlos. Era quell'individuo con la faccia rotonda e i baffi neri che nella foto indossava un gilet tattico nero e un berretto da baseball, e teneva un fucile automatico sul petto.

Joaquín Archivaldo Guzmán Loera. El Chapo in persona.

PARTE SECONDA

LA FRONTERA

Nel gennaio del 2011 feci domanda per un posto vacante nel Country Office della DEA a Città del Messico, una delle sedi più prestigiose per agenti federali impegnati nella guerra ai cartelli della droga messicani. Se avevo qualche speranza di contribuire alla cattura del Chapo dovevo lavorare e *vivere* stabilmente oltre il confine meridionale degli Stati Uniti. In Messico la violenza stava crescendo: più di 13.000 persone erano morte per mano degli uomini di Guzmán o di altri cartelli – soprattutto gli ex membri delle forze speciali dell'esercito messicano noti come Los Zetas – in lotta per il controllo delle vie del contrabbando verso gli Stati Uniti.

Diversi mesi dopo aver smantellato l'organizzazione di Carlos Torres-Ramos, Diego e io avviammo una serie di controlli incrociati su Guzmán. Di sicuro qualcuno – federali o agenti speciali – doveva avere già messo nel mirino il boss della droga più ricercato al mondo. Un giorno, uscendo dall'ufficio del procuratore federale di Phoenix, analizzammo i diversi scenari: in ogni agenzia federale c'erano degli agenti che si occupavano del Chapo e noi avremmo dovuto trovarli per scambiare informazioni e cominciare a coordinarci.

Mi aspettavo di scoprire un mondo nascosto di squadre speciali anti-Chapo, di sale operative segrete che facevano a gara per raccogliere e conservare informazioni, ma dopo giorni e giorni di verifiche non venimmo a capo di nulla.

Chi stava sorvegliando El Chapo?

La risposta, incredibilmente, era: nessuno. Non una squadra, non una task force, non c'era nemmeno un federale qualsiasi che avesse una vaga idea di dove Guzmán potesse essere.

Nelle pile di documenti relativi a indagini che si trascinavano stancamente – e pensare che ogni anno si spendevano decine di milioni per la *guerra alla droga* – Diego e io non riuscimmo a trovare nemmeno il nome di un agente che, al di qua o al di là del confine con il Messico, stesse dando la caccia all'uomo che controllava direttamente più di metà del commercio mondiale di droga.

Il 15 febbraio 2011 Jaime Zapata e Víctor Ávila, due agenti speciali dell'Homeland Security Investigations (HSI) americana, il dipartimento della Sicurezza interna, di stanza a Città del Messico, caddero in un'imboscata tesa dal cartello degli Zetas nello Stato di San Luis Potosí. Un'auto degli Zetas superò il SUV blindato dei due agenti sparando raffiche di fucile automatico e mandandoli fuori strada. A quel punto gli Zetas aprirono la portiera del guidatore e cercarono di tirar fuori Zapata, che oppose resistenza e cercò di ragionare con gli uomini che avevano circondato il veicolo. «Siamo americani! Siamo diplomatici!» La risposta fu una scarica di colpi da ogni parte. Zapata morì all'istante accasciandosi sul volante mentre Ávila rimase gravemente ferito.

L'omicidio dell'agente speciale Zapata portò scompiglio nella mia vita. Ero già stato selezionato per quel posto a Città del Messico, ma ora dovevo pensare anche alla mia famiglia. Era sicuro trasferire mia moglie e i nostri figli ancora piccoli in quel paese? La maggior parte degli agenti della DEA non avrebbe nemmeno preso in considerazione l'idea di andare a lavorare in Messico; il rischio di venire rapiti o uccisi era troppo elevato.

«Cristo, adesso che hanno ammazzato Zapata non so più cosa fare» dissi a Diego. «Qui a Phoenix stiamo bene e siamo felici, eppure, non so... mi sembra un passo avanti.» Eravamo seduti a un tavolo del Mariscos Navolato per berci un paio di Pacifico dopo una lunga giornata passata a sistemare le prove per il procedimento Team America. Avevo praticamente perso la voce a parlare con Diego mentre la band suonava a tutto volume sul palco davanti a noi.

«Sai a cosa vai incontro» rispose Diego. «Devi fare ciò che è giusto per te e per la tua famiglia.»

La mattina seguente parlai con mia moglie e le spiegai la situazione. Non c'era nulla da nascondere, i rischi erano evidenti. L'avevo preparata per mesi, ma il pericolo di vivere in Messico mi pesava come un macigno sul petto.

«Cosa ti dice la pancia?» domandò. «Io ti sosterrò, qualunque cosa tu decida.»

Rimasi in silenzio per un po'.

«Andare» dissi alla fine. «La pancia mi dice di andare. Di accettare quell'incarico in Messico.»

Guardandomi indietro, se ripenso alla vita serena che avevo vissuto in Kansas, non avrei mai immaginato di poter pronunciare quelle parole. Ma ogni volta che avevo dovuto prendere una decisione in grado di cambiarmi la vita ero stato colto da una sorta di irrequietezza, e quello era uno di quei momenti. Feci una pausa e tirai un respiro profondo. La preoccupazione per i pericoli a cui sarei andato incontro cominciò a svanire. Dopotutto era un normale avanzamento di carriera, si trattava solo di portare avanti l'indagine che io e Diego avevamo iniziato anni prima.

A quel punto mi toccarono sei mesi di full immersion alla scuola di lingua della DEA nel sud della California, e poi diverse settimane d'addestramento intenso a Quantico.

Agli agenti federali destinati a operare all'estero in missioni ad alto rischio venivano insegnate tutte le tecniche di difesa e tutela personale: come sfuggire agli inseguimenti in macchina, come prendere il controllo di un'auto in movimento se il guidatore viene ucciso, come segare manette di plastica usando un filo di nylon. C'era anche un addestramento specifico per imparare a guidare grossi veicoli blindati, obbligatorio dopo l'assassinio dell'agente speciale Zapata.

Nel febbraio 2012, mentre ero ancora alla scuola di lingua, Diego incastrò un membro della cerchia ristretta del Chapo in viaggio verso gli Stati Uniti.

Mi telefonò; era per strada, camminava a passo svelto e si sentiva il vento che soffiava. Sembrava che gli mancasse il fiato.

«Ho il codice PIN del suo BlackBerry.»

«Il BlackBerry di chi?»

«C.»

Evitavamo sempre di pronunciare il nome del Chapo, se possibile.

«Il BlackBerry di C?»

«Sì. Ho il suo codice PIN.»

«Cazzo! E dove lo hai localizzato?»

«Cabo.»

«È a Cabo San Lucas?»

«Sì. Ma il fatto è questo: nessuno mi crede» spiegò Diego frustrato. «Continuano a dirmi che non può essere il suo numero. Ma te lo garantisco: è lui, fratello.»

Diego aveva comunicato il PIN alla DEA di Città del Messico, che aveva messo in atto la procedura standard di controlli incrociati. Diverse ore dopo era stato contattato da un agente speciale in Messico, il quale gli aveva comunicato che l'FBI di New York aveva migliaia di intercettazioni con lo stesso codice PIN. Non si erano resi conto che era sempre El Chapo a usarlo.

«Impressionante» dissi. «I federali hanno tenuto d'occhio El Chapo in gran segreto e non sanno nemmeno che cazzo di telefono usa.»

L'agente della DEA a Città del Messico aveva riferito a Diego che stavano preparando un'operazione con la polizia federale messicana e che l'avevano tenuto fuori senza tanti complimenti.

«Non vogliono che partecipi all'operazione» disse Diego. «Cazzo, dovrei essere a Cabo per organizzare tutto.» Capii che Diego era teso perché non ero al suo fianco e non potevo aiutarlo facendo leva sui miei agenti della DEA in Messico. E mi sentii impotente come lui, chiuso in quella scuola a studiare lo spagnolo. Ma sapevo che non c'era modo di fermare il treno in corsa, tanto più se la DEA di Città del Messico aveva già coinvolto la polizia federale messicana.

Situata all'estremo sud della Bassa California, Cabo San Lucas era considerata una delle città più sicure del Messico. Era anche uno dei luoghi di villeggiatura preferiti dalle star di Hollywood e meta privilegiata da migliaia di turisti americani. Il segretario di Stato Hillary Clinton era a Cabo negli stessi giorni del Chapo – alloggiava al Barceló Los Cabos Palace Deluxe – per il G20 nel quale firmò il Transboundary Agreement fra Stati Uniti e Messico.

El Chapo evidentemente si sentiva al sicuro, un intoccabile. La DEA di Città del Messico organizzò una rapida operazione in cui furono coinvolti trecento agenti della polizia federale messicana, trasferiti a Cabo di notte.

La missione fallì miseramente. La squadra incaricata della cattura fece irruzione in dodici case di un quartiere residenziale sul lungomare e ne uscì a mani vuote. Riuscirono solo a strapazzare un mucchio di ricchi pensionati americani, turisti e famiglie messicane piene di soldi, suscitando l'irritazione di tutto il quartiere.

Dopo quel fiasco, e per evitare altre lamentele da parte della comunità, la polizia federale rispedì a casa gran parte dei suoi agenti. La DEA organizzò un secondo tentativo di cattura, anche se non disponeva più di un numero di uomini sufficiente. Sul campo rimanevano solo trenta agenti della PF, che riuscirono comunque a localizzare il cellulare del Chapo in una delle tre splendide ville sul mare in fondo a una strada senza uscita poco fuori Cabo. Mentre gli agenti facevano irruzione nelle prime due, El Chapo aspettava nella terza assistendo allo spettacolo. Non aveva messo in atto particolari misure di sicurezza; con lui c'erano solo la sua guardia del corpo più fidata (un pilota di Cessna soprannominato Picudo), la sua cuoca, un giardiniere e una delle sue fidanzate.

Quando DEA e PF si avviarono nella strada chiusa, Guzmán e Picudo sgattaiolarono fuori dall'ingresso posteriore e corsero lungo la costa, sfuggendo per un soffio alla cattura. In qualche modo riuscirono a raggiungere La Paz, dove vennero raccolti su una pista clandestina – probabilmente dal pilota preferito del Chapo, Araña – e portati sulle montagne a bordo di un Cessna.

Al termine della fallita operazione l'Associated Press diffuse questa nota:

> *Le autorità messicane sono state vicine alla cattura dell'uomo che gli Stati Uniti considerano il signore della droga più potente al mondo e che, come Osama bin Laden, stava nascosto sotto gli occhi di tutti. La polizia federale è stata a un passo dall'arrestare Joaquín "El Chapo" Guzmán in una villa sulla costa di Los Cabos tre settimane fa, appena un giorno dopo che il segretario di Stato americano Hillary Clinton si era incontrata con diversi altri ministri degli Esteri in quella stessa località turistica della Bassa California.*[1]

Tra i messicani quel raid divenne immediatamente oggetto di una battuta ricorrente: la polizia federale ha messo

[1] Associated Press, 12 marzo 2012.

insieme un piccolo esercito per catturare El Chapo nella sua villa, ma si è dimenticata di sorvegliare la porta sul retro.

Invece, tra il personale della DEA messicana che aveva partecipato all'azione nessuno aveva compreso quale gigantesca opportunità era stata loro offerta a Cabo. Nella prima operazione c'erano stati dei problemi tecnologici, mentre nella seconda era mancato il coordinamento. I messicani potevano anche lamentare di non avere avuto un numero di uomini sufficiente a controllare l'ingresso posteriore, ma dov'erano gli americani? Sul retro della villa non c'era nemmeno un agente della DEA.

Un narcocorrido dei Calibre 50, *Se Quedaron A Tres Pasos*, trasformò quella fuga in una leggenda simile a quella di Dillinger, raccontando che El Chapo era andato in vacanza a Los Cabos e lì *aveva battuto in astuzia più di cento agenti della* DEA.

Sono rimasti tre passi indietro
Cercavano Guzmán a Los Cabos
Ma lui era già a Culiacán!

Su una cosa il corrido aveva ragione: El Chapo era a casa sua sulle montagne. Nei mesi seguenti l'FBI continuò a raccogliere nuovi numeri del Chapo che la DEA del Messico localizzava nelle zone rurali del Sinaloa, e poi nel vicino Stato di Nayarit. A quel punto la DEA informava la polizia federale, che tentava altri raid, per scoprire ogni volta che il cellulare in questione non era nelle mani del Chapo. Anzi, veniva usato da qualche membro del cartello di basso rango, che inoltrava i messaggi a El Chapo sul suo vero cellulare.

Ma nessuno aveva quel numero.

Guzmán utilizzava la *tecnica dello specchio*. Non era una tecnica complicata e, se eseguita correttamente, risultava molto efficace per evadere il controllo della polizia.

«È sempre un passo avanti» dissi a Diego. «El Chapo è una volpe. Appena tornato sano e salvo a Sinaloa ha rivisto il suo sistema di comunicazione.»

Dopo una serie di tentativi falliti che arrivarono solo allo *specchio* (l'uomo che gestiva il cellulare noto alle forze di polizia), l'FBI smise di raccogliere numeri e la DEA del Messico, d'accordo con la polizia federale, decise di gettare la spugna. La DEA archiviò addirittura il fascicolo. Pareva proprio che nessuno avrebbe più riaperto l'indagine su Chapo Guzmán per molto tempo.

Già prima di offrirmi per il posto vacante a Città del Messico sapevo che avrei messo fine a una collaborazione unica e irripetibile. A Diego sarebbe immensamente piaciuto continuare a indagare sui cartelli oltre confine, ma non era un federale; era un agente dei servizi speciali – un ispettore della polizia di Mesa, in Arizona – e non poteva risiedere all'estero. Sull'invito alla mia festa d'addio c'era una foto che ci ritraeva insieme, entrambi col gilet tattico, alla fine di un'operazione: sorridevamo felici, con i raggi arancione del sole che tramontava alle nostre spalle.

Nel corso degli anni, ogni volta che un'indagine ci portava nel sud della California, Diego e io facevamo una scappata a Tijuana per assimilare ancora un po' di quella cultura messicana che avevo imparato ad amare. Ascoltavamo musica mariachi, banda e norteño, e verso le tre del mattino ce ne andavamo in uno strip club, poi ci prendevamo dei tacos in un baracchino lungo la strada e riattraversavamo la frontiera. Io lo consideravo parte della mia formazione, era un modo per approfondire la conoscenza di un mondo in cui mi ero immerso da quella prima sera al Mariscos Navolato, quando avevo sentito *El Niño de La Tuna* e avevo cominciato a capire qualcosa dei cartelli messicani.

Non sarei mai andato a Tijuana senza Diego. Non eravamo turisti, dopotutto, e se qualcuno avesse scoperto chi eravamo *realmente* – un agente della DEA e un ispettore di una squadra speciale antinarcotici – e che indagini stavamo conducendo sui cartelli e sul riciclaggio di denaro, saremmo stati dei bersagli estremamente vulnerabili.

Alla mia festa d'addio vennero anche alcuni amici dal Kansas, fra cui il vecchio sergente dell'ufficio dello sceriffo. La festa ebbe inizio in una birreria di San Diego – racconti di guerra, proiezione di diapositive del periodo che avevo trascorso nel Team 3, targhe e foto incorniciate – ma non finì quando i capi tornarono a casa. Alle due del mattino presi i miei migliori amici e suggerii di fare un salto in Messico. Stavamo per muoverci quando Diego guardò il suo iPhone che ronzava. «Cazzo. Emergenza familiare» disse bruscamente, e mi abbracciò. «Mi spiace, amico mio, devo scappare.»

Io e gli altri saltammo su un taxi e raggiungemmo la frontiera. Un taxi pieno di *gringos* e senza Diego a farci da guida. Avevo già sentito molte volte il freddo scatto del cancello che si chiudeva alle mie spalle, entrando in Messico, ma quella volta toccò a me occuparmi di tutto, parlare con la gente e decidere dove andare.

Fresco di studi, ormai padroneggiavo abbastanza bene

lo spagnolo; il mio insegnante era di Guadalajara e così il mio accento era simile a quello della popolazione locale. Ma il mio vocabolario era ancora piuttosto limitato e spesso mi capitava di ritrovarmi immerso in conversazioni da cui non sapevo più come uscire, se non con un cenno della testa e un secco *Gracias*.

Riuscii in qualche modo a far passare ai miei amici una bella nottata. Bevemmo Don Julio, mangiammo tacos in un baracchino e divorammo *al pastor* allo spiedo, poi, mentre il sole coronava la cima delle montagne a oriente, riattraversammo la frontiera per tornare in California. *Diego dovrebbe essere qui a godersi tutto questo*, pensai. Poi mi resi conto che era stato come un rito di passaggio: adesso ero in grado di affrontare Tijuana da solo.

Il giorno seguente ero al San Diego International Airport con la mia famiglia, spingevo il carrello carico di borse e valigie attraverso il terminal per raggiungere il check-in. Sembravo un padre qualsiasi, con i passaporti e le carte d'imbarco in mano, e i figli che lo tirano per le maniche.

Qualunque rischio stessimo affrontando, non ero mai stato così sicuro di avere fatto la scelta giusta.

L'aereo prese quota fra le nuvole – i miei figli si addormentarono subito appoggiandomi la testa sulle spalle – e nelle due ore successive, finalmente, la caccia a Chapo Guzmán fu l'ultimo dei miei pensieri.

DF

Arrivai in Messico con la mia famiglia nell'ultima settimana di maggio del 2012. Città del Messico aveva subìto uno sviluppo incontrollato – con 26 milioni di abitanti nell'area metropolitana era la città più grande dell'emisfero occidentale – e quasi nessuno la chiamava con il suo nome. Per gli indigeni era *El Distrito Federal* (DF) oppure, a causa dello strato di smog sempre presente, *El Humo* (Il fumo).

All'ambasciata ero stato inizialmente assegnato al Money Laundering Group, che si occupava di riciclaggio. L'ufficio preposto al cartello di Sinaloa era diretto da un agente speciale in pieno esaurimento nervoso, soprattutto dopo il fiasco di Cabo. Dopo qualche mese convinsi la direzione a trasferirmi dal Money Laundering all'Enforcement Group, il gruppo operativo. Il mattino seguente feci colazione con i miei nuovi colleghi e il nostro supervisore all'Agave, un bar famoso per la sua *machaca con huevo* e il *pan dulce* appena sfornato.

Prima del mio arrivo il sistema aveva mostrato molte inefficienze. Gran parte degli agenti della DEA lavoravano contemporaneamente su diversi cartelli: Sinaloa, Las Zetas, Golfo, Beltrán-Leyva, Cavalieri Templari... Il supervisore del mio gruppo si rendeva conto che questa mancanza di coordinamento era del tutto controproducente. L'ufficio di Città del Messico era come un alveare in piena attività, al punto che nessun agente poteva dirsi esperto di un particolare cartello. Tutti lavoravano costantemente su tutto.

Perciò, nelle prime riunioni con la mia squadra, iniziammo un processo di riorganizzazione. Facemmo il giro del tavolo per mettere a fuoco le mansioni di ciascuno e quando venne il momento di parlare del cartello di Sinaloa l'agente incaricato si rivolse subito a me.

«Puoi tenerti questa *desmadre* di un'indagine» disse. «Io ho chiuso. I messicani non riuscirebbero a prendere El Chapo nemmeno se si trovasse in uno Starbucks del cazzo di fronte all'ambasciata.»

«Certo, me ne occupo io» risposi, cercando di contenere l'eccitazione.

«*Adelante y suerte, amigo.*» Avanti e buona fortuna, amico.

In quell'istante la mia mente vagò altrove: cercai di figurarmi El Chapo che faceva colazione nascosto sulle montagne, o in un ranch nel cuore dello Stato di Sinaloa... Da qualche parte, in Messico. Adesso almeno eravamo sullo stesso territorio.

Mi aspettava un compito quasi irrealizzabile. Dopo i tentativi di cattura falliti e anni di operazioni non andate a segno per un soffio, sapevo che El Chapo aveva fatto tesoro dei propri errori. Non gli mancavano le risorse, i soldi e l'abilità per restarsene nascosto e protetto nel suo mondo, quindi sarebbe stato molto difficile – se non impossibile – coglierlo di sorpresa.

È da undici anni che mi studia attentamente, pensai mentre la riunione volgeva al termine. *Ho tanto di quel terreno da recuperare per mettermi in pari con lui...*

Stavo ancora prendendo confidenza con il mio lavoro all'ambasciata quando mi imbattei in Thomas McAllister, il direttore regionale della DEA per il Nord e il Centro America (NCAR). Mi fissò intensamente.

«Hogan, mi dicono che se c'è uno che può catturare El Chapo, quello sei tu...»

Era più una domanda che un'affermazione, e mi sentii arrossire. Sapevo perché l'aveva detto: il supervisore del mio primo gruppo a Phoenix aveva lavorato con McAllister nel quartier generale della DEA e sapeva esattamente quanto fossi metodico e instancabile nelle mie indagini.

«Vedremo, signore» risposi sorridendo. «Farò del mio meglio.»

Una promessa però me l'ero fatta: non sarei caduto nella trappola di credere a tutte le leggende e alle voci che circolavano. Perfino certi miei colleghi della DEA avevano perso le speranze, perciò volevo sganciarmi emotivamente dalla mitologia che circondava El Chapo per concentrarmi su di essa solo con l'occhio del poliziotto. Non c'è criminale *impossibile da catturare*, e la fallita operazione di Cabo provava che adesso El Chapo era più vulnerabile di prima.

Appena preso servizio nell'Enforcement Group mi nominarono referente DEA in un caso che stava occupando le prime pagine dei quotidiani messicani: un omicidio legato alla droga consumato in pieno giorno in un terminal dell'aeroporto di Città del Messico. Quello scalo era considerato fra i più corrotti del mondo: i voli provenienti dalle Ande, soprattutto dal Perù, spesso avevano della cocaina nascosta nella stiva. A rendere quell'episodio particolarmente sconcertante era il fatto che a uccidere erano stati alcuni poliziotti messicani in uniforme che avevano sparato a dei loro colleghi.

Due agenti della polizia federale in servizio all'aeroporto avevano finito il turno e stavano attraversando il Terminal 2. Uno di loro aveva diversi chili di cocaina sotto il giubbotto, quello blu d'ordinanza con la scritta POLICÍA FEDERAL sulla schiena. In prossimità dell'area di ristoro erano stati avvicinati da tre colleghi che stavano invece iniziando il turno e che si erano insospettiti.

Era scoppiata un'accesa discussione, poi i due poliziotti-contrabbandieri avevano estratto le pistole d'ordinanza e avevano cominciato a sparare ai colleghi. Uno era stato freddato con un solo colpo alla testa, gli altri due colpiti a morte. Un osservatore esterno avrebbe potuto facilmente scambiare quella carneficina per un attacco terroristico, e infatti i viaggiatori inorriditi si erano messi a gridare, cercando disperatamente un riparo. Nel frattempo i due poliziotti corrotti avevano attraversato di corsa il terminal, erano saltati su un pickup e si erano dileguati.

«Si stenta a crederlo» mi rivolsi a un anziano agente dell'Enforcement Group. «Poliziotti contro poliziotti in pieno giorno e all'interno di un aeroporto internazionale. Chi erano quei due?»

L'agente non sembrava turbato, tanto che non alzò nemmeno gli occhi dallo schermo del suo computer.

«*Bienvenido*» disse.

Naturalmente cercai di assistere la polizia federale e la PGR – Procura generale della Repubblica messicana – nella ricerca dei due assassini, ma mi scontrai molto presto con l'amara realtà: la corruzione era diffusa a ogni livello. L'indagine su quel massacro fra poliziotti perse d'interesse e infine venne abbandonata. Fu un duro inizio per me: a poche settimane dal mio insediamento avevo già toccato con mano perché in Messico viene risolto meno del 5 per cento dei casi di omicidio.

Di tutti i casi di corruzione e violenza in America Latina, uno dei più impressionanti e difficili da dimenticare è quello dell'agente della DEA Enrique *Kiki* Camarena, scomparso in una via di Guadalajara nel 1985 mentre stava raggiungendo sua moglie per andare a pranzo. Per più di un mese il suo corpo non fu trovato. Quando venne rinvenuto, si scoprì che il cranio, la mascella, il naso, gli zigomi e la trachea erano stati completamente schiacciati e stritolati, che le costole erano state spezzate e che era stato brutalmente torturato; l'avevano perfino sodomizzato con un manico di scopa. Gli avevano perforato la testa con un cacciavite ed era stato sepolto in una fossa poco profonda mentre ancora respirava.

La scomparsa di Kiki Camarena divenne un caso internazionale e segnò un momento di crisi nelle relazioni fra Stati Uniti e Messico. Il governo americano arrivò a offrire una ricompensa di 5 milioni di dollari a chi avesse arrestato gli assassini.

Quando entrai in servizio alla DEA del Messico erano trascorsi più di venticinque anni, ma tutti avevano ancora ben presente le circostanze della morte di Camarena e il

suo ricordo era sempre vivo in quelli che l'avevano conosciuto. Nel corridoio dell'ambasciata c'era una sala riunioni dedicata all'agente trucidato – noi la chiamavamo semplicemente *Kiki Room* – con un piccolo busto e una targa.
Della tortura e dell'assassinio di Kiki venne accusato Miguel Ángel Félix Gallardo, El Padrino, un ex poliziotto federale divenuto il boss del cartello di Guadalajara, nonché
mentore di Joaquín Guzmán nel business della droga.[1]

Sforzandomi di non pensare alla lunga storia di violenza che aveva segnato il Messico, cercavo di far avere
a mia moglie e ai miei figli la vita migliore possibile in
quelle circostanze così stressanti. La DEA ci assegnò uno
spazioso appartamento con tre camere da letto a La Condesa, il quartiere più alla moda nel centro della capitale, residenza di giovani uomini d'affari, artisti e studenti, paragonabile al Quartiere Latino di Parigi o a SoHo a
Manhattan. Eravamo vicini all'ambasciata americana sul
Paseo de la Reforma e in un quarto d'ora di macchina ero
in ufficio.

Quel quartiere ci piaceva molto, così pieno di strade
alberate che facevano ombra alle architetture anni Venti: ristoranti, caffè, boutique, gallerie e, la domenica, viva-
ci mercatini all'aperto.

Tuttavia, mi era difficile godere di quella vita animata
e interessante. Avevo sempre la testa piena di pensieri, ero
perennemente in modalità *poliziotto di strada*. Guardarmi

---

[1] In seguito, Miguel Ángel Félix Gallardo e due altri boss del cartello
di Guadalajara, Ernesto Fonseca Carrillo e Rafael Caro Quintero, vennero condannati per l'assassinio di Kiki Camarena.

alle spalle era diventata la mia seconda natura – lo facevo da quando avevo ventun anni, in pattuglia per lo sceriffo – ma in Messico sembrava non esserci mai un attimo di requie. Controllavo in ogni momento di non essere seguito o sorvegliato da uomini di qualche cartello, rapinatori, perfino membri delle forze dell'ordine messicane. Quando uscivo di casa, alle sette del mattino, per andare a prendere la mia Chevy Tahoe, osservavo attentamente tutte le macchine parcheggiate in strada. Quali erano le nuove? Quale sembrava fuori posto? In quale era seduto qualcuno? Memorizzavo le marche, i modelli e i numeri di targa.

Quando capitava di trovarsi in un altro quartiere, mia moglie sapeva di non dovermi rivolgere la parola: ero troppo occupato a controllare le strade, a guardare con attenzione i volti dei passanti, dei tassisti, dei fattorini... chiunque, insomma, si trovasse a distanza di tiro.

Dopo poche settimane a Città del Messico, mia moglie aveva già imparato la tecnica di valutazione costante del rischio, ovvero guardare negli occhi chiunque si incontri sul marciapiede e decidere velocemente: minaccia o no? Lei e i miei figli erano sempre in giro: al parco, a fare compere, a trovare degli amici. E in quella città il crimine, anche quello di natura casuale, era dappertutto: avevamo saputo di un impiegato dell'ambasciata che era stato tenuto sotto la minaccia di una pistola per il suo orologio d'oro in un ristorante del nostro quartiere, o di una signora che era stata scippata mentre spingeva suo figlio in passeggino.

C'erano però anche tante cose belle nel vivere in Messico. A noi piaceva in particolare il cibo da strada: *tacos de canasta, tlacoyos, elote*. Ma il massimo erano le *camotes* (patate dolci) di un venditore ambulante che arrivava ogni settimana al tramonto spingendo il suo vecchio e cigolante carretto di metallo.

Aveva sempre l'aria di uno che ha lavorato tutto il giorno al sole, con il viso riarso e abbronzato coperto di sudore per avere spinto su e giù lungo la strada il suo fornello a legna. La pressione del fumo e dell'aria calda produceva un fischio sottile, simile a quello delle vecchie locomotive nei film western. Lo si udiva a isolati di distanza, anche se eravamo in casa. Allora uno dei miei figli gridava: «Papà, c'è l'omino delle *camotes*».

A quel punto ci infilavamo le scarpe e correvamo fuori. A volte se n'era già andato, scomparso in qualche viuzza laterale, ma poi il fischio tornava a farsi sentire, permettendoci così di raggiungerlo. Allora tirava fuori una teglia piena di grosse patate dolci arrostite, permettendo ai miei figli di scegliere le migliori, poi le tagliava a fette per il lato lungo e ci spruzzava sopra del latte condensato con un pizzico di zucchero e cannella: una vera delizia al prezzo di soli 25 pesos.

Ma persino in quei bei momenti, per quanto cercassi di tenerlo nascosto ai miei figli, ero in ansia. I bambini sono le prede più vulnerabili e facili da rapire. Un nostro vicino, un milionario che si era *fatto da sé*, mandava ogni giorno sua figlia a scuola con un elicottero privato.

Non era strano vedere gli ultimi modelli di Ferrari e Porsche sfrecciare lungo le strade del nostro quartiere, ma di solito tutto ciò che di lussuoso ed eccessivo si vedeva nella capitale puzzava di narcos. Si stimava che ogni anno entrassero nell'economia del paese 40 miliardi di dollari dovuti al traffico di stupefacenti, e da qualche parte dovevano pur finire.

Mi tornava sempre in mente il commento di un giornalista locale: «In Messico è tutto bello, finché *all'improvviso* smette di esserlo». Mi sembrava che andasse con semplicità al cuore della questione: stai vivendo felicemente la tua vita e poi un giorno sei morto.

Alla fine quello del Chapo era diventato un nome familiare agli americani. Era stato definito *Nemico pubblico numero 1* dalla commissione sul crimine di Chicago; il primo fuorilegge a guadagnarsi quel titolo dai tempi di Al Capone. E se da un lato ero contento che quell'etichetta avesse attirato una maggiore attenzione su Guzmán e sulle sue attività criminose, dall'altro dovevo ammettere che, dal punto di vista delle indagini, non ne facilitava la cattura.

Nel mio ufficio all'ambasciata trascorrevo intere giornate a selezionare e classificare informazioni su di lui, passando al setaccio tutti i vecchi fascicoli su cui riuscivo a mettere le mani. Gli indizi più interessanti provenivano da fogli di taccuino, libri mastro, biglietti da visita, perfino da ciò che aveva lasciato nello svuotatasche della sua villa dopo il raid di Cabo San Lucas. Era un lavoro snervante – il più odiato dalla maggior parte degli agenti della DEA – ma il minimo cambiamento in un soprannome o nel nome dell'intestatario di un cellulare mi sembrava una scoperta d'inestimabile valore, e quando mi capitava di trovare qualcosa era una scossa di pura adrenalina.

Sfrutta ogni occasione, approfitta, trai vantaggio.

La mia vita divenne presto un ammasso indefinito e confuso di cifre. Ero ossessionato dai numeri. Memorizzavo costantemente tutti i numeri di telefono che trovavo, i BlackBerry e i loro codici PIN. Magari non ricordavo il compleanno di mia nonna, ma avevo ben presente il numero di cellulare del pilota del Chapo. I miei colleghi si chiedevano perché fossi così roso dall'ansia di analizzare numeri di telefono e PIN.

Perché i numeri, diversamente dalle persone, non mentono.

Non solo El Chapo e Picudo avevano lasciato delle briciole a Cabo San Lucas, ma avevano preso il volo così in fretta che El Chapo non aveva fatto in tempo a portare con sé la sua borsa tattica con il giubbotto antiproiettile mimetico, il fucile semiautomatico AR-15 nero attrezzato per il lancio di granate e sei bombe a mano.

Diego e io confermammo inoltre che Guzmán si era tagliato sulla recinzione lasciando tracce di sangue, anche se al momento se ne stava beato oltre il mare di Cortez nello Stato di Sinaloa. Da quando era evaso dal penitenziario di Puente Grande, El Chapo non era mai stato così vicino alla cattura. Se aveva pensato di potersene stare senza rischi in una località di villeggiatura così famosa, e soprattutto così piena di turisti, voleva dire che si sentiva del tutto tranquillo e sicuro di sé. E che molto probabilmente non era sempre scortato da centinaia di guardie del corpo e da una flotta di SUV blindati con i finestrini scuri, come si vociferava. Una voce che molti ritenevano vera, inclusi i servizi segreti americani in Messico.

Ogni tanto condividevo le mie scoperte con la polizia federale che lavorava al caso del fallito raid di Cabo, e loro in cambio mi fornivano le informazioni che avevano raccolto. Alla fine davo loro più di quanto ricevessi, ma mi dicevo che avere almeno *qualche* informazione dalla polizia messicana era meglio di niente.

Mi rimisi a lavorare intensamente sui numeri di cellulare attivi dei piloti del Chapo, dei membri della sua famiglia e delle sue fidanzate; spesso non alzavo gli occhi dallo schermo del computer finché un collega non faceva un commento sarcastico.

«Perché sprechi il tuo tempo, Hogan? È una partita persa. I messicani non prenderanno mai El Chapo.»

Anche i miei superiori si mostravano scettici quando guardavano i grandi diagrammi che avevo appeso alla parete, in cui avevo collegato i sequestri di tonnellate di cocaina in Ecuador con i luogotenenti del Chapo.

«*Cuando? Cuando?*» gridava il capo ogni volta che passava di fianco alla mia scrivania. Quando gli avrei mostrato il frutto delle mie fatiche?

«*Paciencia, jefe, paciencia*» gli rispondevo. Devi avere pazienza, capo.

Ogni sera, quando lasciavo l'ambasciata, mi girava la testa. DF era un continuo sciamare di macchine e pedoni, e sapevo che a ogni ora del giorno o della notte qualcuno avrebbe potuto sorvegliarmi. O, peggio ancora, seguirmi.

Una sera, al tramonto, ero appena uscito dall'ambasciata e stavo tornando a casa alla guida della mia Tahoe lungo strade laterali. Alla prima curva presi mentalmente nota dei veicoli che avevano girato dietro di me.

Chevy Malibu blu. Nissan Sentra bianca.

Al primo semaforo svoltai a sinistra. La Nissan fece lo stesso. Nello specchietto riuscivo a scorgere gli zigomi affilati, gli occhi scuri e le spesse sopracciglia del guidatore.

Era l'uomo con la cicatrice sulla guancia che avevo visto in quel caldo pomeriggio al Plaza Satélite? Senza dubbio gli somigliava moltissimo.

Non potevo averne la certezza, ma spinsi comunque sull'acceleratore; un'altra svolta a sinistra, poi una veloce a destra per essere sicuro di aver seminato la Nissan.

Devo dire che mi sentivo relativamente tranquillo sulla mia Chevy Tahoe, con i finestrini antiproiettile da 5 millimetri. Era una macchina così pesante per via della blindatura livello 3 che bastava un leggero tocco sul pedale dell'acceleratore per farla rimbombare come se andasse a 140 chilometri all'ora. Un vecchio agente della DEA all'ambasciata ripeteva spesso, nel suo marcato accento texano: «Queste bambine vanno come scimmie strafatte». Grazie a certe piccole strategie che avevo messo in atto era quasi impossibile che degli uomini del Chapo potessero sorvegliarmi: dopo un mese di permanenza in quel paese conoscevo tutte le scorciatoie verso casa e cambiavo regolarmente tragitto per andare e tornare dal lavoro.

Era un caldo pomeriggio dell'agosto 2012 e Tom Greene – un agente del mio gruppo che lavorava sulla DTO dei Beltrán-Leyva – era agitato e controllava ininterrottamente il suo BlackBerry.

«Strano, non risponde» disse. Tom era appena tornato da un incontro con il suo informatore, El Potrillo (Il puledro), un giovane di ventisei anni tarchiato e con la faccia lunga, nato e cresciuto nei dintorni di Città del Messico. Tom e El Potrillo si erano visti pochi minuti prima a El Tiempo, un caffè-libreria a pochi isolati dall'ambasciata, nel quartiere Zona Rosa.

«Gli ho mandato un sacco di messaggi» disse Tom. «In genere mi risponde subito.»

Non sembrava una cosa grave e così andammo insieme a mangiare qualcosa alla mensa dell'ambasciata. Eravamo in coda con il vassoio in mano quando udimmo uno dei cassieri dire in spagnolo: «Hai sentito? Una cosa terribile. C'è appena stata una sparatoria in Zona Rosa...».

Attaccato al centro storico di Città del Messico, Zona Rosa era il luogo perfetto per incontrare un informatore; era uno dei quartieri più frequentati e movimentati della città, pieno di nightclub, locali per gay e after-hours. Salutato El Potrillo, Tom aveva notato due individui sospetti, uno in macchina e l'altro che camminava lentamente sul marciapiede, ma non si era preoccupato più di tanto. Il suo informatore aveva seguito il protocollo, e aveva aspettato che Tom se ne fosse andato da un po' prima di uscire da El Tiempo.

El Potrillo si era appena incamminato lungo il marciapiede pieno di gente quando gli si era accostata una moto con due uomini che indossavano dei caschi integrali neri. Quello seduto dietro era schizzato giù dalla Yamaha, si era avvicinato con calma alle spalle del Potrillo e gli aveva sparato sei volte alla nuca. Cinque proiettili erano stati di troppo; El Potrillo probabilmente era già morto quando era caduto sull'asfalto. L'assassino era risalito sulla moto e i due erano scomparsi in un batter d'occhio. Avevano utilizzato la classica tecnica dei sicari, importata a Città del Messico dai killer colombiani.

Andai sul luogo dell'omicidio un paio di giorni dopo: si vedevano ancora le tracce di sangue per terra, sembravano macchie di vino.

L'indagine della polizia non approdò a nulla perché nessuno dei testimoni decise di collaborare. La Yamaha dei killer non aveva la targa e la polizia locale non trovò nessun indizio sul posto. Si conoscevano solo il luogo e l'ora della sparatoria. Era soltanto uno delle migliaia di omicidi legati alla droga destinati a rimanere impuniti, roba buona solo per le statistiche.

A Tom occorsero alcuni giorni per riprendersi dallo shock, ma poi la vita nell'ufficio della DEA tornò alla normalità. Per tutti, l'assassinio di El Potrillo era uno dei tanti incubi che Città del Messico viveva quotidianamente, come la cappa di smog che incombeva sulla metropoli, ma io lo lessi come l'ennesimo avvertimento che sarei potuto morire da un momento all'altro con un colpo alla nuca, se non fossi stato più che attento.

Se qualcosa fosse arrivato alle orecchie delle persone sbagliate (narcos, poliziotti corrotti, magari qualche avido cittadino desideroso di guadagnarsi la giornata), se qualcuno fosse venuto a sapere su chi stavo indagando o che lavoro avevo svolto per più di sei anni, per me non sarebbe finita come per un informatore in una via di Zona Rosa: sarebbe finita come per Kiki Camarena.

Alcune settimane dopo, due funzionari della CIA stavano andando a un'installazione militare nei dintorni di Città del Messico – guidavano una Chevy Tahoe con targa diplomatica, un'auto blindata identica alla mia – quando vennero bloccati da due macchine piene di uomini armati. La Tahoe venne crivellata da più di cento colpi di mitragliatore. I killer – si scoprì poi che erano poliziotti federali corrotti – spararono in successione così rapida che le pallottole riuscirono a perforare la carrozzeria blindata, raggiungendo i due funzionari della CIA all'interno dell'abitacolo. Ma a differenza dell'agente speciale Zapata, i due sopravvissero, e proseguirono il viaggio con la Tahoe che strisciava sui cerchioni di metallo finché non fu più in grado di andare avanti.

Esaminai le fotografie: la macchina sembrava uscita da uno scontro a fuoco in una strada di Fallujah.

Quella sera, lasciando l'ufficio, nell'aprire la portiera della mia Tahoe sentii un brivido freddo corrermi lungo la schiena. Eppure era una calda serata di mezz'estate. Ma sapevo che io, come qualunque altro agente della DEA in quell'ambasciata, potevo essere la prossima vittima.

SENZA DISTINTIVO

Non era Diego. E allora, chi? Brady Fallon, agente speciale del dipartimento della Sicurezza interna (HSI), portava nelle riunioni la sua incredibile esperienza e il suo genio singolare. Il nostro sodalizio aveva qualcosa di unico, come prima di allora mi era capitato solo con Diego. E non perché avevamo entrambi origini irlandesi. Brady era nato a Baltimora, aveva studiato economia all'estero ed era diventato agente federale subito dopo l'attacco terroristico dell'11 settembre. A rendere unico il legame che ci univa era il fatto che di norma gli agenti della DEA e dell'HSI si detestavano.

A Washington le agenzie comunicavano fra loro solo per posta; gli agenti non alzavano nemmeno il telefono per parlarsi. L'ostilità regnava già prima che la Sicurezza interna, creata dopo l'11 settembre 2001, diventasse l'anno successivo il *dipartimento* della Sicurezza interna. Qualcosa di molto simile a quanto succedeva tra FBI e CIA, dove competizione e voglia di apparire prevalevano su cooperazione e buon senso.

Gli agenti speciali della DEA e dell'HSI facevano a gara

per pisciare nel territorio altrui... Se poi era in gioco la possibilità di arrestare e portare in giudizio il narcotrafficante più ricercato del mondo, ci si metteva anche un procuratore federale ansioso di finire sulle prime pagine dei giornali. A quel punto l'indagine andava a puttane nel giro di qualche settimana. Ecco perché, nei dodici anni trascorsi dalla sua evasione, nessuno era ancora riuscito a mettere le mani sul Chapo.

Il mio rapporto con Brady iniziò nell'aprile del 2013, con quella che pensavo sarebbe stata una normale telefonata di coordinamento con un altro ufficio della DEA o un'altra agenzia federale che indagava sullo stesso BlackBerry su cui stavo indagando io. Chiamai l'agente il cui nome era comparso sullo schermo del mio computer: Brady Fallon, HSI – Ufficio di El Paso.

«Il vostro *06* viene anche chiamato *Sixto*? E il vostro *El 81*... qualcuno l'ha mai chiamato *Araña*?» gli chiesi.

Potevo immaginare cosa Brady stesse pensando: *Fantastico, un altro cowboy della DEA che vuole mettersi di mezzo e soffiarci il caso...*

Sentii una voce soffocata; Brady stava gridando qualcosa ai suoi colleghi della Sicurezza interna. Poi tolse la mano dalla cornetta e disse: «Sì, ci riferiamo a loro in quel modo. Araña corrisponde, e così pure Sixto. Perché?».

«Ascolta» dissi. «Non so se ve ne rendete conto, ma avete a che fare con due dei piloti più fidati di Chapo Guzmán.»

Non solo io e Brady stavamo controllando gli stessi codici PIN – quelli di Sixto e di Araña – ma c'era anche un altro PIN che avevo scoperto mettendo insieme due motoscafi d'altura che contrabbandavano tonnellate di cocai-

106

na al largo delle coste ecuadoriane verso la costa occidentale del Messico. Brady aveva catalogato il nome utente di quel codice PIN come *Ofis-5*, e disse che chi aveva in uso quell'apparecchio stava piazzando ordini consistenti in Guatemala, Colombia ed Ecuador. E che ogni volta i destinatari ricevevano il carico ringraziando con la frase: *Saludos a generente*. Saluti al direttore.

«A volte quei tizi indirizzano i loro messaggi a El Señor» disse Brady.

«Già, El Señor» ripetei.

Il rispetto contenuto in quella formula significava che quasi sicuramente si riferivano a El Chapo.

Lavorando lungo il confine col Texas in corrispondenza di Ciudad Juárez – zona di guerra per i narcos, e la città col più alto tasso di omicidi del mondo – Brady aveva avuto spesso relazioni difficili con gli agenti della DEA.

A un certo punto ne aveva invitato uno dell'ufficio di El Paso, perché gli desse una mano, e gli era stato risposto che la DEA avrebbe collaborato solo se avesse potuto dirigere l'indagine. Brady non l'avrebbe mai permesso e aveva lasciato perdere tutto. Ecco perché adesso era così scettico.

«Come faccio a sapere che poi non te la squagli con tutte le mie informazioni?» chiese.

Capivo la sua preoccupazione. «Non mi conosci, ma mi vanto di sapere tutto quello che c'è da sapere sui miei obiettivi e di condividerlo con chiunque voglia salire sulla mia barca per lavorare gomito a gomito.»

Avevo studiato attentamente i difetti nel sistema di condivisione delle informazioni tra FBI e CIA – la disastrosa malagestione del periodo precedente l'11 settembre –

e avevo giurato a me stesso che non avrei mai rifiutato di dare informazioni a un'altra agenzia federale se questo avesse contribuito ad agevolare un'indagine. Già quando lavoravo con Diego avevo capito che erano state le solide relazioni costruite durante la mia carriera a farmi concludere positivamente le indagini di cui mi ero occupato. Nessuno era mai stato in grado di venire a dirmi che ne sapeva più di me, perché in tutta franchezza nessuno aveva mai scavato abbastanza a fondo. La mia non era arroganza; era solo il mio modo, preciso e approfondito, di condurre un'indagine.

Una volta messe in chiaro le cose con Brady, iniziai subito ad aggiornarlo su tutto quello che sapevo di quei due piloti, Sixto e Araña, e di come Ofis-5 fosse legato alle confische di grandi partite di droga riconducibili direttamente a El Chapo.

«Tutta questa merda può essere una miniera d'oro» concluse Brady.

Da quel momento Brady e io cominciammo a sentirci per telefono due volte alla settimana, confrontando informazioni, numeri di telefono e intercettazioni di Ofis-5.

Ridevamo delle storie improbabili che riempivano i dossier delle varie agenzie federali. El Chapo non aveva mai fatto una plastica facciale, non stava nascosto a Buenos Aires, non conduceva una vita lussuosa nella giungla venezuelana, bevendo tè e parlando di politica con Hugo Chávez. Nessuno, in quel minestrone di sigle del governo americano – DEA, HSI, FBI, ATF o CIA – si era mai preoccupato di passare al setaccio tutte quelle voci per distinguere la verità dalle leggende. Non c'era alcun coordinamento nell'indirizzare gli sforzi, e a poco a poco tutti avevano cominciato a credere a quelle storie, ripetute e trascritte così tante volte da essere ormai considerate il Vangelo.

Col tempo raccontai a Brady tutti i successi che io e Diego avevamo ottenuto a Phoenix, fin dove ci eravamo spinti nell'indagine Team America e del fallimento dell'operazione a Cabo San Lucas. Gli feci avere una foto del Chapo circondato da tre donne e in ottima salute.

Me l'aveva mandata Diego; era stata ritrovata in un BlackBerry abbandonato nella villa di Cabo. Era la foto più recente del latitante più famoso del mondo di cui il governo degli Stati Uniti e quello messicano disponessero, e non era mai stata vista da nessuno al di fuori delle varie agenzie e delle forze di polizia.

Dal mio ufficio all'ambasciata tentai di localizzare Ofis-5 tramite il segnale GPS.

Bum!

Dopo qualche secondo avevo individuato con precisione il cellulare a Durango, nello Stato di Sinaloa. Non potevo credere che Guzmán stesse di nuovo nel cuore di una città vivace e animata, ma con El Chapo tutto era possibile.

Spiegai a Brady in che modo El Chapo avesse riorganizzato il suo sistema di comunicazioni dopo la fuga da Cabo.

«L'apparecchio Ofis-5 è di sicuro uno specchio» gli dissi. «Un'abbreviazione di *oficina*.»

«*Oficinas*» precisò Brady. «È sensato. Sono come degli uffici.»

«Esatto. El Chapo si riferisce spesso ai suoi specchi come a degli uffici.»

Aveva un che di esagerato e altisonante, ma poco dopo

Brady e io venimmo a sapere che in realtà si trattava di appartamenti tirati su col calcestruzzo – dei veri cessi – con gli impiegati dell'*oficina* che battevano migliaia di messaggi senza mai vedere la luce del giorno, mangiando sempre e solo fagioli riscaldati e, in qualche rara occasione, un Burger King Whopper. Per sedici ore al giorno gli specchi ritrasmettevano ogni genere di comunicazione al vero destinatario: facevano da centralino del cartello e, al tempo stesso, limitavano le comunicazioni dirette con El Chapo.

«Credi che stia ancora cercando di isolarsi per proteggersi?» chiese Brady.

«Certo, e anche molto bene. Adesso è solo questione di quanti filtri ci sono fra lui e noi. Per il momento queste *oficinas* sono la nostra chiave.»

Mi venne in mente la vecchia tecnica della mafia americana: isolare sempre il boss dalle comunicazioni dirette.

Poi tornai al mio lavoro, aprendo Google Maps sulla cartina del Messico e piazzando il mio primo marcatore rosso sulle coordinate di Ofis-5 a Durango.

La sera del 4 aprile Brady e io venimmo a sapere da un agente della DEA di New York – a sua volta informato da una fonte confidenziale – che El Chapo avrebbe festeggiato i suoi sessantacinque anni con amici e parenti in un ranch di La Tuna, la *hacienda* appollaiata sulle montagne della Sierra Madre nello Stato di Sinaloa. *Feliz cumple!* I messaggi d'auguri per El Señor giungevano in grande quantità. Per la prima volta da quando era scappato da Cabo sapevamo dove si trovava.

Ma non potevamo agire sulla base di quell'informazione.

«È troppo presto e troppo rischioso in questo momento organizzare un'operazione per catturarlo» dissi. «Non so nemmeno di chi potremmo fidarci tra i nostri colleghi messicani.»

Era una scena già vista. Per anni gli agenti della DEA che lavoravano con le forze di polizia messicane erano entrati in azione fidandosi di informazioni confidenziali sul nascondiglio del Chapo. A volte era una grande festa sulle montagne, altre un incontro a porte chiuse nel ranch di un suo fidato luogotenente.

Avevo studiato la storia: le operazioni erano sempre state condotte in modo precipitoso e disorganizzato. Agli agenti della DEA veniva comunicato tutto con appena due giorni di anticipo, e in quel breve lasso di tempo dovevano trovare chi fra i colleghi messicani fosse disposto a rischiare la sua unità e avviare in fretta l'operazione. Inevitabilmente El Chapo capiva che c'era qualcosa nell'aria e svaniva.

Nessuno sapeva da chi gli arrivasse la soffiata, ma El Chapo sapeva sempre tutto in anticipo. Ogni volta che i messicani tornavano a mani vuote, la DEA attribuiva la colpa alla corruzione dilagante fra loro e se ne andava via con la coda fra le gambe. Non avevamo mai visto un'operazione condotta con convinzione e determinazione, perché nessuno aveva mai voluto sprecarci del tempo, né aveva mai cercato di esaminare il contesto: scoprire da dove El Chapo fosse arrivato e, soprattutto, dove sarebbe andato.

Fino a quel momento dare la caccia a Guzmán era stato come tirare i dadi – si agiva a casaccio e in modo del tutto improvvisato – col risultato che a ogni tentativo fallito cresceva la sua reputazione di inafferrabile.

«Ma oltre a te chi si sta occupando di lui?» chiese Brady.

Conoscevo benissimo la risposta, ma lasciai passare qualche secondo perché avesse maggiore effetto.

«Nessuno.»

«Mi stai prendendo per il culo?»

«No, non scherzo.» Risi. «Solo io.»

«Non ci credo» disse Brady.

«Ci sono diversi uffici della DEA che indagano sui livelli più alti del cartello di Sinaloa. Stanno tutti cercando di infiltrarsi nella cerchia ristretta del Chapo. Io lavoro con tutti loro. Ognuno ha in mano una tessera del puzzle, ma sono ancora molto lontani. Tocca a noi, amico. Se c'è qualcuno con una chance di catturare El Chapo, siamo noi.»

Entrambi sapevamo che la possibilità di aprirci un varco stava tutta in quei messaggi, in quelle intercettazioni.

«Dobbiamo solo continuare a scavare» dissi.

«In generale non è difficile mettere un trafficante sotto sorveglianza» disse Brady. «Ma nel caso del Chapo pare che non funzioni.»

«No» risposi. «Non ha mai funzionato. Dobbiamo riuscire a sfruttare il suo cerchio magico: luogotenenti, guardie, corrieri, piloti, avvocati e commercialisti. Figli, nipoti, cugini, mogli, fidanzate... Anche la cuoca e le cameriere.»

La strategia vincente sarebbe stata quella di sfruttare simultaneamente diversi canali per avvicinarci a El Señor. Se uno di essi fosse saltato, avremmo avuto comunque delle alternative e avremmo potuto cambiare direzione senza perdere lo slancio.

«El Chapo è sempre stato un passo avanti da quando è evaso da Puente Grande» dissi. «Capisce chi gli sta dando la caccia. E sa come operiamo. Non è un cretino. Si guarda sempre alle spalle.»

Per anni El Chapo aveva fatto fessi alcuni dei migliori agenti americani e messicani, ma in Brady Fallon sentivo di avere trovato un collega che aveva la mia stessa determinazione. Speravo che insieme saremmo riusciti a far fesso El Chapo stando al suo gioco.

In meno di un mese la squadra HSI di Brady a El Paso intercettò due BlackBerry *oficina* che poi identificammo.

Ogni *oficina* era in comunicazione con cinque-dieci membri del cerchio ristretto del Chapo in ogni parte del mondo, e doveva trasmettere gli ordini del Señor a un elenco preciso di contatti.

Su una lavagna dell'ambasciata tirai una linea fra ogni *oficina* incaricata di trasmettere gli ordini provenienti dall'alto agli operatori del cartello che facevano funzionare la macchina: il personale che costituiva lo zoccolo duro dell'organizzazione, gli uomini che incarnavano l'autorità del Chapo in Messico e nel Sud e Centro America:

Ofis-1: Tocallo
Ofis-3: Lic-F, Lic Oro
Ofis-5: Chuy, Pepe, Fresa, Turbo

Per la prima volta eravamo riusciti a spiare, come due guardoni dal buco della serratura, nel mondo del Chapo, e avevamo potuto renderci conto dell'intenso flusso di attività che scorreva, attraverso gli specchi, dai cellulari sparsi sul campo al Chapo in persona.

Brady e la sua squadra si erano dati molto da fare nei mesi precedenti e avevano raccolto un sacco di informazioni sui personaggi chiave.

Chuy era un operatore del Guatemala che coordinava i trasferimenti di grandi partite di cocaina dalla Colombia e dal Venezuela. Lavorava con i piloti del Chapo, come Sixto, per far arrivare la droga in Messico.

Pepe lavorava all'inizio della filiera nella giungla colombiana, dove aveva il compito di procacciare la cocaina base da trasferire al nord su grossi motoscafi che partivano dalla costa vicino al confine tra Colombia ed Ecuador. Dai tabulati si capiva che Pepe era un lavoratore instancabile e fidato. Aggiornava costantemente El Señor attraverso Ofis-5.

Fresa era l'uomo che, in Ecuador, aveva il compito di trovare le piste clandestine nelle zone rurali dove far atterrare la cocaina base che poi usciva dal paese su aerei privati. Brady e io ci rendemmo subito conto che Fresa non era affatto affidabile come Pepe.

«Questo Fresa non fa che lamentarsi perché non viene pagato» disse Brady.

«Già, vedo anch'io. E a quanto pare *el generente* non è contento del suo lavoro. Farebbe meglio a darsi una regolata.»

A fare incazzare il manager del più grande cartello del mondo non si rischiava certo un semplice richiamo verbale.

E Tocallo? A tarda notte mi dedicavo intensamente ai tabulati relativi a Ofis-1. Quel nome compariva spesso negli scambi quotidiani fra i vari cellulari.

Avevo sentito per la prima volta la parola *tocayo*, cioè *omonimo*, da Diego, quando lavoravamo insieme a Phoenix. In molte famiglie messicane, mi aveva spiegato, Tocayo – spesso scritto Tocallo – era un modo affettuoso per rivolgersi a qualcuno che ha il tuo stesso nome.

«Tocallo in Ofis-1» dissi a Brady. «Scommetto quello che vuoi che questo Tocallo è Iván.»

«Iván?» domandò Brady.

«Sì. Iván Archivaldo Guzmán Salazar.»

«Suo figlio... Me lo ricordo.»

«Lo si capisce dal modo in cui parlano. C'è un grande rispetto reciproco. Ed è il cellulare che ha il numero 1: mi sembra logico che El Chapo abbia affidato l'*oficina* numero 1 al figlio maggiore.»

«Che informazioni hai su di lui?»

«Sappiamo che Iván muove tonnellate di erba da Sinaloa a Tijuana e Nogales attraverso lo Stato di Sonora. El Chapo e Iván hanno lo stesso secondo nome, Archivaldo. Un *tocallo*. Non può essere una semplice coincidenza» dissi. «È di sicuro Iván.»

Iván era uno dei figli che Guzmán aveva avuto dalla prima moglie, María Alejandrina Salazar Hernández. Nato nel 1983, e spesso chiamato *Chapito* dopo l'assassinio di Edgar, Iván aveva assunto il ruolo di erede del Chapo. Era il figlio di cui El Chapo si fidava maggiormente. Iván e suo fratello minore, Jesús Alfredo Guzmán Salazar, avevano trascorso gran parte della loro giovinezza tra Culiacán e Guadalajara, facendo la vita del perfetto narco junior: feste sontuose e belle macchine sportive prodotte in Europa. Ora Iván e Alfredo gestivano una loro organizzazione semiautonoma e aiutavano il padre quando ne aveva bisogno. Alfredo e El Chapo erano stati incriminati a Chicago nel 2009 per complicità in traffico di stupefacenti e riciclaggio di denaro.

Ma se il padre cercava di mantenere un basso profilo, a Iván e Alfredo la vita del narco non bastava mai. Attraverso dei prestanome si compravano le auto più esclusive negli Stati Uniti e in Europa: Lamborghini, Ferrari, Shelby Mustang, perfino una rara Mercedes-Benz SLR McLaren con le portiere ad apertura verticale importata dall'Inghilterra, una macchina che andava da zero a cento in 3,4 secondi. Acquistavano anche aerei privati, che non pagavano mai a prezzo pieno: come il padre, riuscivano sempre a contrattare e a spuntare un prezzo di favore. Indossavano grossi orologi svizzeri di lusso, andavano in giro con pistole ingioiellate, e possedevano perfino dei gatti savannah di prima generazione importati dall'Africa.

Cominciarono a piovere messaggi nell'ufficio HSI di El Paso.

«Quelli non stanno fermi un attimo» disse Brady. «I miei traduttori non riescono a stargli dietro.»

Ogni giorno in Messico ricevevo una massa di tabulati aggiornati e passavo tutto il tempo a rileggerli cercando di decifrare almeno un frammento delle comunicazioni del Chapo. Con tutti quei carichi di cocaina che rimbalzavano da un paese all'altro diretti a nord, era facile distrarsi, ma ora che avevo accesso ai *tolls* (i dettagli delle chiamate) dei vari cellulari, potevo fare ciò in cui ero diventato un esperto.

Dobbiamo salire lungo la scala, mi dicevo. *Sfrutta ogni occasione...*

Se quei cellulari erano tutti specchi, chi stava sopra di loro?

Esaminai gli indici di frequenza, in cui venivano segnalati i codici PIN più spesso in uso, e notai subito un elemento ricorrente. Avendo analizzato numeri per molti anni, sapevo che il PIN più frequentemente in contatto con il cellulare tenuto sotto osservazione ci avrebbe, con ogni probabilità, portato al capo. Nel caso di utenti normali si sarebbe trattato del coniuge, di un genitore, di un figlio, ma nel mondo della droga era invariabilmente il capo. Cento, duecento, trecento messaggi venivano mandati ogni giorno a quel codice PIN così frequente.

26B8473D

Lo trascrissi ed eseguii un *ping*.

Se questo era davvero il codice PIN del BlackBerry del Chapo, mi sarei fatto un'idea abbastanza precisa della sua posizione. In pochi secondi ebbi il risultato.

Nel cuore di Ciudad de Durango, la capitale dello Stato omonimo. Ancora una volta.

«Cazzo» dissi a Brady. «Ha l'aria di essere un altro specchio.»

Lo username collegato a quel codice PIN era *Telcel*. Brady e io lo catalogammo come *Second-Tier*, secondo livello.

«Voi vi occupate di Second-Tier, giusto?» chiesi a Brady.

«Sì, siamo un gradino più avanti di voi» rispose. «Ho già messo i miei al lavoro. Hai letto cos'è arrivato ultimamente su Ofis-3?»

«Ho dato un'occhiata stamattina» dissi.

Nei tabulati avevo visto che Ofis-3 era regolarmente in contatto con tutti i *lics* dell'organizzazione. Lic stava per *licenciado*, cioè, letteralmente, *laureato*. Quindi ingegneri, psicologi, architetti... Ma nell'uso comune che se ne faceva in Messico, quella parola designava generalmente un avvocato o chiunque avesse un grado di istruzione supe-

117

riore. Non potevamo esserne sicuri, ma uno dei principali consulenti figurava nei tabulati col nome Lic Oro.

Filtrando i suoi messaggi attraverso Ofis-3 e da lì a Lic Oro, El Señor chiedeva di essere aggiornato sullo stato dei vari processi in cui erano coinvolti pezzi grossi del cartello di Sinaloa che erano stati arrestati di recente.

Uno dei principali e più delicati riguardava una persona a cui Lic Oro si riferiva come a *El Suegro*.

Continuai a esaminare quei tabulati e vidi diversi riferimenti al caso che coinvolgeva El Suegro (*suocero* in spagnolo).

Rientrando a casa dall'ambasciata, quella sera, mi tornò in mente un barbecue nei sobborghi di Phoenix in cui Diego mi aveva presentato il padre di sua moglie usando quell'espressione: *mi suegro*. E mi ricordai di quando, nel corso dell'operazione Team America, avevo scoperto che Carlos Torres-Ramos e El Chapo erano *consuegros*...

In quell'istante mi resi conto che El Suegro poteva essere solo una persona: Inés Coronel Barreras, il padre di Emma Coronel Aispuro, la giovane moglie del Chapo, ex reginetta di bellezza.

Emma era in realtà una cittadina americana, nata in California nel 1989, ma era cresciuta a La Angostura, uno sperduto villaggio nello Stato di Durango. A diciott'anni aveva sposato Guzmán, che era già oltre i cinquanta. Io e Brady conoscevamo bene la sua storia: era stata notata dal Chapo dopo aver vinto un concorso di bellezza alla Gran Feria del Café y la Guayaba. Suo padre era un allevatore di bestiame e un sicario del cartello di Sinaloa. Il 30 aprile Inés Coronel Barreras era stato arrestato dalla polizia federale messicana lungo la frontiera con gli Stati Uniti – a

Agua Prieta, nello Stato di Sonora – in quanto capo di una cellula di distribuzione colpevole di aver contrabbandato in Arizona ingenti quantità di marijuana e cocaina.

Tocallo: omonimo.

Doveva essere Iván.

El Suegro: suocero.

Doveva essere Inés.

Per quanto accurato potesse essere il sistema di isolamento delle comunicazioni, i soprannomi e gli pseudonimi erano invece chiarissimi.

Quei nomi non davano adito a dubbi: Brady e io eravamo quasi certi di chi fosse El Señor, l'uomo al vertice di quella lunga catena di BlackBerry. Il capo che emanava gli ordini attraverso i cellulari specchio – al di là dei numerosi livelli intermedi, di cui non eravamo del tutto sicuri – doveva essere Chapo Guzmán in persona.

Quella sera, tornato nel mio appartamento a La Condesa, mi versai una doppia razione di bourbon con ghiaccio, mi lasciai cadere sulla poltrona del salotto e tirai fuori il mio BlackBerry per mandare un messaggio a Brady.

Iván - Tocallo
Inés - El Suegro

Il cerchio si stringeva: una sequenza di nomi spagnoli ci stava avvicinando a El Señor.

Sapevo che il normale sistema di messaggistica in Messico non era sicuro, così gli mandai un WhatsApp.

Siamo in pista, gli scrissi. *Tocallo. El Suegro. Ci siamo. Ma dobbiamo vederci al più presto. Quando puoi essere qui?*

Tre mesi di teleconferenze e di sms ci avevano portato fin lì. Ora dovevamo incontrarci di persona.

Meno di una settimana dopo ci trovammo all'aeroporto di Città del Messico, nel Terminal 2, a una decina di metri dal luogo in cui era avvenuta la sparatoria tra agenti della polizia federale.

Lo riconobbi immediatamente: era alto meno di un metro e sessanta, aveva la testa rasata e indossava una giacca grigia, con i Ray-Ban sulla fronte. Mi veniva incontro con aria incazzata anche se, come scoprii subito dopo, non era affatto arrabbiato. Ci fissammo a lungo negli occhi, non come due agenti speciali di agenzie federali concorrenti, ma come due uomini che avevano una visione condivisa dell'indagine a cui stavano lavorando.

«Senza distintivo?» dissi.

Brady annuì.

«Senza.»

Ci stringemmo la mano tirandoci l'uno verso l'altro in un energico abbraccio.

IL LIVELLO PIÙ ALTO

Nell'estate del 2013 ero il referente in Messico per tutti gli uffici della DEA che indagavano sul cartello di Sinaloa, e lavoravo in stretto collegamento con altri agenti della DEA e con i procuratori federali di San Diego, Los Angeles, Chicago, New York e Miami.

Adesso avevo una conoscenza più profonda della struttura del cartello. El Chapo poteva essere *el jefe de jefes* – il capo dei capi – ma c'erano altre DTO grandi quasi quanto l'organizzazione personale di Guzmán che operavano sotto l'ala del cartello di Sinaloa. In questo ambito, una delle figure più importanti era quella di Ismael Zambada García, noto anche come *El Mayo*, socio del Chapo di lungo corso.

Tutti i trafficanti che dipendevano da Chapo e Mayo dovevano avere la loro benedizione per lavorare e condividere le risorse all'interno dei loro territori.

Ero stabilmente in contatto telefonico con agenti della DEA in Canada, Guatemala, Costa Rica, Panama, Colombia ed Ecuador, per scambiare informazioni sui movimenti dei carichi di droga del Chapo. Dovendo far fronte a una macchina così complessa, mi resi conto che era necessario organizzare una riunione di coordinamento con tutti gli agenti dislocati nei vari paesi, ognuno dei quali aveva a disposizione soltanto informazioni frammentarie sulle indagini.

Nell'agosto del 2013 li convocai tutti a Città del Messico. Erano troppi per stare nella Kiki Room e così ci riunimmo nell'auditorium dell'ambasciata. Ogni ufficio fece una presentazione in PowerPoint del proprio operato, e di tanto in tanto io intervenivo per evidenziare le connessioni tra le varie indagini, offrendo a tutti i presenti una visione più ampia e facendo loro capire la reale portata della nostra attività di investigazione.

«Se non ci concentriamo noi sul Chapo» dissi concludendo la riunione, «chi lo farà? Tocca a noi, l'élite delle forze federali. Noi che siamo in questa sala. L'unica cosa che ci manca è la fiducia in noi stessi. El Chapo non è un supercriminale. È un uomo che vive nel fango, da qualche parte in questo paese. Respira l'aria che respiriamo noi. Come tutti gli altri signori della droga, è vulnerabile. Può essere catturato. Ma ognuno di noi deve svolgere il proprio compito.»

Dopo la riunione ero ansioso di conoscere due membri del gruppo di Brady che l'avevano accompagnato in Messico e che avevano lavorato intensamente dietro le quinte.

L'agente speciale Joe Dawson era un tipo tarchiato di trent'anni con i capelli abbastanza lunghi da poterli raccogliere in una coda di cavallo. Indossava una camicia grigia button-down e una cravatta viola che lo faceva assomigliare a un giovane dirigente della Silicon Valley. Lavorando a stretto contatto con Brady, Joe si era assunto l'impegno gravoso di scrivere gli affidavit con le trascrizioni delle intercettazioni a cui erano stati sottoposti i cellulari del cartello. Ogni volta che chiamavo El Paso, Joe stava lavorando nel suo cubicolo alla luce di una piccola lampada da tavolo con i Metallica in sottofondo: trascriveva tutto, e insieme cercavamo di decifrare i tabulati. Joe aveva un'ottima memoria fotografica e ricordava senza problemi le notizie sul Chapo già dopo averle lette la prima volta.

«Vedi quel tizio chiamato Vago nel tabulato di Ofis-5?» mi chiese. Ci trovavamo ancora nella sala della riunione.

«Vago? Sì, certo.»

«Ha l'aria di essere pronto a scatenarsi. Sai chi è?»

«È un altro pseudonimo di Cholo Iván.»

Avevo già fatto una ricerca su Cholo Iván nei database della DEA: in realtà si chiamava Orso Iván Gastélum Cruz. Era il killer preferito del Chapo e il boss della piazza di Los Mochis, una città nel nord dello Stato di Sinaloa. Cholo Iván era un trafficante senza scrupoli e pericolosissimo, anche in base agli standard dei cartelli messicani.

«Hai visto che parlava di un certo Picudo?» domandai. Joe annuì.

Dopo che Carlos Adrián Guardado Salcido, noto anche come El 50, era morto in un conflitto a fuoco con un'unità locale dell'esercito messicano nell'agosto del 2013, Picudo era cresciuto di grado, diventando luogotenente del Chapo e capo della piazza di Culiacán.

«Conosci il vero nome di Picudo?» chiese Joe.

Scossi la testa. «Picudo in spagnolo vuol dire *appuntito*. In Messico si usa per definire un tipo tosto, uno che è sempre pronto a battersi. Picudo compare anche come El 70. Sto ancora cercando di scoprire il suo vero nome.»

Picudo e Cholo Iván: erano due dei killer che avevano permesso a El Chapo di tenere sotto controllo la popolazione del Sinaloa. Grazie a loro Guzmán regnava seminando il terrore.

Nei giorni precedenti alle riunioni con i miei colleghi della DEA, Cholo Iván aveva parlato di *uccidere Los Cochinos* – un gruppo di un cartello rivale – per vendicare l'assassinio del cognato di Picudo. Aveva sottolineato l'importanza di colpire immediatamente Los Cochinos, perché qualcuno nel governo messicano si stava schierando con il cartello rivale. Attraverso Ofis-5, Cholo Iván aveva chiesto a Miapa – *mio padre* in gergo, un nome in codice per El Chapo – di mandargli altra artiglieria pesante a Los Mochis.

Era imminente uno spargimento di sangue.

Il buco della serratura che avevamo aperto sul mondo del Chapo si stava rapidamente allargando, ma a distanza di qualche settimana – in genere ogni trenta giorni – *los pobrecitos* (*i poveretti*, come io e Brady li chiamavamo) che gestivano tutti gli specchi nello Stato di Durango ricevevano un'infornata di nuovi BlackBerry criptati e dismettevano i vecchi, procurando un mal di testa logistico a noi e a tutta la nostra squadra.

Prima che fossimo di nuovo in grado di intercettarli dovevamo identificare i cellulari dei vari Ofis. A quel punto Joe cominciava a scrivere i suoi affidavit. Era un processo lungo e complicato che richiedeva intere settimane per essere portato a termine. Gli affidavit dovevano infatti essere riesaminati da un sostituto procuratore, poi Joe o Brady dovevano portarli al palazzo di giusti-

zia di El Paso per farli firmare a un magistrato. Bisognava poi aspettare un altro paio di giorni prima che i tecnici
dell'HSI *premessero l'interruttore*. Tutto questo per ciascun
cellulare, e ogni volta erano quindici o venti.

Mi resi conto che sarebbe occorso un miracolo perché
potessimo reggere abbastanza a lungo da aprirci un varco
attraverso i vari strati di BlackBerry specchio nel sistema
di comunicazioni del Chapo, per non parlare del tempo
che ci sarebbe voluto a dipanare la matassa delle operazioni che Guzman metteva in moto ogni giorno.

Ma Brady e il suo gruppo scelto erano intenzionati a
non mollare. Sapevamo entrambi che tutta l'indagine pesava esclusivamente sulle nostre spalle, lui a El Paso e io
a Città del Messico.

Fortunatamente, oltre ai fidati sostituti procuratori che
lo assistevano a El Paso, Brady era riuscito ad avere il sostegno di un altro procuratore molto in gamba, una donna che
lavorava nella Procura federale di Washington: Camila Defusio. Quarantacinquenne e pubblico ministero di vecchia
data, Camila Defusio non aveva paura di affrontare casi
importanti in cui erano imputati i cartelli della droga, almeno finché producevano buoni risultati. E quello del Chapo era un caso di sua competenza. Sapeva cosa bisognava
fare e ottimizzava gli affidavit prodotti dall'HSI, anche se
voleva dire riscriverli di suo pugno. Come noi, Camila si
era fatta un quadro completo della situazione, e Brady la teneva costantemente aggiornata sui nostri progressi.

Le intercettazioni del cellulare Second-Tier si dimo-
strarono una porta d'ingresso essenziale.

Second-Tier poteva essere un altro specchio, ma appena il BlackBerry entrò in funzione fu come vedere una

fila di lampioni che si accendono per illuminare una strada buia. Le informazioni cruciali aumentavano in modo esponenziale sui tabulati. Non solo Ofis-1, 3 e 5 inoltravano le loro comunicazioni a Second-Tier, ma altre tre *oficinas* – le numero 2, 4 e 6 – facevano esattamente lo stesso.

Nei tabulati i messaggi in ingresso divennero un fiume in piena. Brady me li inoltrava a vagonate; ce n'erano migliaia. Avrei potuto starci sopra per sci ore senza muovermi, senza nemmeno alzarmi per andare a fare pipì. Ogni frase dai vari Ofis era piena di tracce che portavano più vicino al covo segreto del Chapo. Scoprii di essere molto più produttivo quando gli altri agenti lasciavano l'ambasciata, dalle sei del pomeriggio a mezzanotte, perché in quel lasso di tempo non dovevo spegnere incendi o dedicarmi ai balletti diplomatici che occupano le giornate degli agenti stranieri. E così, finalmente solo in ufficio, mi immergevo nei tabulati, cercando l'informazione, l'indizio decisivo in un fiume di messaggi sgrammaticati e spesso scritti in uno spagnolo da semianalfabeta. Mi bruciavano gli occhi mentre penetravo sempre più a fondo nell'universo del Chapo.

Ogni giorno, verso le undici del mattino, Brady e la sua squadra a El Paso vedevano entrare in funzione i cellulari dei principali luogotenenti, dei vari Ofis e di Second-Tier. Era lo stesso modus operandi dei trafficanti che avevo tenuto sotto controllo negli Stati Uniti. Diego e io avevamo scherzato spesso sugli *orari degli sballati*; gli spacciatori, a qualunque livello dell'organizzazione, sono creature della notte, gente che si sveglia e attacca a lavorare quando si sente pronta e ben disposta.

Brady e io eravamo ora spettatori di come El Chapo stesse cercando di sfruttare nuovi mercati. Guzmán era ansioso di trovare magazzini frigoriferi e di piazzare dei suoi operatori in Inghilterra, Olanda, Filippine e perfino in Australia.

Eravamo a conoscenza della rete di distribuzione di cui disponeva negli Stati Uniti, ma eravamo rimasti sorpresi nel vedere come fosse riuscito a infiltrarsi in Canada. In termini di profitto, El Chapo faceva più affari con la cocaina in Canada che negli Stati Uniti. Era un fatto legato semplicemente al prezzo di vendita: nelle strade di Los Angeles o Chicago la cocaina veniva venduta a 25.000 dollari al chilo, mentre nelle principali città canadesi si arrivava a 35.000.

I suoi principali luogotenenti riuscivano a sfruttare le debolezze del sistema canadese: la struttura sbilanciata della Regia polizia a cavallo del Canada era d'ostacolo perfino nel normale arresto di spacciatori e trafficanti.[1]

Il Canada era la combinazione perfetta per El Chapo: da una parte c'erano forze di polizia con una capacità d'azione limitata, dall'altra c'era un bisogno insaziabile di cocaina di qualità. Nel corso degli anni il cartello di Sinaloa aveva messo in piedi un'impressionante struttura distributiva, facendo passare dal confine con l'Arizona ingenti carichi di cocaina che venivano ammassati in magazzini nascosti di Tucson o Phoenix prima di essere trasportati su strada nello Stato di Washington. Qui venivano carica-

---

[1] A differenza degli Stati Uniti, dove il sistema di polizia federale comprende diverse agenzie specializzate – DEA, HSI, ATF e FBI – il Canada dispone solo della Regia polizia a cavallo, nota come *Mounties*.

ti su elicotteri privati che oltrepassavano il confine e facevano cadere i pacchi di cocaina fra gli alti pini della Columbia Britannica.

Gli uomini del Chapo avevano legami con il crimine organizzato canadese, in particolare con alcune efficientissime bande di iraniani che facilitavano il trasporto aereo, contrabbandando tonnellate di merce con paracadute guidati dal GPS e, su richiesta del Chapo, mandando casse di cellulari criptati col PGP in Messico. C'era anche una rete di motociclisti – soprattutto Hells Angels – che trasportava la cocaina via terra e la vendeva agli spacciatori in tutto il paese.

Ma non sempre in Canada le cose filavano lisce. El Chapo aveva dato fiducia a un ventiduenne di Culiacán che parlava abbastanza bene l'inglese – Jesus Herrera Esperanza, noto anche come *Hondo* – e l'aveva mandato a Vancouver per gestire la distribuzione e la raccolta del denaro in tutto il Canada. Come copertura, Hondo avrebbe dovuto iscriversi a un corso di economia del Columbia College, nel centro di Vancouver, vicino al suo lussuoso loft situato al tredicesimo piano di un condominio: una bella vita per un giovane del Sinaloa. Hondo frequentava raramente le lezioni; preferiva passare il suo tempo nei nightclub o portando le ragazze a fare gite in barca a vela lungo la costa della Columbia Britannica.

Hondo era inaffidabile e ostentava apertamente il suo rapporto con Guzmán. Una notte Brady e io entrammo di nascosto nella sua pagina Facebook e trovammo un aggiornamento di stato:

Puro #701!

«Cosa diavolo sta postando questo sbarbatello?» chiese Brady.

«Puro sette-zero-uno?» Poi in un lampo capii. «Non è un codice, amico mio: è *Forbes*.» Risi. «È la posizione del Chapo nella lista di *Forbes*.» La nota rivista aveva appena classificato El Chapo come il settecentunesimo uomo più ricco del pianeta.

Hondo era chiaramente un anello debole della catena. Era così preso dalla bella vita del narco junior da ignorare le funzioni che avrebbe dovuto svolgere ogni giorno per la DTO del Chapo. A un certo punto, tra Vancouver, Calgary, Winnipeg, Toronto e Montreal, c'erano in giro milioni di dollari non riscossi, tutti frutto delle vendite di cocaina ed eroina.

Alla fine, irritato, El Chapo – attraverso Ofis-5 – mandò a Hondo un ordine perentorio: *Voglio un report ogni sera alle sette in punto. Quanto hai venduto e quanti soldi hai nel cassetto. Città per città.*

Quando Hondo si decise a mandargli quei numeri, ogni sera leggevamo i resoconti: Vancouver: 560.000 dollari e 95 chili di coca. Winnipeg: 275.000 e 48 chili. Toronto: 2 milioni e 150 chili...

Cominciai anche a notare quanto Guzmán fosse attento ai particolari.

Nel luglio del 2013, un motoscafo veloce quanto malmesso, equipaggiato con quattro motori Yamaha da 350 cavalli e 130 taniche di plastica piene di benzina, era partito dall'Ecuador con due giovani messicani al timone. Avevano nascosto il carico in una rete da pesca: robusti sacchetti della spazzatura che contenevano 622 chili di cocaina. Dopo aver lasciato la costa dell'Ecuador, avevano programmato una rotta a zig-zag per evitare pescherecci e pattuglie della guardia costiera, prevedendo di dormire in mare e di mangiare per una settimana solo pesce in scatola e crackers. Erano diretti a nord, verso Mazatlán nello Stato di Sinaloa, in Messico.

Non ci arrivarono mai. Avendo ricevuto la soffiata che una nave della marina militare messicana era in rotta per intercettarli, i due avevano deciso di mollare il carico. Una cosa simile era successa diversi mesi prima ad altri contrabbandieri del Chapo; anche loro erano stati quasi intercettati e avevano scaricato la coca nell'oceano, poi avevano dato fuoco alle taniche di benzina rimaste, trasformando il motoscafo in un meteorite in fiamme, e si erano buttati nel Pacifico rischiando di annegare. Questa volta invece la soffiata era arrivata in tempo perché i due giovani riuscissero a scaricare in mare la rete con i pacchi di cocaina impermeabilizzati, a cui avevano attaccato un gavitello arancione perché potesse essere visibile dall'alto e poi recuperata.

El Chapo era livido di rabbia: perdere un carico era una brutta cosa; perderne due era inaccettabile. Il suo responsabile del contrabbando via mare con base a Mazatlán, Turbo, mandò diverse imbarcazioni nella zona in cui era stata scaricata la droga, a sessanta miglia dalla costa, nel disperato tentativo di recuperare il carico.

Non era difficile immaginare El Chapo fremente di rabbia quando poi spedì il suo pilota migliore, Araña, con un vecchio Cessna malridotto a cercare quel gavitello arancione, costringendolo a fare diversi voli ogni giorno in cerchio sul Pacifico.

«Quella roba probabilmente è già in *Cina* ormai» si lamentò Araña con un altro pilota. «Non posso passare un altro giorno a volare sull'oceano. Sono terrorizzato. Il boss può chiedermi di fare qualunque cosa e la farò, ma non questo. Non torno a volare là sopra.»

Brady e io non potevamo credere che El Chapo avesse deciso di impiegare tante risorse per cercare di recuperare quel carico. Non aveva senso che il signore della droga più ricco del mondo si intestardisse tanto per 622 chili.

Avevo iniziato a capire la psicologia della mia preda: El Chapo era ossessionato dai dettagli, come il prezzo del carburante per gli aerei, o la cifra esatta di pesos con cui veniva pagata la sua gente. Ed era tirchio. Per esempio, autorizzava ogni mese solo pagamenti di 2000 pesos – circa 150 euro – alle guardie dell'esercito sparse lungo il confine tra Colombia ed Ecuador. Perché sottopagava delle pedine così importanti nel suo sistema di corruzione istituzionale?

Chapo Guzmán era l'amministratore delegato di un'organizzazione in pieno sviluppo che valeva miliardi di dollari, eppure ogni giorno passava ore a comportarsi come se fosse il capo del personale alle prese con le lamentele dei dipendenti. A volte, Brady e io non potevamo trattenerci dal ridere leggendo gli scambi fra i luogotenenti che si lamentavano per lo scarso apprezzamento di cui era oggetto il loro lavoro o, peggio, per non aver ricevuto la paga in tempo.

Mi capitava anche di rimanere preda delle mie ossessioni, al punto da dimenticarmi di ciò che succedeva in ufficio intorno a me.

Una mattina, per esempio, ero così provato dall'esame di tutti quei tabulati che le parole sullo schermo del computer cominciarono ad annebbiarsi e a confondersi, oscillando da un lato all'altro. Ero vittima di un attacco di panico? Guardai l'appendiabiti e vidi che uno degli attaccapanni ondeggiava sinistramente.

Terremoto.

Città del Messico subiva spesso delle piccole scosse, ma questo era il primo vero terremoto a cui avessi mai assistito. Dopo quello gravissimo del 1985 – che aveva provocato più di 10.000 morti – molti nuovi edifici erano stati costruiti con tecniche che li predisponevano ad assecondare il movimento della terra. Per esempio l'ambasciata americana era stata realizzata in marmo e posta su rulli antisismici.

Quella sera, tornando a casa in macchina, ripensavo a un nuovo soprannome che avevo letto nei documenti riguardanti El Chapo. *Naris* – il Naso – era un corriere di cui si serviva costantemente Second-Tier (ancora una volta tramite Ofis-6) per cambiare frequentemente le auto, andare a prendere qualcuno e portarlo in un luogo specifico. Che fosse il galoppino personale del Chapo?

Riuscire a individuare Naris era diventata la mia priorità assoluta.

Parcheggiai la mia Tahoe a un isolato di distanza da casa – una cosa che facevo spesso per spezzare la routine – e, camminando verso il portone, mi resi conto che era il Día de los Muertos, il giorno dei morti in cui i messicani celebrano i defunti indossando costumi elaborati e dipingendosi la faccia come teschi fantasiosi, con fiori e colori sgargianti. Le strade erano piene di gente che sfilava pavoneggiandosi per andare a festeggiare nei cimiteri, mentre mia moglie aveva organizzato una serata a casa nostra per le donne del quartiere; aveva preparato delle decorazioni di zucchero a forma di teschio, che nella tradizione messicana rappresentano l'anima di un defunto o un particolare spirito. Aveva fatto rapidamente amicizia con il mondo dell'ambasciata e degli espatriati, e organizzava festicciole per i bambini e party in occasione delle principali festività messicane.

Sorrisi soddisfatto vedendo quanto mia moglie approfittasse della nostra permanenza in quel paese, e andai in camera da letto per togliermi la giacca e la cravatta.

Purtroppo non mi era possibile partecipare alla festa.

Mi sedetti su un angolo del letto e cominciai a leggere una serie di messaggi di Brady.

Quante volte si è sposato El Chapo?

Non ne ho idea, risposi. *Che io sappia, quattro o cinque volte. Ma nessuno lo sa con certezza. Non divorzia mai; si risposa e basta. Per non parlare delle donne che non sposa. È ossessionato dalle donne.*

Lo vedo, scrisse Brady di rimando. *Guarda qui. È appena arrivato da Second-Tier. Qualcuno ha mandato un servizio fotografico di giovani ragazze in biancheria intima. Sembra che provenga da una signora che chiamano Lizzy. Perché lui scelga quella che vuole per la notte. Che uomo di merda.*

Un degenerato, risposi. *Fa vomitare.*

Dopo che El Chapo aveva fatto la sua scelta, Second-Tier aveva mandato Naris alle Galerías per prendere la ragazza.

Scoprii poi che Galerías era il nome in codice di un centro commerciale nel cuore di Culiacán, il Plaza Ga-

133

lerías San Miguel, dove El Chapo dava appuntamento a chi andava a trovarlo perché Naris o un altro corriere lo portasse nel suo covo segreto.

El Chapo non aveva solo una fissazione per le vergini minorenni, ma aveva anche sviluppato un'autentica ossessione per la celebre attrice messicana Kate del Castillo. Si era follemente appassionato alla telenovela *La Reina del Sur* in cui Kate interpretava una donna originaria dello Stato di Sinaloa e boss di un cartello che gestiva dalla Spagna. Avevo letto in un tabulato che El Chapo aveva chiesto a Lic Oro di procurarsi il cellulare di Kate per mettersi in contatto con lei.

Mandai un messaggio a Brady: *Quell'uomo non ha altro scopo nella vita che il narcotraffico e sbattersi tutte le donne che può. Nient'altro. Quando non è preso dalla gestione della sua DTO, scopa.*

Il sesso era l'unica pausa che El Chapo si concedeva nella sua instancabile attività di trafficante. Era un continuo viavai di donne, e fra l'una e l'altra invitava sua moglie per condividere lo stesso letto. Il sesso era una costante della sua vita.

Il mio istinto di poliziotto di strada entrò in azione: un'ossessione così incontrollabile poteva diventare per noi una debolezza da sfruttare, per Guzmán il suo tallone d'Achille. Ricordo che avevo anche sentito dire da un informatore che El Chapo e El Mayo spesso scherzavano dicendo che le donne sarebbero state la loro rovina.

La mattina dopo il Día de los Muertos, avvicinandomi alla mia Chevy Tahoe scoprii che mi avevano rubato la ruota di scorta. C'era anche un piccolo buco nel parabrezza, una ragnatela circolare nel vetro antiproiettile dal lato del guidatore. Probabilmente un colpo di pistola sparato a distanza ravvicinata.

Indietreggiai lentamente allontanandomi dalla Tahoe, e osservai con attenzione le macchine intorno per controllare se qualcuno mi stesse sorvegliando.

Lo sguardo cadde su un uomo in una Lincoln Navigator nera parcheggiata sul lato opposto della strada. Mi balenò nella mente l'immagine del messicano con la cicatrice sulla guancia che avevo visto al Plaza Satélite.

Che fosse ancora lui?

Di certo non sarei rimasto lì per cercare di scoprirlo. Salii di corsa sulla mia auto, che almeno era blindata, e telefonai a mia moglie per dirle di restare in casa. Poi mi avviai, aspettando che la Lincoln mi seguisse.

Spinsi sull'acceleratore, svoltai bruscamente a destra, poi a sinistra, e non vidi più la Lincoln nello specchietto retrovisore.

Mentre passavo davanti alla Kiki Room squillò il mio cellulare.

«Ehi, Tocallo ha appena chiesto a Inge se può ammazzare uno che sta in prigione» disse Brady. «Ha tutte le coordinate della vittima, la cella in cui è rinchiuso e tutto il resto.»

Sapevamo che Inge stava per *ingeniero*, ingegnere, un altro dei soprannomi con cui i membri dell'organizzazione si riferivano a El Chapo nei messaggi inviati col Black-Berry.

«E lui cos'ha risposto?»

«È strano» disse Brady. «Ha chiesto a Tocallo di raccogliere altre informazioni. Vuole sapere di più.»

Era tipico del Chapo. Malgrado la reputazione di spietato signore della droga che i media gli avevano cucito addosso, mi era ormai chiaro che Guzmán non agiva mai d'impulso, era anzi piuttosto cauto nell'autorizzare l'uso della violenza. Nel Sinaloa la maggior parte dei trafficanti non ci pensava due volte a uccidere qualcuno, soprattutto nelle zone montagnose della Sierra Madre dove El Chapo era cresciuto: faide familiari, rappresaglie e sparatorie erano cose normali da quelle parti.

Evidentemente El Chapo si era fatto più saggio nel corso degli anni. Molte volte, quando gli veniva riferito un problema grave – uno sgarro da punire con la morte –, avviava un'indagine simile a quelle della polizia, facendo un sacco di domande per conoscere con precisione i fatti.

Mi tornarono in mente i giorni di Phoenix, quando Diego e io trascorrevamo lunghe ore con il sostituto procuratore a scrivere atti d'accusa facendoci un sacco di domande, come se fossimo già in aula sul banco dei testimoni, sottoposti a un controinterrogatorio.

«*Come* fai a saperlo, Drew? Eri *presente*? *Chi* te l'ha detto?»

El Chapo non lasciava fuori niente nei suoi interrogatori. E prima di fare la telefonata con cui risolvere il problema, per un paio di giorni rifletteva su quale fosse la linea di condotta migliore, anche quando il risultato finale era una sentenza di morte.

Brady e io ne avemmo la conferma vedendo un video del Chapo di qualche anno prima. Col suo tipico berretto da baseball nero in testa, camminava distrattamente avanti e indietro sotto una *palapa* nella Sierra Madre, accanto a un uomo non identificato seduto per terra con le mani legate a un palo. El Chapo aveva un atteggiamento calmo e distaccato mentre si muoveva e interrogava il prigioniero.

Brady e io stavamo ricostruendo buona parte della vita del Chapo grazie alle intercettazioni di Second-Tier, e a quel punto saremmo dovuti salire nella scala degli specchi. Il cellulare personale del Chapo non poteva essere molto lontano.

«Second-Tier sta ritrasmettendo tutto a un certo MD8» mi disse Brady un giorno.

«Ha un nome questo MD8?»

«Sì» rispose. «Second-Tier lo chiama Condor.»

Ripetei mentalmente quel nome cercando di ricordare se l'avessi già sentito, ma non mi venne in mente nulla. Però, a differenza degli altri cellulari specchio del Chapo, Condor sembrava una persona in carne e ossa. O perlomeno il soprannome di un narco. I condor vivono in zone di montagna e volano alto... era forse il segno che stava ai primi posti nella gerarchia del cartello? Non potevo perdere tempo a fare supposizioni, dovevo riuscire a localizzare Condor con precisione.

Certo, avevo il codice PIN del BlackBerry del Condor, ma avevo bisogno di sapere il corrispondente numero di telefono messicano per pingarlo. E a questo scopo avevo bisogno di Don Dominguez. Don aveva il ruolo di coordinatore nella divisione Operazioni speciali (SOD) della DEA a Chantilly, in Virginia. La funzione principale dei coordinatori della SOD era quella di assistere gli agenti impegnati sul campo in indagini di alto profilo evitando sovrapposizioni fra loro, procacciando i fondi per finanziare le intercettazioni e facendo da collegamento con i servizi segreti.

Benché di rango simile a quello del mio supervisore, in cuor suo Dominguez era un agente di strada.

«Non è come gli altri impiegatucci di Washington» dissi a Brady. «Don è uno di noi. È sul pezzo. Ed è convinto che abbiamo davvero una possibilità di catturare quel bastardo.»

Mandai il codice PIN del BlackBerry di Condor a Don perché scoprisse a chi era intestato. Don era in contatto con un gruppo di tecnici della DEA, ognuno dei quali aveva stabilito un rapporto eccellente con i principali provider di servizi di telecomunicazione, inclusi quelli canadesi come BlackBerry.

In genere per ottenere una risposta dalle compagnie telefoniche ci volevano tre settimane, e a quel punto Condor – e tutti gli altri utenti – avrebbero avuto a disposizione dei nuovi BlackBerry criptati, costringendoci a ricominciare tutto da capo. Ma una volta che Brady e la sua squadra avessero richiesto alle autorità di ingiungere a BlackBerry che ci fornisse il numero di telefono di Condor corrispondente a quel PIN, ero sicuro che Don si sarebbe dato da fare per farci avere la risposta nel più breve tempo possibile.

Infatti, meno di ventiquattr'ore dopo Dominguez mantenne la parola.

«Don mi ha appena comunicato il numero di Condor» dissi a Brady, ansioso di eseguire un ping dal mio computer.

138

«Dov'è?» chiese Brady.

Nel giro di pochi minuti mi apparve il risultato, e mandai subito le coordinate a Brady.

24.776,-107.415

«Corrisponde a Colonia Libertad.»

«Colonia Libertad?»

«Sì» risposi. «Un piccolo quartiere degradato nella zona sudoccidentale di Culiacán.»

Finalmente avevamo un BlackBerry nella capitale dello Stato di Sinaloa. Il cerchio si stringeva.

Condor era a Culiacán. Città di medie dimensioni (contava 675.000 abitanti) situata al centro dello Stato di Sinaloa a ovest della Sierra Madre, Culiacán è il luogo di origine di tutto il narcotraffico messicano e ha preso il posto di Medellín come capitale mondiale della droga. Dai tempi di Miguel Ángel Félix Gallardo fino al regno del Chapo, tutti i leader dei principali cartelli sono usciti da questa città, o dai sobborghi vicini.

Culiacán è famosa anche per il cimitero Jardines del Humaya – il luogo di sepoltura dei signori della droga – con i suoi mausolei da 600.000 dollari dotati di aria condizionata, come quello di marmo costruito per il figlio assassinato del Chapo, Edgar, e il santuario dedicato a Jesús Malverde, il santo patrono dei narcotrafficanti. Secondo la leggenda, Malverde, un bandito in azione sulle colline del Sinaloa, rubava ai ricchi per donare ai poveri, finché venne impiccato nel 1909.

Una volta Diego mi aveva raccontato di aver visitato il Jardines del Humaya in occasione di una vacanza a Culiacán. Mi aveva detto di essere rimasto sorpreso dalla quantità di denaro che i narcotrafficanti profondevano in quel santuario perché fosse sempre in ottimo stato. Ormai Culiacán era nota come città di fuorilegge, un luogo off-limits per le autorità (tranne quelle locali) perché la maggior parte dei poliziotti e dei militari era stata corrotta dal Chapo. Tanto che, temendo una rappresaglia, le forze dell'ordine non avevano mai messo piede a Culiacán per condurre una qualunque operazione.

Comunque, per quanto lontana e inavvicinabile Culiacán potesse sembrarmi, quella era la prima indicazione che El Chapo potesse trovarsi nella capitale messicana della droga.

Presi il primo volo da Città del Messico per El Paso e mi incontrai con Brady, Joe e Neil Miller, l'altro membro della ristretta squadra di Brady all'HSI.

«Neil è il nostro bulldozer» disse il mio amico sorridendo. «Non ci pensa due volte a far incazzare qualcuno, se necessario. Benvenuto nel suo regno.» Spalancò una porta per farmi vedere la nuova sala operativa, un'ex sala riunioni tenuta al riparo da sguardi indiscreti. Ne avevano appena preso possesso e l'avevano riempita di computer e apparecchiature per le intercettazioni con cui tenere sotto controllo i BlackBerry degli Ofis, dei principali luogotenenti del Chapo e ora anche di Second-Tier.

Tuttavia, malgrado le risorse di cui disponevano, Brady era ancora inquieto. «Come facciamo a essere sicuri che non ci siano altri cento livelli intermedi nella struttura a piramide di Second-Tier? Gli specchi possono non finire mai, e se è così siamo fottuti.»

Lasciai passare qualche secondo prima di rivelargli ciò che avevo scoperto.

«No, non ce ne sono *cento*» dissi. «Ho analizzato le chiamate di Condor, fissandomi sui contatti più frequenti. E sai quanti sono? Due. Ci sono solo *due* livelli intermedi.»

Condor non comunicava con altri PIN, solo con Second-Tier.

«Si ferma lì» dissi. «Condor non inoltra nessun messaggio. È il capolinea.»

Brady non riusciva a crederci.

«O Condor ogni giorno inoltra per errore migliaia di messaggi a un nuovo BlackBerry – cosa piuttosto inverosimile – o sta nella stessa stanza del Chapo e riceve ordini direttamente dal boss» dissi.

Brady corse nella sala delle intercettazioni e tornò dopo alcuni minuti con Neil.

«L'abbiamo beccato» disse.

«Cosa vuoi dire?»

«Guarda qui.»

Brady mi mostrò un tabulato con le comunicazioni di quel mattino fra Condor e Second-Tier in cui quest'ultimo chiedeva se *el generente* fosse già in piedi.

Chiaramente Condor era nello stesso edificio del boss, forse addirittura nella stessa stanza, perché aveva risposto: *No, sta ancora dormendo...*

ABRA LA PUERTA

Top-Tier era diventato la mia vita.

Eseguire continuamente dei ping su quel BlackBerry, il più vicino a El Chapo, mi impediva di fare qualsiasi altra cosa. Finché potevo lanciare quel comando – dalle sei del mattino spesso fino a dopo mezzanotte – non mi importava di nient'altro. Anche quando ero a letto con mia moglie a La Condesa, con la mente ero sempre a caccia di Top-Tier.

Adesso sapevo come El Chapo gestiva l'attività quotidiana del suo impero multimilionario, avevo solo bisogno di localizzarlo. Non era semplice, vista la sua tendenza a spostarsi continuamente, trasferendosi da un rifugio a un altro, dalla campagna alla città, talvolta nel giro di poche ore. A ogni ping segnavo meticolosamente il punto con un marcatore giallo sulla mappa, aggiungendo alle coordinate geografiche la data e l'ora in cui il cellulare di Condor era stato localizzato a Culiacán.

Top-Tier.

Se Condor era vicino al nostro uomo, ogni ping mi permetteva di determinare il *pattern of life*[1] del Chapo.

A quel punto, anche Brady, Neil e Joe lavoravano ininterrottamente per intercettare tutti i cellulari specchio che erano riusciti a identificare – Ofis da 1 a 10 e Second-Tier – nonché un nuovo specchio di cruciale importanza legato allo username *Usacell*. Stabilimmo in fretta che Usacell – nome simile a quello di un altro grande provider messicano, Iusacell – era un duplicato: un altro dispositivo Second-Tier in dotazione all'utente Telcel a Durango.

«Mi sembra ovvio che si tratta della stessa persona» disse Brady. «Ha contrassegnato i suoi due BlackBerry con il nome del provider per distinguerli.»

Il cellulare Usacell poteva essere un altro specchio, tuttavia ci mostrava dei messaggi ancora più importanti che El Chapo pensava fossero rimasti segreti. Se i BlackBerry dei vari Ofis inviavano ogni giorno duecento messaggi a Telcel presso Second-Tier, ne mandavano altrettanti a Usacell. Brady e io calcolammo che stavamo intercettando circa il 75 per cento di tutte le comunicazioni del boss in entrata e in uscita.

La finestra che avevamo aperto sul mondo del Chapo si stava allargando.

«Per il momento dobbiamo concentrarci su Second-Tier» disse Brady.

Grazie a quello potevamo intercettare ogni ordine proveniente dal Chapo e ogni comunicazione in arrivo dai cellulari degli Ofis.

---

[1] Con *pattern of life* si intende la sequenza delle localizzazioni di una persona indagata.

«Sì, è proprio come la manna piovuta dal cielo» dissi.

Se Condor e gli Ofis cambiavano BlackBerry, Brady e io potevamo identificarne rapidamente il nuovo codice PIN, almeno fino a quando fossimo stati in grado di intercettare i due cellulari Second-Tier: Telcel e Usacell.

Anche Ofis-4 aveva cominciato a fornire preziose informazioni, ma notai che era cambiato qualcosa in questo specchio: non solo mandava messaggi a El Chapo attraverso Second-Tier, risalendo così verso la punta della piramide, ma inoltrava i messaggi di comando e controllo – legati soprattutto all'attività del Chapo in Canada – a un altro membro dell'organizzazione che aveva *Panchito* come username.

«Hai visto cos'hanno detto di Panchito nella seduta di coordinamento?» chiesi a Brady. «Per l'FBI di New York è stato un colpo.»

«Sì» rispose Brady. «L'ho visto.»

«Credo che Panchito sia Alex Cifuentes» dissi.

L'FBI di New York aveva affermato di essere ancora interessata a El Chapo dopo che aveva iniziato a seguirlo attraverso un vecchio signore della droga colombiano, Hildebrando Alexánder Cifuentes Villa, che si era trasferito nello Stato di Sinaloa nel 2008, facendo personalmente da garante per tutte le spedizioni di cocaina prodotta dalla famiglia Cifuentes Villa di Medellín.

Dopo il fallimento dell'operazione di Cabo, le informazioni fornite dall'FBI si erano fatte sempre più scarse. Alex – come tutti chiamavano Cifuentes – era uno dei bracci destri del Chapo.

Qualche mese prima della riunione di coordinamento che avevo convocato a Città del Messico, mentre ero ancora a New York, avevo incontrato degli agenti dell'FBI e li avevo messi al corrente delle buone relazioni che stavo costruendo con l'HSI e la squadra di Brady.

«Stiamo procedendo molto rapidamente» avevo detto. «Questo treno non si fermerà. Se volete salire a bordo e condividere le vostre informazioni, questo è il momento.»

Non era la prima volta che tentavo di coordinare un'indagine con l'FBI. I loro agenti speciali mi sembravano gentili e professionali, ma sapevo che erano particolarmente refrattari a ogni genere di collaborazione. Era tipico dell'FBI tenere nascoste le carte: glielo avevano insegnato durante l'addestramento a Quantico. Erano convinti di essere la prima agenzia investigativa del pianeta, ma quando si parlava di indagini nel mondo della droga – soprattutto se si trattava di affrontare la complessa struttura dei cartelli messicani – la loro competenza e la loro esperienza non erano paragonabili a quelle della DEA.

Cercavo di convincere tutti a cooperare, ma mi rendevo conto che sarebbe stato difficile.

Il dossier dell'FBI era composto perlopiù da informazioni storiche su Cifuentes, ricercato dalla DEA e dall'FBI dopo che era stato incriminato con l'accusa di complicità nel traffico di stupefacenti. Ma invece di condividerle con la DEA, l'FBI aveva trasmesso le proprie informazioni alla CIA, nella speranza che quest'ultima potesse aiutarli a prendere il sopravvento.

Sapevo che quando un'informazione veniva trasmessa alla CIA da un'altra agenzia federale la fonte avrebbe immediatamente perso il controllo su come quell'informazione sarebbe stata classificata, diffusa e utilizzata. E come me lo sapevano tutti gli agenti che lavoravano all'ambasciata. Proprio per questo Brady e io avevamo deciso di tenere fuori la CIA dalla nostra indagine.

Ogni informazione che raccoglievamo sul Chapo proveniva da intercettazioni autorizzate da un magistrato; in questo modo le prove raccolte avrebbero potuto essere utilizzate contro El Chapo e altri membri della sua organizzazione in una corte federale. Era così che la DEA riusciva a smantellare le varie DTO, a differenza della CIA che faceva uso massiccio di materiale riservato che era difficile – se non impossibile – portare in tribunale.

Non avevo bisogno della CIA, ma sapevo che erano ansiosi di essere coinvolti ora che eravamo sempre più vicini a localizzare El Chapo.

«FBI e CIA vogliono organizzare un incontro» dissi a Brady.

«Dove?»

«A Langley.»

«Col cazzo. Non abbiamo bisogno di loro.»

«Però abbiamo bisogno di essere sulla stessa lunghezza d'onda quando si parla di Cifuentes. E se non andiamo né tu né io, dobbiamo mandare qualcuno. Ne discuterò con Don.»

Don Dominguez aveva seguito gli sviluppi dalla Virginia e accettò di partecipare all'incontro nel quartier generale della CIA al posto nostro. La riunione si concluse con un accordo per arrestare Cifuentes e rimuoverlo dalla DTO del Chapo, ma *solo* al momento opportuno. Era fondamentale che gli sforzi fossero coordinati fra tutte le agenzie. Inoltre, ebbi conferma dall'FBI che il PIN di Panchito corrispondeva ad Alex Cifuentes e misi a loro disposizione diverse coordinate ping che avevo raccolto dal

BlackBerry di Cifuentes, localizzato in una zona rurale a sudovest di Culiacán.

Nel 2013, verso la fine di novembre, ricevetti un sms urgente da Brady.

È appena arrivato, scriveva, riportando un'intercettazione già tradotta dallo spagnolo. Second-Tier aveva comunicato a tutti i cellulari dei vari Ofis: *Panchito è stato sorpreso in uno scontro con dei soldati e Picudo è intervenuto per cercare di salvarlo. Spegnete i cellulari perché scopriranno i vostri* PIN.

Telefonai immediatamente a Brady.

«Maledizione, i federali ci hanno fregato!» gridò.

«Aspetta» dissi. «Fammi dare un'occhiata a questa faccenda per capire com'è andata realmente.»

Contattai la DEA di Mazatlán, che a sua volta contattò l'esercito locale per verificare se sapevano di un recente arresto nei dintorni di Culiacán.

In un primo momento i messicani non si erano resi conto di *chi* avevano arrestato. SEDENA[2] aveva rinchiuso un uomo sulla cinquantina in un piccolo ranch, ma non pensavano che fosse colombiano, e il suo nome non era Cifuentes.

«Sostengono di aver preso un uomo di nome Enrique García Rodríguez» dissi a Brady. «Stanno per mandarmi una sua foto e il suo passaporto.»

Brady rimase al telefono mentre aspettavo che mi inviassero l'email da Mazatlán.

La foto arrivò: mostrava un uomo di circa quarantacin-

---

[2] L'esercito messicano: abbreviazione di Secretaría de la Defensa Nacional.

que anni con un principio di calvizie, barba brizzolata e carnagione chiara.

«È Cifuentes» dissi. «C'è un nome falso su questo passaporto messicano. Panchito è fottuto.»

«Cazzo!» Brady era furibondo.

Sapeva che era solo questione di tempo prima che crollasse tutto ciò che avevamo costruito nella sala operativa di El Paso.

Infatti, nel giro di pochi minuti, gli Ofis del Chapo già parlavano di buttare i loro BlackBerry; Second-Tier li avrebbe seguiti a ruota.

E poi Top-Tier: Condor.

Brady e io ci saremmo ritrovati a brancolare di nuovo nel buio.

«Ho appena confermato all'FBI l'identità del soggetto nella foto» dissi. «Sostengono di non avere nulla a che fare con tutto questo.»

«Stronzate» replicò Brady.

«Non lo so con certezza, ma ci posso scommettere: è stata la CIA a passare l'informazione a SEDENA» dissi. «Garantito.»

Terminata la telefonata con Brady mi misi in contatto con la squadra antinarcotici di Città del Messico per avere maggiori informazioni sull'arresto di Cifuentes. In un primo momento negarono di saperne qualcosa, ma qualche giorno dopo un dirigente della CIA confessò: tutte le localizzazioni che avevo consegnato all'FBI erano state trasmesse a SEDENA dalla CIA. (Dal canto suo, la CIA sostenne di avere comunicato a SEDENA solo che, nella zona localizzata, *c'era un soggetto interessante*.) Trasmessa l'informazione, la CIA si era poi disinteressata di tutto; non aveva assunto il controllo dell'operazione, né si era coordinata con la sua omologa messicana. Non sapeva nemmeno se SEDENA avesse catturato l'uomo giusto, altrimenti avrebbe subito cercato di attribuirsene il merito. Tuttavia, quando confermai che si trattava di Alex Cifuentes, fu ben felice di farlo.

Ero nauseato dalla CIA, pur sapendo che quello era il loro modo di agire: raccogliere informazioni nel proprio paese e poi farle arrivare casualmente ai servizi segreti messicani.

«Quelle spie maledette fanno così» dissi a Brady. «Spifferano tutto ai messicani, poi fanno un passo indietro e stanno a godersi lo spettacolo. Alla CIA non interessa un cazzo smantellare le DTO internazionali. Per loro è solo statistica. Se riescono a dimostrare di avere trasmesso informazioni cruciali o avere permesso un arresto, allora hanno giustificato la loro esistenza.»

Era un classico esempio di falla nelle comunicazioni, se non di vero e proprio antagonismo, fra le agenzie della United States Intelligence Community (l'entità che racchiude le agenzie federali di intelligence, fra cui CIA, DEA e FBI). Ormai sapevo perfettamente come andavano le cose: gran parte dell'attività della CIA in Messico non era coordinata con la DEA. La CIA operava allo stesso modo in tutto il resto del mondo, e spesso provocava il fallimento di indagini delicatissime e autorizzate dalla magistratura come la nostra.

Comunque, rimaneva il fatto che Alex Cifuentes era stato arrestato da SEDENA prima del necessario e che a noi restava solo da raccogliere i cocci. Praticamente tutti i BlackBerry che stavamo intercettando vennero sostituiti il giorno dopo l'arresto di Cifuentes. Ero incazzato, ma cercavo di trattenermi quando parlavo con Brady perché non aveva senso gettare benzina sul fuoco. Tuttavia, lasciavo che lui si sfogasse.

«Ne ho pieni i coglioni della CIA» disse Brady. «Non gli passeremo mai più un'informazione.»

«Lo so, lo so» risposi. «Ma dobbiamo rimetterci in sesto. Il fatto è che... non so cos'altro possano avere saputo dall'FBI al punto da far naufragare il nostro lavoro. Dobbiamo tenerceli buoni.»

«Va bene, amico» disse Brady. «Tu continua a fare lo svizzero e a mantenerti neutrale, è quello che ti riesce meglio. Ma ascolta: se adesso fossi in Messico, starei strangolando uno di quei figli di puttana.»

«*Argo*» dissi. «Hai visto il film? Ben Affleck?»

«Quello sulla troupe cinematografica che frega gli iraniani?»

«Esatto.»

«Certo che l'ho visto. "Argo vaffanculo."»

Risi. «Pensi che potremmo fare lo stesso?»

«Col Chapo? Non so...»

Per anni Alex Cifuentes aveva cercato produttori, sceneggiatori e autori su esplicita richiesta del Chapo.

Per quanto potesse sembrare strano – viste tutte le precauzioni per non far sapere a nessuno dove si trovasse e tenere segrete le sue comunicazioni – Chapo si era fissato di voler raccontare la storia della sua ascesa dalla miseria alla ricchezza. Era ossessionato dall'idea di vedere sullo schermo la sua trasformazione da bambino povero che vende arance per le strade di La Tuna a uno dei più ricchi signori della droga di tutto il mondo. Nei tabulati delle intercettazioni ci capitava di leggere come El Chapo si arrovellasse intorno all'ipotesi di un film, di una telenovela o di un libro. Sembrava pronto a parlarne con *chiunque* volesse fargli il favore di ascoltarlo.

Di conseguenza, Alex Cifuentes riceveva nominativi di registi e scrittori attraverso i suoi contatti e li passava al vaglio. Se superavano l'esame, programmava un incontro a quattr'occhi con El Chapo in un luogo sicuro, a Culiacán o in un ranch sulle montagne.

Brady e io eravamo venuti a sapere di almeno un regista – a noi noto solo come Carlino – che era venuto in aereo da Cabo. Carlino aveva dei contatti a Hollywood e sosteneva di aver lavorato con i produttori di *Cops*, una serie tv di successo della Fox. El Chapo la conosceva e si era detto interessato ad approfondire.

«Dobbiamo metterci in contatto con loro» disse Brady.

«Scommetto che riusciremo a coinvolgerli» risposi. «Ho già parlato con i miei colleghi di Los Angeles. Conoscono alcuni agenti della DEA che hanno dei contatti in quell'ambiente. Sarebbero disposti a lavorare con noi.»

«Per mettere in piedi la nostra versione di *Argo*?»

«Esatto.»

«E come pensi di fare?» chiese Brady.

«Tu potresti interpretare il regista» dissi. «Ci prendiamo un operatore e lo facciamo lavorare sotto copertura. Saresti perfetto, amico mio. Basta che tu resti impassibile. Senza mai sorridere. Devi solo metterti degli occhiali con la montatura di corno, lamentarti in continuazione e prendertela con tutti.»

«Potrei farcela» rispose Brady.

«Andiamo a Los Angeles e vediamo che opzioni abbiamo. Con Cifuentes in gabbia, trovare l'agente adatto a fare la parte del produttore o dello sceneggiatore può essere il solo modo che ci resta per tirar fuori quel *cabrón* da Culiacán.»

«Potremmo intitolare il film *Saludos a Generente*!» disse Brady.

«Mio Dio, no. Ho sentito quell'espressione già troppe volte.»

Stavo guardando una cartina del Messico, cercavo un centro di villeggiatura sulla costa dove organizzare l'incontro.

«Il bello di tutto questo» dissi, «è che El Chapo non dovrebbe nemmeno uscire dal paese. Tornerebbe persino a Cabo se si trattasse di cominciare a fare qualche ripresa per un film sulla sua vita. O a Vallarta. Anche Cancún probabilmente andrebbe bene. Un posto qualunque sulla Riviera Maya. Sappiamo già che va spesso da quelle parti. Si sentirebbe al sicuro.»

Non solo El Chapo incontrava produttori e scrittori, ma sapevo di una chiavetta USB su cui aveva archiviato la prima parte di una sceneggiatura sulla sua ascesa al potere. L'aveva fatta leggere a sua moglie, Griselda López Pérez, e a sua figlia, Grisel Guzmán López, col risultato che quelle due si erano lamentate di non essere sufficientemente menzionate.

El Chapo riservava un particolare rispetto – per non dire deferenza – nei confronti di Griselda, la sua seconda moglie. Brady e io avevamo intercettato le lamentele di quella donna: spesso chiedeva più soldi per i suoi figli e

Guzmán ubbidiva, mandandole 10.000 dollari a distanza di poche settimane.

Benché fossero separati, avevano evidentemente mantenuto dei buoni rapporti. Guzmán e Griselda avevano tre figli ancora in vita: Joaquín, Grisel e Ovidio, tutti fra i preferiti del Chapo.

Per mesi io e Brady avevamo intercettato Joaquín e Ovidio, i cui nomi in codice erano *Güero* e *Ratón*.

Joaquin era di carnagione chiara, di conseguenza la scelta del nome era stata quasi obbligata.

Ricordavo il momento in cui, anni prima, Diego mi aveva spiegato il significato di quella parola. Stavamo ascoltando i narcocorridos in un locale di Phoenix. «Devi venire a Città del Messico con me» mi aveva detto. «Devi imparare un po' di slang, mangiare nei baracchini... non ti prenderanno per un gringo. Diranno tutti che sei un *güero*...»

«E perché Ratón?» domandò Brady.

Avevo analizzato la foto di Ovidio. Quel ragazzo aveva due grandi occhi neri e le orecchie a sventola... «Sembra un topo» risposi, e scoppiammo entrambi a ridere.

Güero e Ratón comunicavano regolarmente con il padre attraverso lo specchio Ofis-1, proprio come il loro fratellastro Iván.

I fratellastri operavano in parallelo, ma Güero e Ratón sembravano più coinvolti di Iván e Alfredo nella gestione quotidiana dei traffici del padre. Anche se, stando ai messaggi che intercettavamo, tutti e quattro i figli erano pedine fondamentali nella dinastia del Chapo, più vicini a lui di qualunque altro membro dell'organizzazione.

Non erano dei giovani rampanti e velleitari: la dura

153

vita del narcotraffico scorreva nelle loro vene. Avevano seguito le orme del padre fin dall'infanzia e bastava leggere le loro comunicazioni quotidiane per capire che quei quattro erano tutto per El Chapo.

Qualche settimana dopo l'arresto di Alex Cifuentes, Brady, Joe e Neil, con l'aiuto di Camila Defusio, avevano di nuovo risistemato le cose a El Paso. Fatto il giro degli affidavit, erano di nuovo in pista e mi mandavano centinaia di intercettazioni.

L'HSI procedeva alla velocità della luce grazie al management di El Paso, che forniva a Brady e alla sua squadra il massimo sostegno.

Brady mi disse che questa era l'indagine più grossa in cui l'HSI fosse mai stata coinvolta. Sapevo che i capi di Brady erano pienamente consapevoli dei loro successi e che per mesi avevano dato una mano alla logistica dietro le quinte. Non avevo mai visto niente di simile. Con la sua faccia di bronzo, Brady faceva andare avanti tutto senza il minimo intralcio burocratico. Era davvero impressionante.

Lui e la sua squadra avevano ripreso il controllo della situazione e adesso intercettavano una manciata di Black-Berry degli Ofis e il nuovo cellulare Second-Tier. Tuttavia, le intercettazioni raccolte da anonimi colleghi di Durango – per quanto preziose – non ci portavano più vicino a El Chapo. Solo riuscendo a pingare il cellulare Top-Tier ci saremmo riusciti.

Avevo sperato di rintracciare il nuovo cellulare Top-Tier e per fortuna non ci occorse molto tempo. Lo username questa volta era MI-26, e nei tabulati delle intercettazioni tutti lo chiamavano *Chaneke*.

«Chi è questo?» chiese Brady. «Cos'è successo a Condor?»

«Non lo so.»

«Chi diavolo è Chaneke?»

«Per il momento facciamo finta che sia il nostro nuovo Condor» risposi.

Eseguii un ping dal mio computer. «Perfetto. Il cellulare di Chaneke risponde dallo stesso quartiere. Colonia Libertad. Esattamente dove stava Condor.»

Cercai subito su Google la parola Chaneke. Come molti dei termini che comparivano sui tabulati si trattava di un errore d'ortografia. Tra le centinaia di divinità e spiriti sacri degli antichi aztechi, i *chaneques* erano piccoli esseri che rubano l'anima, creature leggendarie del folklore messicano. Nelle immagini di *chaneques* che trovai – sculture e disegni precolombiani – somigliavano a minuscoli troll dagli occhi enormi. Secondo la tradizione azteca, i *chaneques* erano i guardiani della foresta e attaccavano gli intrusi, spaventandoli a tal punto che la loro anima abbandonava il corpo.

Anche il nostro Top-Tier Chaneke era una specie di guardiano: l'intermediario diretto del Chapo. Nelle intercettazioni i membri dell'organizzazione si riferivano a Chaneke come *Secre*.

«Vuol dire che è il segretario del Chapo» dissi. «E questi username MD-8 e ora MI-26 secondo me sono tipi di elicottero.»

«Che sia un pilota di elicottero?» disse Brady.

Al momento era ancora tutto avvolto nel mistero, ma una cosa era certa: forse Condor dirigeva con polso eccessivamente fermo, ma Chaneke era antipatico a tutti all'interno dell'organizzazione.

«Tutti *odiano* Chaneke» disse Brady. «Second-Tier e i vari Ofis non fanno che lamentarsi di lui. Si direbbe che li stia fregando, trattenendogli la paga. Continuano a chiedere quando El Señor li pagherà. Uno di loro si è perfino lamentato di avere bisogno dei soldi per dare da mangiare ai figli. E Second-Tier gli ha risposto: "Non ti preoccupare, Condor si occuperà di te quando torna".»

«Adesso capisco. Due *secretarios*: Condor e Chaneke. Che fanno lo stesso lavoro dandosi il cambio» dissi.

Arrivammo a capire che ogni segretario lavorava fra i quindici e i trenta giorni di fila, senza intervallo. Probabilmente mangiavano lo stesso cibo del capo, dormivano nelle stesse ore, e inoltravano ogni ordine o capriccio del Chapo tramite il BlackBerry Top-Tier.

«A proposito di *pattern of life*, ti immagini quello di Condor?» chiesi a Brady. «Non deve avere un istante di tempo per sé. Ventiquattr'ore su ventiquattro per sette giorni alla settimana a disposizione del Chapo. Come uno schiavo.»

Brady fece un sorrisetto. «E a quel povero bastardo tocca pure dormire nella stanza di fianco a quella del Chapo, e ascoltarlo mentre si scopa le sue puttane per tutta la notte.»

Ci eravamo immaginati che El Chapo, ancora spaventato dalla mancata cattura a Cabo, non usasse più un cellulare. Ora si limitava a dettare gli ordini; i suoi due segretari inoltravano tutte le sue comunicazioni in modo che lui non dovesse più nemmeno toccare un BlackBerry.

Brady e io avevamo le nostre ragioni per non farci piacere Chaneke. Ogni volta che prendeva il posto di Condor, il protocollo di avvicendamento veniva seguito con precisione militare: i cellulari di Chaneke, Second-Tier e dell'Ofis di Durango venivano immediatamente eliminati, buttati nella spazzatura o dati a membri della famiglia per uso privato. E ogni volta per noi ricominciava l'incubo. Tutti i cellulari che stavamo intercettando – in genere centinaia – si spegnevano completamente. In un attimo, niente più messaggi e niente più trascrizioni da decifrare. Il buco della serratura da cui spiavamo il mondo segreto del Chapo si chiudeva.

Queste montagne russe emotive – un giorno su, ad ascoltare, e il giorno successivo giù, con le mani legate – stavano facendo perdere la pazienza a tutti.

«Non so quanto ancora possa reggere la mia squadra» mi disse Brady, dopo che Chaneke aveva di nuovo bruciato in un istante tutti i cellulari.

«Ci siamo vicini» gli risposi. «Non mollare, fratello. L'ultimo ping effettuato lo dava nella stessa zona di Culiacán.»

Ero certo che puntare al cellulare di Condor e di Chaneke ci avrebbe portato dritto a El Chapo, e così, per quattordici ore filate, continuai a pingarli. Avevo ormai una serie di marcatori gialli concentrati in una zona ristretta sulla mappa – frutto di settimane di lavoro – che situavano il centro del mirino, per quanto non fisso, nel cuore di Culiacán. Avevo sotto gli occhi un *pattern of life* piuttosto chiaro. Benché ci fossero delle leggere variazioni nei ping, era evidente che Condor e Chaneke non si spostavano mai dal quartiere Colonia Libertad di Culiacán.

«Hai visto le immagini aeree di quella zona?» chiesi a Brady.

«Sembra una baraccopoli» rispose. «Strade piene di immondizia, macchine abbandonate. Pezze di tela cerata come tetti.»

«Già. Un posto di merda, che senso ha? Perché El Chapo dovrebbe starsene rintanato in un luogo simile? Sappiamo che i suoi segretari devono stare sempre nelle vicinanze. Che devono essere sempre al suo fianco. Forse cerca di confondere le acque.»

«Aspetta, questi sono appena arrivati» disse Brady. Aveva un plico di tabulati appena tradotti. «Chaneke ha ordinato a Naris di andare a prendere Turbo al Walmart 68. Naris guida una Jetta nera.»

«Turbo è veramente nella merda» dissi.

«Quei 600 chili sono persi, e Turbo ne è personalmente responsabile» disse Brady.

«Non è una bella situazione per lui. Potrà dirsi fortunato se ne esce vivo.»

Qualche ora prima Chaneke, nel trasmettere degli ordini attraverso Second-Tier e Ofis-5 al coordinatore marittimo del Chapo a Mazatlán, aveva comandato a Turbo di andare a El 19. Il suo *tío* (zio, un altro nome in codice del Chapo) voleva vederlo. Poi era stato comunicato a Turbo di andare al Walmart 68 sulla Obregon e di aspettare che lo venissero a prendere con una Jetta nera.

Brady e io avevamo capito che El 19 era il nome in codice di Culiacán.

«Conosco quel Walmart» dissi. «È poco più a est di tutti i ping di Top-Tier, lungo l'Avenida Álvaro Obregón. È vicino; il luogo perfetto per una presa in consegna.» Controllai i movimenti di Naris con ping successivi.

«L'hai agganciato?» chiese Brady.

«Sì, è al Walmart. Adesso si sta dirigendo a ovest.»

Continuai a seguire Naris con una serie di ping. Ci stavamo avvicinando al boss.

Abra la puerta. Abra la puerta!

Naris mandava ripetuti messaggi a Ofis-6, ma c'era un difetto nel sistema. Le sue richieste di *aprire la porta* non arrivavano a Second-Tier, e quindi non potevano essere inoltrate a Chaneke.

«È bloccato davanti a un cancello» disse Brady. «Incazzato come un puma.»

Gli eventi avevano preso una strana piega. Sapevo che Naris era in genere molto cauto nelle comunicazioni: quasi sempre spegneva il suo BlackBerry prima di avvicinarsi ai nascondigli del Chapo. Ma ora Naris era bloccato fuori, nessuno gli apriva il cancello e così aveva deciso di correre il rischio, riaccendendo il suo BlackBerry per inviare il messaggio.

Carnal, abra la puerta!

«Ci siamo!» dissi.

Adesso i ping di Naris e Chaneke si sovrapponevano.

«Sì, Naris è davanti al cancello» dissi. «L'abbiamo preso, Brady. Non so esattamente quale sia la casa, ma El Chapo è di sicuro in quel cazzo di isolato.»

DUCK DYNASTY

Per mesi Brady mi aveva chiesto di chi potevamo fidarci fra i nostri colleghi messicani per lanciare un'operazione tesa a catturare El Chapo.

«La polizia federale?»

«No, è fuori questione.»

«Qualche unità dell'esercito?»

«Neanche per sogno.»

Ora però, quasi certi che El Chapo si trovasse nel raggio di quell'isolato, la risposta venne da sé.

«Abbiamo un'unica opzione» dissi.

In Messico c'era una sola istituzione famosa per la sua incorruttibilità: la Secretaría de Marina-Armada de México (SEMAR).

«I marine?» disse Brady.

«Sì. Fra i nostri colleghi messicani non abbiamo altro che la SEMAR per...»

«Ti fidi di loro?»

«Non posso dire che mi fidi di loro» risposi. «Non posso dire che mi fidi di qualcuno qui. Non ci ho mai lavorato, ma so che sono rapidi, grintosi, pronti a entrare in azione.»

Avevo studiato la documentazione relativa al lavoro svolto dalla SEMAR in collaborazione con alcuni agenti della DEA dell'ambasciata e in effetti aveva contribuito a decimare il cartello del Golfo e gli Zetas sulla costa orientale del Messico.

«Promette bene» disse Brady.

«C'è una brigata speciale qui a Città del Messico» aggiunsi. «A quanto pare, sono i meno corrotti di tutti.»

Da quando avevo iniziato a lavorare con Brady e la sua squadra, non avevo condiviso *niente* con i nostri colleghi messicani.

Per cominciare, nessuno di loro era al corrente del fatto che le agenzie federali americane fossero in grado di intercettare i messaggi PIN to PIN tra due BlackBerry in uso ai narcos. In secondo luogo, per nessuna ragione al mondo avrei diffuso prematuramente un'informazione senza avere la granitica certezza di dove si trovava El Chapo.

«È troppo presto per contattarli» dissi a Brady. «E i capi qui mi dicono che la SEMAR non prenderebbe nemmeno in considerazione l'ipotesi di entrare a Culiacán. Troppo pericoloso.»

Nel frattempo era comparso un nuovo nome sui tabulati.

«Lic-F» disse Brady. «L'hai notato? Continuo a vedere suoi messaggi. Dev'essere di sicuro molto vicino a El Chapo; a quanto pare, contribuisce a coordinare l'ingresso e l'uscita dei carichi di coca da Culiacán, ed è molto affiatato con Picudo.»

«Già» risposi. «Ha l'aria di essere uno tra i più fidati del Chapo. È cauto e sveglio. Ma non credo sia un avvocato. Dalle intercettazioni mi viene il sospetto che abbia un passato in polizia.»

Pensare a Lic-F mi fece tornare in mente l'evasione dal carcere di Puente Grande, come El Chapo aveva corrotto le guardie e come la direzione carceraria si fosse dimostrata del tutto fallimentare. Lic-F? El Licenciado? Dámaso? L'ex agente di polizia della Procura generale del Sinaloa, divenuto grande amico del Chapo durante il suo periodo di reclusione a Puente Grande?

«Penso che Lic-F sia Dámaso López Núñez» dissi. «Ma non posso esserne ancora sicuro. Di sicuro so soltanto che è un tipo furbo e viscido. E che ha degli agganci importanti nel governo.»

«Guarda» disse Brady. «Sta aggiornando El Chapo sullo stato dei lavori di un tunnel.»

Presi il tabulato e lessi le intercettazioni fra Lic-F e Top-Tier. Lic-F stava fornendo a El Chapo la descrizione precisa di un tunnel in costruzione da più di un anno: *Misurerà più di un chilometro, e ne hanno già completato seicento metri.* Lic-F aggiungeva inoltre che avrebbe avuto bisogno di meno di 10.000 dollari per portare a termine la costruzione e pagare gli operai.

«Maledizione» dissi a Brady. «Quel tunnel è già lungo più di mezzo chilometro.»

«Lo stanno scavando in direzione di San Diego o Nogales… una delle due» disse Brady.

Lavorando nell'ufficio dell'HSI di El Paso, Brady era diventato un esperto di tunnel sotto il confine tra Stati Uniti e Messico.

Era stato El Chapo il primo a pensare a dei tunnel per il contrabbando della droga. La loro costruzione era iniziata quasi un quarto di secolo prima, nel 1990, quando venne scoperto il primo a Douglas, in Arizona. Il tunnel di Douglas, che si stimava fosse costato ai trafficanti 1,5 milioni di dollari, partiva da una casa nella città di Agua Prieta, nello Stato di Sonora, e finiva novanta metri più in là in un deposito di Douglas. Era stato usato per contrabbandare marijuana del cartello di Sinaloa e i media l'avevano soprannominato *tunnel di James Bond*, perché l'unico modo per raggiungere il sottopassaggio era aprire un rubinetto esterno nella casa di Agua Prieta, mettendo così in azione un meccanismo idraulico che sollevava un biliardo in una sala da giochi, e faceva apparire una scala sotterranea.

Nessuno sapeva esattamente quanti tunnel El Chapo avesse fatto costruire negli anni successivi. Dalla scoperta di quello di Douglas le autorità americane ne avevano trovati più di centocinquanta, tutti con le stesse caratteristiche: ventilazione, illuminazione, a volte binari, e spesso sofisticati sistemi idraulici che ne testimoniavano l'appartenenza all'organizzazione del Chapo.

Avevo anche scoperto un personaggio chiave nella costruzione del tunnel: Kava.

«Può essere un architetto» spiegai a Brady. «Magari un ingegnere. Comunica spesso e direttamente col Chapo, lo aggiorna sull'avanzamento dei lavori e sui vari progetti che hanno in cantiere. Uno dei quali è a Tijuana, probabilmente il tunnel di cui parla Lic-F.»

«Può darsi» disse Brady. «Comunque, tutto ciò che si riferisce a quel tunnel lo passo ai miei ragazzi a San Diego e a Nogales.»

Il 31 ottobre 2013 la squadra speciale Tunnel di San Diego – di cui facevano parte DEA, HSI e polizia di frontiera – scoprì un grande tunnel che collegava un deposito di Tijuana con uno di San Diego. Ebbi la notizia in diretta dalla CNN in ambasciata.

Questo *super tunnel*, come lo definirono le autorità, scendeva a una profondità di dieci metri e procedeva a zig zag per mezzo chilometro fino a un'area industriale a ovest del porto d'entrata di Otay Mesa. Trasportare droga là sotto doveva essere un lavoro davvero claustrofobico; il tunnel non era sufficientemente alto perché un uomo potesse stare in piedi – misurava un metro e venti di altezza per uno di larghezza – ma era ventilato, illuminato, dotato di porte idrauliche e di vagoncini a energia elettrica.

Il dipartimento dell'HSI responsabile della Sicurezza delle frontiere e dell'Immigrazione arrestò tre sospetti e mise a segno la confisca di più di 8 tonnellate di marijuana e 150 chili di cocaina.

Brady e io sospettammo che il super tunnel fosse opera del Chapo non perché se ne parlasse in qualche intercettazione, ma al contrario perché, subito dopo la sua scoperta, i BlackBerry dell'organizzazione non ne fecero minimamente menzione.

«Sorprendente» disse Brady. «Tutti tacciono. Come sono disciplinati! Perdono un tunnel di quelle dimensioni e nessuno dice neanche una parola...»

«Con tutti i progetti a cui sta lavorando Kava, El Chapo dovrà abituarsi al fatto che qualcuno venga scoperto» risposi. «Probabilmente hanno almeno altri cinque super tunnel in cantiere al momento.»

Mentre Brady e io eravamo al lavoro per pianificare la nostra missione ad alto rischio per catturare El Chapo, l'ambasciata di Città del Messico venne scossa da una notizia sconvolgente. A metà dicembre 2013 un'operazione congiunta fra DEA e polizia federale messicana nella stazione balneare di Puerto Peñasco, sotto il confine con l'Arizona, aveva preso una piega particolarmente violenta.

Avevo appena finito di fare colazione e mi stavo annodando la cravatta quando squillò il telefono. «Vieni qui *subito*» mi disse il supervisore del nostro gruppo. «Marco e gli altri sono bloccati in una sparatoria. Chiedono aiuto.»

Afferrai la borsa del computer e andai a prendere la macchina. In genere, l'agente speciale della DEA Marco Perez sedeva al mio fianco, ma quella mattina Perez e diversi altri agenti della DEA e della polizia federale avevano organizzato un'operazione sotto copertura a Puerto Peñasco per arrestare Gonzalo Inzunza Inzunza, noto anche come *Macho Prieto*, un esponente di primo piano del cartello di Sinaloa. Macho Prieto gestiva la sua organizzazione sotto la protezione del cartello. Era un pupillo di Ismael *Mayo* Zambada García ed era considerato un individuo estremamente violento.

Mi precipitai dentro l'ambasciata nella speranza di sentirmi dire che Marco e la sua squadra erano fuori pericolo, e venni rapidamente informato su cosa era andato storto. La polizia federale si era avvicinata al portone di casa di Macho nel buio prima dell'alba e la risposta di Inzunza era stata immediata. I poliziotti erano stati investiti da una serie di raffiche sparate attraverso la porta da Macho e dalle sue guardie del corpo, e in pochi secondi si era scatenata una sparatoria nel centro di un esclusivo

165

quartiere residenziale pieno di turisti americani, a pochi passi dalla spiaggia di sabbia bianca. Gli uomini di Macho – armati di AK-47 e di mitragliatori automatici – avevano continuato a sparare finché avevano esaurito le munizioni.

Macho allora aveva chiesto rinforzi e dai condomini vicini erano venuti in soccorso altri uomini, sparando dai balconi e dalle macchine. La *macchina da guerra* di Macho – un pickup Ford F-150 blindato con una mitragliatrice calibro 50 nascosta sotto l'hard-top – era entrata rombando dal cancello d'ingresso del complesso residenziale, fracassando le auto della polizia federale schierate a difesa, mentre i cecchini sparavano all'impazzata sul parabrezza, ferendo il guidatore. Il pickup aveva proseguito la sua corsa fuori controllo, perdendo olio e benzina. Dall'abitacolo e dal cassone del veicolo erano saltati giù altri uomini che si erano uniti alla sparatoria.

«Sono acquattati sul retro del complesso» disse il mio supervisore con il telefono incollato all'orecchio. «Sento gli spari in sottofondo, non smettono mai.» Perez e altri due agenti della DEA erano da qualche parte sul retro, nascosti dietro un muretto di cemento. Gli altri agenti americani erano bloccati al buio e non potevano muoversi perché la PF aveva due elicotteri Blackhawk in volo che lanciavano granate sopra le loro teste, trasformando le auto sul terreno in palle di fuoco.

Intervennero anche alcune auto della polizia locale, ma non per unirsi ai colleghi: quei poliziotti erano tutti sul libro paga di Macho ed erano venuti per raccogliere i narcos feriti e portarli via come fossero ambulanze. La squadra della polizia federale era composta da pochi agenti male armati e correva il rischio di essere circondata dagli uomini di Macho.

Le guardie del corpo di Inzunza approfittarono del caos per trascinarlo fuori da una porta sul retro e caricarlo su una macchina. Macho però sanguinava abbondantemente. Quando finalmente gli agenti della PF riuscirono a fare irruzione nel palazzo, videro chiazze e strisce di sangue dappertutto. Macho si era immerso in una vasca idromassaggio nel tentativo di controllare l'emorragia, trasformandola in una pozza d'acqua ribollente rossa e viscosa. Le macchie di sangue proseguivano lungo il pavimento e fuori dalla porta. Macho Prieto era sfuggito alla sparatoria, ma sarebbe morto poco dopo per le ferite.

Anche due poliziotti messicani erano rimasti gravemente feriti: gli agenti della DEA li trasportarono velocemente sotto scorta oltre il confine fino a Tucson. Non potevano rischiare di restare in Messico un minuto di più, nel timore di essere attaccati. Appena si fosse sparsa la voce che la polizia federale aveva ucciso Macho non ci sarebbe stato un luogo sicuro in tutto lo Stato di Sonora.

Gli agenti messicani feriti erano stati ricoverati in un ospedale dell'Arizona, gli agenti della DEA ne erano usciti illesi, Macho era morto: l'operazione venne ritenuta un importante successo nella lotta contro il cartello di Sinaloa, ma fu anche una delle più micidiali operazioni internazionali mai portate a termine dalla DEA.

Da sempre pensavo a Culiacán con un senso di cupezza. E tanto più dopo quell'operazione culminata in un bagno di sangue.

Come Macho controllava con pugno di ferro il suo territorio nello Stato di Sonora, così Culiacán era saldamente in mano a El Chapo. Brady e io ci rendevamo conto che sarebbe stato impossibile catturarlo in quella città: sarebbe finita in un conflitto a fuoco tra noi e l'intera Culiacán. Se Macho era riuscito a radunare così tanti uomini nella piccola località turistica di Puerto Peñasco, quanti ne avrebbe avuti a disposizione El Chapo a Culiacán? Era per questo che cercavamo da tempo un luogo fuori città in cui poterlo arrestare velocemente e senza fare troppo chiasso, magari senza sparare nemmeno un colpo di pistola.

«Quanti figli ha El Chapo?»

Era la nostra quinta telefonata, quel giorno, e non era ancora mezzogiorno.

«Con tutte le donne che si è fatto... nessuno lo sa» risposi. «Centinaia? Magari uno è il tuo vicino di casa.» Brady scoppiò a ridere.

«Scherzi a parte» continuai, «ci sono i quattro figli principali che dobbiamo tenere d'occhio.»

Si avvicinava il Natale, e notai che Ratón e Güero uscivano regolarmente da Culiacán. El Chapo diceva loro dove incontrarsi: in un posto che chiamava *Pichis*.

«E adesso questo Pichis ripetuto in continuazione. Oggi ancora: "Ci vediamo a Pichis"» lesse Brady da un tabulato di intercettazioni appena tradotte.

Avevo esaminato anch'io quei fogli.

«Sì, l'ho visto. Non ho idea di cosa significhi Pichis. Ma ci sta costruendo una piscina con dei gazebo di palma... Kava lo aggiorna regolarmente sull'avanzamento dei lavori.»

Non lasciarmi sfuggire il minimo riferimento agli incontri fra i vari membri dell'organizzazione era una delle mie priorità assolute, soprattutto se questi incontri avvenivano fuori città. Cominciai a pingare contemporaneamente i cellulari di Güero e Ratón che si stavano dirigendo a sud di Culiacán, finché mi ritrovai con sei puntine rosse sulla mappa che disegnavano una linea curva lungo la Sinaloa State Highway 5.

Poi più niente. Dopo circa un quarto d'ora i cellulari non risposero più. Forse erano finiti fuori campo. O forse Güero e Ratón avevano spento i cellulari e tolto le batterie prima di incontrarsi con qualcuno.

Brady e io li avevamo persi. Non ci restava che dedicarci al vocabolario del Chapo: cosa diavolo significava la parola Pichis?

24 dicembre 2013, ore 22.34. Mi ero appena versato una tazza di eggnog fatto in casa mentre aiutavo mia moglie a impacchettare gli ultimi regali di Natale per i nostri figli quando il mio cellulare si mise a vibrare. Un sms da Brady a El Paso.

«C'è un altro appuntamento a Pichis.»

Questa volta non si trattava solo di Güero e Ratón, ma anche di Tocallo. El Chapo aveva dato istruzioni a quei tre di incontrare il suo autista alla stazione di servizio di *Celis*, per farsi poi condurre da lui dove stabilito. Mia moglie alzò gli occhi al cielo mentre io correvo al computer e cominciavo a eseguire un ping dopo l'altro.

Celis era la cittadina di Sanchez Celis.

«Vedo che c'è una stazione di servizio a sud di Celis, ma tutti i ping si fermano lì» dissi a Brady.

Era ormai l'una del mattino del giorno di Natale. Io e Brady ci eravamo buttati su Google Earth, scandagliando

169

quell'area desolata dello Stato di Sinaloa coperta di terreni agricoli che, procedendo verso il Pacifico, si trasformavano in palude. Cercavamo un indizio, un segno, una traccia del luogo segreto in cui si era rintanato El Chapo.

Poi tutto cominciò a diventare chiaro. «Non aveva ordinato degli idroscivolanti un paio di mesi fa?» chiese Brady.

«Sì. Poi ha parlato di costruire una piscina con dei gazebo a Pichis» aggiunsi. «Quindi dev'essere un posto sull'acqua... vicino all'Ensenada de Pabellones.»

«Trovato!» mi interruppe Brady. «*Pichis*. È un'abbreviazione. Sta per Pichiguila duck-hunting Club, un posto dove si cacciano le anatre.» Brady aveva già aperto il sito web. Feci lo stesso e mi apparve sullo schermo l'homepage che pubblicizzava *il luogo migliore per la caccia all'anatra di tutto il Nord America*. Inoltre, il sito segnalava che il presidente Dwight D. Eisenhower era stato a caccia in quella zona, anche se prima che venisse fondato il club.

Fui colpito da quell'inaspettato tuffo nel passato. Mi sembrava di essere tornato alla mia infanzia nel Kansas. El Chapo era un cacciatore di *anatre*? Guzmán non aveva certo il profilo di uno sportivo, anche se era cresciuto sui monti della Sierra Madre.

«Te lo vedi immerso in una palude con gli stivaloni di gomma ad aspettare che gli passi davanti uno stormo di codoni?»

«El Chapo non ha tempo per queste stronzate. Anatre? Ma dài. Preferisce cacciare giovani pollastrelle» disse Brady.

Il club era situato all'estremo nord dell'Ensenada de Pabellones, ma i cellulari dei figli del Chapo erano sempre localizzati vicino a Sanchez Celis, molto lontano dal club.

El Chapo non stava in una delle villette del Pichiguila. Brady e io continuammo le nostre indagini aeree su Google Earth, facendo ripetutamente zoom avanti e indietro in cerca di un edificio o una costruzione, qualsiasi cosa segnalasse una presenza umana. Poco dopo le tre e mezzo del mattino mi ritrovai a osservare dall'alto due piccoli cerchi marroni e sgranati che sembravano due gazebo.

Tombola!

Mi ricordai la lezione che mio padre mi aveva impartito quando avevo dieci anni: se vai a caccia di anatre devi stare sulla X. La X è il punto in cui le anatre vanno a nutrirsi o a riposare. Col Chapo era lo stesso.

Guzmán aveva bisogno di uscire dai suoi claustrofobici rifugi di Culiacán per andare a farsi una scorpacciata di carne alla griglia, sedersi sotto le stelle in mezzo al nulla, rilassarsi e respirare un po' di aria buona per qualche ora. Un posto isolato dove incontrare i suoi figli per discutere a quattr'occhi dei loro affari.

«Ho trovato la nostra X» dissi. «Un posto perfetto per agire.» Brady rise quando gli dissi che nome avrei dato al nascondiglio segreto del Chapo in quella laguna.

«Duck Dynasty.»

LOS HOYOS

La Kiki Room era piena di gente in giacca e cravatta o in tailleur. Ero seduto al centro del tavolo di fronte al capo della DEA. Michele Leonhart era venuta all'ambasciata per essere aggiornata sui casi di maggior rilievo a cui gli agenti di Città del Messico stavano lavorando.

Leonhart non era una sprovveduta, sapeva che vita fanno gli agenti a cui è affidata la missione di scovare gli inafferrabili signori della droga. Aveva iniziato la sua carriera nella DEA come agente in California del Sud e aveva percorso l'intero cursus honorum prima che il presidente Obama la chiamasse a dirigere l'agenzia nel febbraio del 2010. L'avevo vista l'ultima volta nel 2006, quando ero salito sul palco nel corso della cerimonia di consegna dei diplomi a Quantico. Prima che iniziassi a illustrarle le ultime novità su El Chapo pensavo alle parole che mi aveva detto in quell'occasione: *Vai là fuori e cerca di fare grandi cose.*

Sorrisi sapendo che, a sei anni di distanza, stavo per esaudire la promessa che le avevo fatto stringendole la mano.

Spiegai a Leonhart di aver costruito un solido e proficuo rapporto di collaborazione con l'HSI e la misi al corrente degli ottimi risultati raggiunti mostrandole la mia mappa e la grande concentrazione di rilevazioni ping di Top-Tier nel quartiere di Colonia Libertad.

«L'abbiamo localizzato con un margine di precisione d'una decina di metri» le dissi. «E vediamo che ogni settimana – o al massimo ogni dieci giorni – esce da Culiacán.»

«Sapete dove va?»

«Sì, sulla costa, in un rifugio che si sta costruendo non lontano dalla città.»

Leonhart annuì.

«Stiamo raccogliendo tutti i dettagli» spiegai. «Voglio avere un numero sufficiente di informazioni per sapere dove scapperà, se mai dovesse sfuggire ancora una volta alla cattura. E ci siamo vicini. Pensiamo di coinvolgere la SEMAR molto presto.»

Finita la riunione, nel corridoio mi fermai a parlare con il direttore regionale, Tom McAllister.

«Avevi un'aria piuttosto sicura mentre parlavi» disse. «E hai fatto delle promesse importanti.»

«È la verità» risposi. «Ho solo detto le cose come stanno.»

Non stavo facendo il presuntuoso. Semplicemente, non avevo il tempo di rimettere sempre tutto in discussione.

Avevo sulle spalle anni d'intensi studi a Phoenix con Diego, e adesso quei mesi duri e faticosi in trincea con Brady, Joe e Neil a cercare di scardinare il complesso sistema di comunicazioni messo in piedi dal Chapo. Potevo tranquillamente affermare – senza alcuna traccia di arroganza o spavalderia – che nessuno si era mai trovato in una posizione migliore per catturare Chapo Guzmán.

173

Adesso sapevo dove si trovava il criminale più ricercato al mondo. Mi ero addentrato nei minimi dettagli della sua vita, ero così immerso nel suo mondo da essere al corrente di ogni suo movimento e di quasi tutti gli ordini che impartiva nel corso della giornata.

Nel leggere scrupolosamente ogni giorno, riga per riga, le intercettazioni, coglievo in quelle parole un'ossessione non tanto lontana dalla mia: anche El Chapo teneva d'occhio *tutto*, ogni singola transazione o decisione riguardante i suoi traffici. A modo suo, quel potente signore della droga era spinto da una sete di conoscenza, da un bisogno di informazioni che ci accomunava. El Chapo voleva essere al corrente di ogni dettaglio della sua attività, compresi gli aspetti apparentemente più banali e di routine. Un atteggiamento che aveva qualcosa di compulsivo. El Chapo era un boss che voleva avere il controllo totale.

Come me. Certe sere – quando avrei dovuto essere già a casa con la mia famiglia – mi ritrovavo a far scorrere sullo schermo del MacBook il riassunto in inglese di quelle trascrizioni, sperando di trovare qualcosa – un dettaglio, un elemento all'apparenza insignificante – che poteva essermi sfuggito.

El Chapo e Turbo, il suo operatore marittimo a Mazatlán, discutono dei pagamenti per un motoscafo d'altura che dev'essere mandato a San Diego perché gli venga installato un motore nuovo. Turbo chiede a El Chapo che la somma venga accreditata sul conto della moglie, e dice che non ha ancora ricevuto i 10.000 dollari che gli sono dovuti ogni due settimane per le spese da lui

174

sostenute. Turbo dice anche a El Chapo che sta pensando di acquistare dei galleggianti dotati di GPS – chiaramente a seguito dei 622 chili di cocaina persi in mare.

Maestro, un pilota di base nel Chiapas, chiede a El Chapo di fargli avere i soldi per alcuni ufficiali dell'esercito di cui non dice il nome. El Chapo risponde che gli manderà 130.000 dollari col prossimo aereo: 40.000 per ogni ufficiale e 10.000 per il carburante.

Raul – un operatore di Panama – comunica a El Chapo di aver trovato su una collina a cinque chilometri dal confine, di fianco a un ranch, il luogo adatto per una pista di atterraggio clandestina, ma che avrà bisogno delle macchine per realizzarla.

Ratón chiede *20 mazzette* – 200.000 dollari – per il trasferimento di 20 tonnellate di marijuana verso il confine con un camion. Chapo gli risponde che se ne occuperà Picudo.

El Chapo ricorda a Ratón di non organizzare il loro barbecue fuori Culiacán perché c'è stata molta attività militare e di polizia intorno alla città. El Chapo gli suggerisce di organizzarlo a casa di Güero e di ordinare cibo cinese.

El Chapo ordina a Ciento, uno dei suoi scagnozzi a Culiacán, di andare a prendere la pressa nel ranch di Pinguino per fare i pacchi da un chilo e di stare attenti perché gli hanno segnalato la presenza di unità militari e di polizia nella zona.

El Chapo chiede al suo contabile Oscar di quanto contante dispone. Oscar risponde 1.233.940 dollari, escluso quel che Güero gli ha dato di recente. El Chapo ordina a Oscar di fare i seguenti versamenti: 200.000 dollari a Ciento, confermandogli poi l'avvenuto versamento, e 4190 pesos a Pinto, un altro operatore di Culiacán, per far riparare una macchina.

El Chapo dice a suo figlio Tocallo che si vedranno il giorno seguente.

El Chapo chiede ad Araña quante dosi sono state ritirate a La Cienéga, una pista clandestina fuori Culiacán. Araña scorre velocemente una lista e riferisce che nell'ultima settimana sono stati effettuati dieci viaggi da 2000 dollari ciascuno.

El Chapo dice a Kava di sveltire le pratiche relative a nove proprietà appena acquisite. Kava risponde che sta andando a Tijuana per una valutazione del sito, molto probabilmente l'inizio di un nuovo super tunnel. Poi discute col Chapo l'acquisto di una *casa de cambio* che sta per cessare l'attività. El Chapo è interessato. Kava dice inoltre che andrà a vedere altre proprietà a Mexicali e San Luis.

El Chapo parla con un consulente di nome Flaco, il quale lo aggiorna su un'udienza che si è tenuta nella città portuale di Lázaro Cárdenas a proposito del sequestro di una delle barche del cartello.

El Chapo manda dei fiori e una band locale di cinque elementi chiamata Los Alegres del Barranco a una ragazza di ventotto anni del suo quartiere perché le cantino una serenata nel giorno del suo compleanno.

Puntuale come un orologio, ogni mattina El Chapo riceveva anche un rapporto segreto da uno dei suoi consulenti più fidati. Brady e io lo conoscevamo soltanto come *Sergio*. Lic-F poteva essere gli occhi e le orecchie del Chapo in molti ambiti dell'organizzazione, ma era chiaro che Sergio aveva un ruolo fondamentale per quanto riguardava la sicurezza personale di Guzmán. Per diversi mesi Brady e io avevamo letto le sue relazioni sui movimenti e sulle operazioni dell'esercito e della polizia fuori e dentro lo Stato di Sinaloa.

Oggi i voli di ricognizione sono programmati per le 10.00 e continueranno fino alle 14.00. Un elicottero coprirà la zona di Cruz de Elota, un altro quello di Jesús María, e l'ultimo l'area di Navolato.

Quattro *sapos* [rospi, con riferimento al colore verde delle uniformi dell'esercito] saranno oggi impegnati in azioni di pattugliamento nei quartieri di Cañadas, Las Quintas, Loma Linda e Villa Ordaz.

La polizia federale lascerà l'aeroporto stamattina e opererà nella zona fra Mazatlán e Los Mochis – cercano laboratori di produzione della metanfetamina.

Due soldati scorteranno attraverso Culiacán un furgone dotato di sorveglianza satellitare.

Il livello di informazione era così preciso da farmi pensare che Sergio copiasse e incollasse direttamente dai piani operativi dell'esercito messicano.

«Sergio ha corrotto gente dappertutto» dissi a Brady.

«Già» rispose. «El Chapo sa prima di chiunque altro tutto quello che succede nello Stato di Sinaloa.»

Dopo averne lette in quantità ogni giorno per mesi, le fughe di notizie dall'esercito non ci facevano quasi più effetto. Speravamo che anche per El Chapo fosse così.

«Non è possibile che abbia il tempo di star dietro a questa valanga d'informazioni» disse Brady. «Con tutto quel che ha da fare per gestire la sua organizzazione...»

«Eppure, ha un bel sistema di sicurezza» dissi. «E saprà sempre in anticipo se avverte anche solo un vago sentore di azione contro di lui.»

Brady mi sottopose un tabulato di intercettazioni appena tradotte.

«Condor ha detto a Naris che El Chapo vuole del sushi. Deve farlo consegnare a Los Hoyos» disse.

«Eseguo subito un ping.»

«Condor non molla. Adesso sta mandando quel povero disgraziato a prendere dei cucchiai di plastica e del ghiaccio.»

Quando El Chapo non era chiuso in camera con la sua ultima fidanzata, si dedicava interamente agli affari, ventiquattr'ore al giorno per sette giorni alla settimana, senza nemmeno concedersi una pausa la domenica.

«Naris comincia ad averne le palle piene» disse Brady. «Guarda qui: "Passo la giornata con la mia famiglia" dice Naris. "Puoi riferire a El Señor che oggi non faccio il suo lavoro sporco."»

«Non faccio il suo lavoro sporco» ripetei. E scoppiai a ridere, dimenticandomi di mandare a Brady le coordinate.

Quando poi lo feci, il cellulare di Naris rispose al ping.

«Stesso quartiere, fratello. Colonia Libertad. Stesso isolato.»

«Cos'è Los Hoyos?» chiese Brady. «*I buchi*... è il nome di una via? Un deposito segreto?»

Los Hoyos.

Rimanemmo entrambi in silenzio a pensare, a spremerci le meningi... finché, ancora una volta, il puzzle prese forma. Brady e io esclamammo all'unisono: «Tunnel!».

Corrispondeva perfettamente al profilo di un uomo noto come il re dei tunnel.

«Ti ricordi cosa ho sentito dire da uno dei miei informatori? In uno dei suoi rifugi El Chapo ha un tunnel, l'ingresso è sotto una vasca da bagno.»

«Sì, certo, lo ricordo benissimo: il tunnel sotto la vasca.»

«Scommetto qualunque cosa che è per questo che chiamano quel posto Los Hoyos.»

Qualsiasi cosa El Chapo intendesse con Los Hoyos, cominciai a eseguire ripetuti ping sui cellulari di Top-Tier e Naris, che convergevano con precisione sempre maggiore su quell'isolato di Colonia Libertad.

«Gli sono praticamente addosso. Il suo *pattern of life* è chiaro. Adesso dobbiamo solo trovare una porta.»

Sapevo a chi avrei dovuto rivolgermi una volta che fossimo diventati operativi. Il marshal Leroy Johnson, originario del Mississippi, aveva servito nel Marshals Service per anni e aveva la reputazione di massimo esperto nel rilevare e seguire i cellulari dei latitanti. All'inizio aveva lavorato in Tennessee, ma poi aveva viaggiato per tutti gli Stati Uniti e aveva partecipato a missioni internazionali. Leroy aveva portato a termine così tante operazioni di cattura in Messico da guadagnarsi il soprannome di *El Roy*. Parlava con un accento del sud robusto come il suo fisico – era alto più di un metro e ottanta e pesava novanta chili – e aveva la mia stessa passione per la caccia all'uomo.

«Quello è un vero matto» dissi a Brady. «Non ha paura di niente. Entra senza scomporsi nei più malfamati quartieri di Juárez per andare ad ammanettare qualcuno.»

Sapevo che, dovendo organizzare un'operazione di cattura, avremmo avuto bisogno di Leroy e della sua squadra di marshals.

Ormai a Città del Messico sentivamo crescere la pressione da Washington. Nella DEA e nell'HSI era trapelata la notizia che Brady e io avevamo individuato El Chapo in un'area inferiore a un isolato. I papaveri di entrambe le agenzie insistevano per un'ultima riunione di coordinamento. Avevo la percezione fisica di quell'altalena burocratica, come quando l'ambasciata si era messa a tremare per il terremoto.

In quei giorni passavo più tempo a cercare di acquietare i miei capi o a coordinare una complicata riunione fra le agenzie che a concentrarmi sul piano da mettere in atto. Per di più, la squadra antinarcotici della CIA cominciava a farsi vedere sempre più spesso nel mio ufficio, fornendomi informazioni frammentarie e superate, in realtà un pretesto per farmi domande insidiose e cercare di capire che cosa avessi in mente.

Il 16 gennaio 2014, alle ore 18.53, ricevetti un sms da Brady.

El Chapo si sta dirigendo a Duck Dynasty. Pare che sia già per strada.

Maledizione, risposi. *Avremmo già dovuto allertare la* SE-MAR. *Non avremo facilmente un'altra occasione come questa.*

Sapevo che El Chapo, allontanandosi da Los Hoyos a Culiacán e viaggiando scortato solamente da Condor, forse Picudo e altre due guardie del corpo, era del tutto vulnerabile. Avevo studiato le foto satellitari di Duck Dynasty: c'erano diversi gazebo, una piscina appena costruita – completa di bar a pelo d'acqua – e alcune dépendance. Si vedevano anche due muratori ancora all'opera. Tutto questo confermava il contenuto delle intercettazioni: gazebo, piscina nuova, necessità di avere un idroscivolante... tutte le cose a cui El Chapo aveva accennato nei mesi precedenti ora acquistavano un senso.

Duck Dynasty era situata in mezzo al nulla, su un terreno piatto facilmente accessibile da ogni parte: il luogo perfetto per un'operazione di cattura.

Ma il tempo scorreva veloce. C'era una forte probabilità che a El Chapo potesse arrivare una soffiata. Parlando di Chapo Guzmán, la sola cosa prevedibile era la sua imprevedibilità. Poteva modificare il suo *pattern* in ogni momento e svanire per mesi nella Sierra Madre.

Sapevo che non potevamo aspettare oltre, in quel momento tutta la nostra indagine ci veniva restituita in un bel pacchetto col fiocco rosso.

«Pensi che possiamo correre il rischio?» domandò Brady.

«Cazzo» risposi. «Certo. Facciamo intervenire subito la SEMAR. Cancello la riunione con i papaveri.»

Non avevamo scelta: era arrivato il momento di agire.

Telefonai per prima cosa al marshal Leroy Johnson nel Tennessee.

«Ci siamo» dissi.

«Per la cattura?»

«Vieni giù subito.»

«Sono già per strada» rispose.

La sera seguente ero seduto con Leroy davanti a un paio di bottiglie di Negra Modelo in un bar tranquillo di fronte all'ambasciata. Aprii il mio MacBook e gli mostrai i marcatori di vari colori concentrati in un punto sulla mappa.

Erano così tanti che a stento si vedeva la città di Culiacán. Ingrandii l'area e gli spiegai il significato di ogni colore e di ogni icona.

«Quelli gialli sono i ping di Top-Tier» dissi. «I rossi corrispondono ai figli e a tutti gli altri operatori del Chapo. Il blu contraddistingue i punti di interesse, luoghi importanti citati nelle intercettazioni. Le icone a forma di torre sono i ripetitori.»

«Molto bene» disse Leroy.

«La M indica i punti di contatto o di presa in consegna utilizzati dai suoi corrieri. I cerchi rossi indicano dove crediamo abbia altri rifugi. Gli aeroplanini contrassegnano le piste clandestine. Ce ne sono centinaia.»

«E le stelline gialle?» chiese Leroy.

«Sono i miei ping più ravvicinati, quelli col raggio più stretto.» Ingrandii il quartiere Colonia Libertad. «El Chapo è qui, in questo isolato.»

«Incredibile» disse Leroy. «Avete mappato tutto il suo mondo, Andrew. Rifugi, punti di contatto, ripetitori. Accidenti, non ho mai visto un *pattern of life* così dettagliato. L'avete messo alle corde.»

«Non ancora» dissi. «Abbiamo un sacco di informazioni su cui lavorare, ma ci manca un indirizzo.»

«Oh, lo troveremo» disse Leroy sicuro di sé. «Adesso andiamo a prendere quel figlio di puttana.»

Tutto quello che io e Brady avevamo cercato in ogni modo di tenere segreto – perfino alcuni nostri colleghi della DEA e dell'HSI erano all'oscuro di molti particolari – stava per essere rivelato ai colleghi messicani.

L'ammiraglio Raul Reyes Aragones, l'ufficiale della SE-MAR più alto in grado a Città del Messico – conosciuto come *La Furia* per il modo in cui lui e la sua brigata di agenti scelti distruggevano le organizzazioni messicane legate al traffico di stupefacenti – arrivò all'ambasciata americana su una Mercedes blindata, seguito dal suo capitano e da alcuni tenenti.

Furia era un uomo imponente. Aveva sessant'anni e un fisico straordinariamente in forma; dava l'impressione di poter fare cinquanta flessioni senza battere ciglio. Era calvo e aveva la testa lucida e abbronzata, indossava una camicia blu con il colletto bianco, perfettamente stirata e senza una piega. Aveva le mani morbide e ben curate, e quando sorrideva gli luccicavano i denti bianchissimi – troppo, pensai, come se fossero stati sbiancati all'eccesso dal suo dentista. Era il sorriso di un commesso viaggiatore.

«*Quieres Chapo?*» gli domandai appena si fu accomodato in una delle poltrone di pelle della Kiki Room.

«*Pues, claro que sí*» rispose. «Ovvio che vogliamo El Chapo! Mi dica quando e dove.»

Gli spiegai che El Chapo e la sua organizzazione temevano la SEMAR. Mentre parlavo, all'improvviso sentii il petto irrigidirsi, come se avessi fatto dieci chilometri nell'aria rarefatta della capitale: avevo tante cose da dire, ma ero troppo nervoso per riuscire a dare un ordine alle mie parole.

Avevo passato anni a costruire quel momento, e adesso... da cosa potevo partire? Come fare a rivelare i segreti e le tecniche che avevo impiegato tanto tempo a perfezionare? A nessuno era mai stato fornito il quadro *completo*, e ora dovevo consegnare tutto nelle mani di un azzimato ammiraglio che non avevo mai visto prima?

Mi rendevo conto tuttavia che, se volevamo catturare El Chapo, avevamo bisogno dell'esercito, e così feci un profondo respiro e fissai l'ammiraglio negli occhi: quel signore con il sorriso sfavillante e l'uniforme immacolata era l'uomo chiave per far scattare l'operazione.

«El Chapo a volte lascia la sua fortezza di Culiacán e se ne va in un posto nella laguna dotato di piscina e bar a pelo d'acqua.»

«Perché proprio lì?» chiese l'ammiraglio Furia.

«Perché è vicino a Culiacán» risposi scrollando le spalle. «In macchina ci si arriva in fretta, ed è lontano da sguardi indiscreti. Al Chapo piace incontrarsi con i suoi figli, parlare con loro d'affari a quattr'occhi di certi argomenti che non possono trattare al telefono. Il posto è all'interno di un club di caccia alle anatre di nome Pichiguila. Guzmán vi si riferisce semplicemente come al Pichis. Ha preso dei vecchi gazebo e li ha rinnovati e restaurati, facendone un posto carino. Io lo chiamo Duck Dynasty.»

Sentii delle risatine soffocate intorno al tavolo.

«Dinastía de pato» tradusse qualcuno.

«Abbiamo seguito i suoi figli – o meglio, i ping sui cellulari dei suoi figli – e ci hanno portato là, fra quei gazebo. Esattamente come i ping del cellulare Top-Tier.»

«Come fate a sapere che c'è Guzmán dietro un cellulare su cui eseguite un ping?»

«El Chapo usa degli *espejos*, degli specchi; è un sistema composto da vari livelli nel quale siamo riusciti a entrare» dissi. «Guzmán li chiama *secretarios*, e lui è il direttore, *el generente*. Ma uno dei suoi due segretari – Condor o Chaneke, che noi chiamiamo semplicemente Top-Tier – è sempre al fianco del Chapo.»

«Bene» disse seccamente l'ammiraglio Furia. «Dunque se ne va in quel club di caccia sulla laguna. Ma si farà accompagnare da un sacco di guardie del corpo, immagino. Ci risulta che Guzmán abbia sempre diversi uomini armati a proteggerlo, anche un centinaio...»

«È un'informazione *superata*» lo interruppi. «Era vero in passato. Sì, per un certo periodo El Chapo si è mosso sulle montagne con molte guardie armate. Forse anni fa, ma adesso non più. Adesso preferisce spostarsi in modo agile e veloce. Ha un gruppo ristretto di guardie del corpo fedelissime, e probabilmente lui stesso è sempre armato, indossa un giubbotto antiproiettile e usa un veicolo blindato. Quei rapporti che parlano di centinaia di uomini armati in convogli di grossi suv neri non valgono più. Oggi, le assicuro, quando El Chapo si trasferisce nei gazebo che ha costruito vicino al Pichiguila Club si fa accompagnare solo da un paio dei suoi uomini più fidati.»

Vedevo che l'ammiraglio si stava appassionando; anzi, alla fine del mio discorso era pronto a metterci a disposizione tutti i suoi uomini e le sue risorse. Elaborammo un piano ambizioso: attaccare la proprietà del Chapo simultaneamente da terra e dall'aria.

L'elemento sorpresa sarebbe stato fondamentale. Durante la notte, la SEMAR avrebbe dovuto mettersi in posizione lungo il perimetro per catturare il boss prima dell'alba. La SEMAR avrebbe anche piazzato quattro elicotteri in una base di La Paz, nella Bassa California del Sud, e trasferito le sue brigate speciali da Città del Messico alle sue basi all'interno dello Stato di Sinaloa, accerchiando così Duck Dynasty.

«Quando gli elicotteri e i miei uomini saranno in posizione, aspetteremo il vostro segnale di via libera» disse l'ammiraglio. «Non ci muoveremo finché non ci comunicherete che il cellulare Top-Tier è là.»

«Esatto» risposi. «Nell'attimo in cui i ping ci indicheranno che si trova a Duck Dynasty ve lo faremo sapere immediatamente.»

«E la vostra squadra di marshal ci raggiungerà a La Paz, giusto?»

«Sì, signore. Saranno al vostro fianco nel caso in cui ci fosse bisogno di inseguire il cellulare. Se El Chapo lascia Duck Dynasty senza preavviso, solo El Roy e i suoi uomini sono in grado di rintracciarlo. Manderò anche Nico Gutierrez perché faccia da collegamento sul campo con la DEA.»

L'agente speciale Nicolás Gutierrez era un madrelingua spagnolo che lavorava al mio fianco in ambasciata, dove mi aiutava a eseguire i ping e a decifrare le espressioni gergali più incomprensibili, o a correggere gli errori d'ortografia contenuti nelle intercettazioni. Ex marine con un fisico da giocatore di football, Nico era l'uomo adatto a sostituirmi sul campo.

Gutierrez viveva per operazioni simili. Aveva l'equipaggiamento tattico sempre pronto e aspettava solo di entrare in azione con la SEMAR.

Fuori della Kiki Room mi imbattei di nuovo in Tom McAllister.

«Allora, Andrew, pare che il tuo mondo cominci finalmente a girare» disse con un sorriso.

«*Girare?* Direi che sta quasi per disgregarsi.»

Tom era un dirigente della DEA di grande esperienza che aveva condotto numerose indagini di primaria importanza in America Latina, Europa e Medio Oriente. Capiva meglio di chiunque altro quanto avessi dovuto lavorare per arrivare a quel preciso momento.

«Ho presentato istanza di segretezza al capo della stazione di qui» disse Tom. «La CIA non potrà parlare di quest'operazione con nessuno.»

Ero estremamente grato a Tom, e agli altri capi, per avermi concesso di lavorare senza interruzioni o interferenze politiche, come spesso accade in indagini di quella portata. Avevano lavorato diligentemente dietro le quinte, garantendo che solo chi doveva sapere venisse aggiornato.

Con la quantità di informazioni che ci arrivavano quotidianamente, Brady sarebbe dovuto rimanere nella sala operativa di El Paso, mentre io avrei dovuto impiantare un centro di comando nell'ambasciata con un gruppo di analisti dell'intelligence e, ovviamente, i miei superiori. Brady e io avremmo preferito trovarci sul campo con la SEMAR, ma ci rendevamo conto che, per non perdere il controllo della situazione, dovevamo restare al nostro posto a fare ciò che avevamo fatto giorno e notte per nove mesi.

«La SEMAR è pronta a entrare in azione. Bisogna solo aspettare che El Chapo metta il naso fuori dalla tana e vada a Duck Dynasty un'ultima volta» dissi a Brady.

«Nell'attimo in cui ci arriva è fottuto» rispose Brady. «In quella laguna non potrà andare da nessuna parte.»

Ormai non si poteva più tornare indietro. Avevo comunicato alla SEMAR tutto ciò che dovevano sapere, e il 19 gennaio i marines messicani cominciarono a mettersi in azione, volando alla base di La Paz e trasferendo truppe di terra nelle basi di El Castillo, La Puente e Chilango nello Stato di Sinaloa.

Quella sera, alle dieci, Brady mi telefonò.

«Maledizione» disse.

«Cos'è successo?»

«Devi vederlo tu stesso. Te lo sto inviando.»

Era un tabulato di intercettazioni appena registrate. Da Lic-F a El Chapo.

«Sergio si è appena incontrato con un *acqua* della squadra speciale a MEX. Gli dà dieci mazzette al mese.»

Provai una stretta allo stomaco. *Acqua* era la definizione in codice dei marines. E *squadra speciale a Città del Messico* poteva riferirsi alla brigata di Furia. Che l'intera operazione fosse compromessa? Dieci mazzette. Voleva dire che quell'individuo veniva pagato 100.000 dollari al mese per fornire informazioni. Cercai di sfogare la rabbia dicendo qualcosa, ma non ci riuscii.

«Aspetta. È anche peggio» disse Brady.

Avevo finalmente scaricato sul mio computer il tabulato completo dell'intercettazione.

Lic-F: Ahorita llegaron 3 rapidas del agua al castillo, puros encapuchados (son fuerzas especiales del agua) como que quieren operar en culiacan. Al rato nos avisa el comandante ya que platique con ellos a ver que logra saber.

Tre *rápidas* sono arrivati a El Castillo, tutti incappucciati (sono forze speciali degli acqua). Come se volessero fare un'operazione a Culiacán. Il comandante ci farà sapere più tardi, quando avrà parlato con loro.

Lic-F: Estan reportando 4 trillas grandes en la calma. Hay que estar pendientes pues no vayan ha querer cruzar el charco.

Comunicano la presenza di quattro elicotteri a La Paz. Dobbiamo stare in allerta nel caso vogliano attraversare El Charco.

«Ci stanno addosso» disse Brady.

«Nel caso vogliano attraversare El Charco...» ripetei ad alta voce.

El Charco: lo stagno. Sapevo che era il nome in codice per il mare di Cortez, quello che separa il Messico continentale, compreso lo Stato di Sinaloa, dalla lunga, sottile penisola in cui si trovava la base di La Paz.

Fughe di notizie. Delle stramaledette fughe di notizie. Il costante gocciolio si era trasformato in un diluvio.

«Cristo» dissi quasi senza fiato.

«È al corrente di ogni nostro movimento» disse Brady.

Rilessi i messaggi altre due volte, poi guardai il turbine di marcatori multicolori sulla mappa.

Gli acqua.
Incappucciati.
Stare in allerta.
Attraversare lo stagno.

Lic-F stava comunicando ogni movimento dell'esercito a El Chapo in tempo reale. Fissai di nuovo la lunga penisola e la base di La Paz, poi spostai lo sguardo sul centro di Culiacán. L'insieme dei miei marcatori si stava trasformando in un caleidoscopio infuocato.

«Drew?»

Per un lungo momento calò il silenzio. Poi udii la mia voce ripetere, come in trance: «Sì. È al corrente di ogni nostro movimento».

PARTE TERZA

PARTE TERZA

Chapo Guzmán dopo l'arresto nel giugno del 1993.

AP Photo/Damian Dovarganes

Giugno 2010. Hogan si imbarca sul Learjet della DEA diretto a Città del Messico con 1.200.000 dollari in contanti nelle scatole della FedEx.

Giugno 2009. Diego seduto al ristorante La Rosita di Panama insieme a Mercedes Chávez Villalobos e ai suoi soci. La foto è stata scattata di nascosto da Hogan durante l'operazione sotto copertura.

Novembre 2010. Hogan a Guayaquil, in Ecuador, con i 2513 chili di cocaina appena sequestrati.

Chapo con il suo caratteristico berretto da baseball, mentre imbraccia un AR-15 davanti a un ranch in Messico alcuni anni dopo la sua prima evasione dal carcere, nel 2001.

Foto trovata in un BlackBerry sequestrato nell'abitazione del Chapo a Cabo San Lucas dopo la sua fuga dalle autorità messicane e dalla DEA nel febbraio 2012.

I.G.L.
FELIZ DIA DE AMOR
Y LA AMISTAD
EN ESTE DIA TAN
SPECIAL TE MANDO
ESTAS FLORES CON
MUCHO "AMOR" TE AMO.

Il biglietto con le iniziali J.G.L. – Joaquín Guzmán Loera – che El Chapo mandava alle sue numerose amanti di Culiacán insieme ai fiori il giorno di San Valentino, conosciuto in Messico come *El Día del Amor y de la Amistad*, il giorno dell'amore e dell'amicizia.

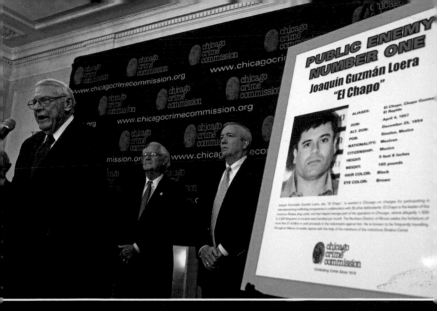

Febbraio 2013. La commissione sul crimine di Chicago nomina
El Chapo Nemico Pubblico Numero Uno al posto di Al Capone.

AP Photo/M. Spencer Green

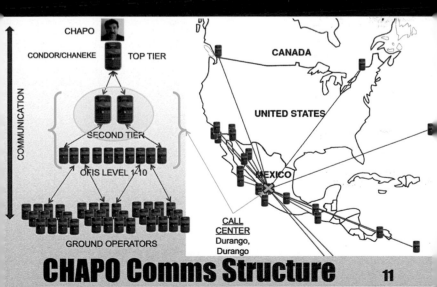

Un grafico creato da Hogan per illustrare la struttura del sistema
di comunicazione di El Chapo, basato su una rete di cellulari specchio.

Fotogramma di un video che riprende El Chapo mentre interroga
un uomo legato a un palo sotto una *palapa*.

Fonte sconosciuta

Foto aerea di Duck Dynasty in cui si distinguono alcune *palapas*, una casa in muratura e una piscina.

Imagery © 2017, Digital Globe; map data © 2017 Google, INEGI

Panetti di cocaina immagazzinati nel tunnel del covo Tre insieme a banane di plastica usate per spedire la droga.

SOPRA: schermata di Google Maps dal computer di Hogan, che evidenzia i luoghi significativi di Sinaloa, comprese le piste d'atterraggio clandestine tra i monti della Sierra Madre, contrassegnate con il simbolo di un aereo azzurro.

SOTTO: schermata di Google Maps dal computer di Hogan con i ping dei cellulari Top-Tier (in giallo) e altri importanti obiettivi e siti.

SOPRA: monitor usati per controllare i video di sorveglianza in tutti
i rifugi di El Chapo; qui quello nel garage del covo Uno.

SOTTO: Hogan si riposa per la prima volta su uno dei rudimentali lettini militari fatti di legno
e tela di sacchi di patate di una delle "caserme" improvvisate della SEMAR a Culiacán.

Gli uomini della SEMAR arrivano al covo Due e fanno irruzione all'alba
del 17 febbraio 2014. Foto scattata da Hogan con il suo iPhone.

Brady Fallon e Andrew Hogan, seduti fuori dal covo Tre,
si concedono una breve pausa prima del prossimo raid.

Tre degli uomini di Picudo catturati dalla SEMAR durante il raid.

Dentro il tunnel del covo Tre, illuminato da pannelli fluorescenti, c'erano rozze panche usate per immagazzinare grandi quantitativi di cocaina.

Brady esce dal tunnel sotto la vasca da bagno nel covo Tre.

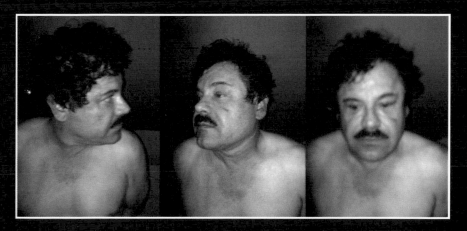

SOPRA: tre foto di El Chapo scattate da Hogan con l'iPhone all'interno del furgone blindato nel parcheggio sotterraneo dell'Hotel Miramar il 22 febbraio 2014.

SOTTO: Fallon e Hogan pochi minuti dopo la cattura all'Hotel Miramar; Andrew indossa il berretto da baseball nero del Chapo e tiene in mano il fucile AR–15 trovato nella camera di Guzmán.

Andrew e Brady insieme a El Chapo: il signore della droga più ricercato del mondo durante l'interrogatorio alla base della SEMAR a Mazatlán.

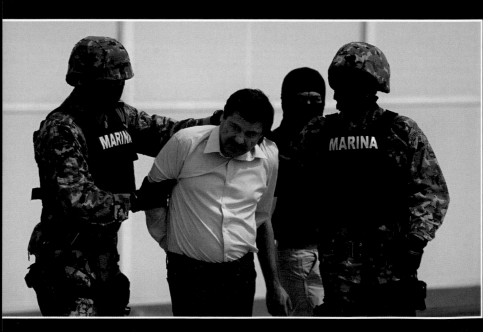

22 febbraio 2014. El Chapo viene esibito di fronte alla stampa mondiale dopo il trasferimento da Mazatlán all'aeroporto internazionale di Città del Messico.

AP Photo/Eduardo Verdugo

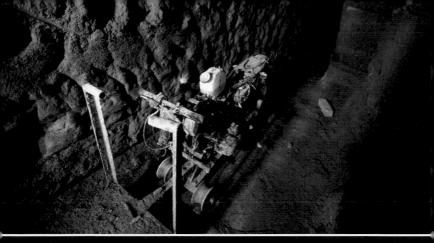

Il tunnel lungo un chilometro e mezzo attraverso il quale El Chapo evade dalla prigione di Altiplano l'11 luglio del 2015. Dei tubi in pvc pompavano aria fresca per tutta la sua lunghezza, ed erano stati sistemati dei binari in modo che El Chapo potesse fuggire su un piccolo carrello ferroviario attaccato al telaio di una motocicletta opportunamente modificata.

AP Photo/Eduardo Verdugo

El Chapo e Cholo Iván seduti nel retro di un veicolo dopo essere stati catturati a Los Mochis, Sinaloa, l'8 gennaio 2016.

Fonte sconosciuta

El Chapo nella prigione Cefereso Nr. 9 a Ciudad Juárez, Messico.

Dall'account Twitter ufficiale del Secretario de Gobernación Miguel Ángel Osorio Chong (Messico)

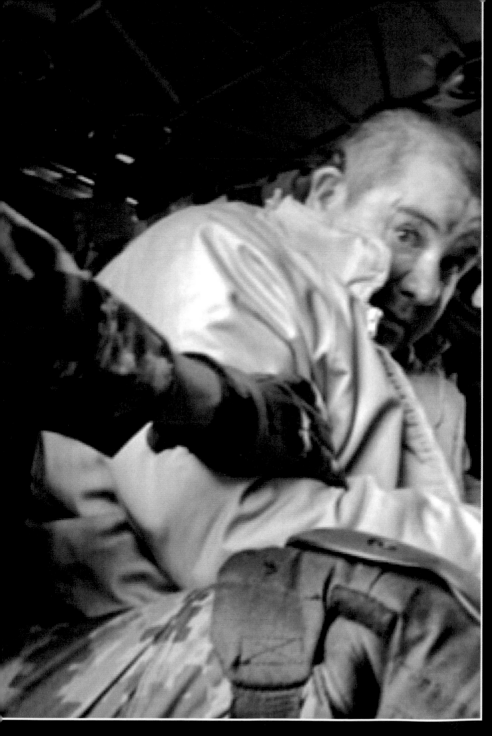

19 gennaio 2017. El Chapo viene estradato dal Messico agli Stati Uniti.

LA PAZ

«Drew?»

Sentivo la voce di Brady ma non avevo la forza di rispondere.

Me ne stavo alla finestra e percepivo il calore salirmi dal petto; la faccia e il collo mi bruciavano per la rabbia e la frustrazione.

Avevo sempre cercato di tenere un atteggiamento diplomatico, di *fare lo svizzero*, come aveva detto Brady. Ero stato capace di creare buoni rapporti e di promuovere la collaborazione fra le varie agenzie. Quando tutti schiumavano di rabbia, ero ogni volta riuscito ad appianare i contrasti semplicemente parlando. Non avevo mai perso il mio sangue freddo, perché arrabbiarsi non serve a far progredire un'indagine.

Ma ora stavo per scoppiare.

Strinsi il BlackBerry nel palmo della mano.

«Qualcuno in quella stanza probabilmente stava facendo il doppio gioco» disse Brady.

El Chapo aveva un contatto di alto livello a Città del Messico, uno che si faceva corrompere per 100.000 dollari al mese... Guzmán aveva corrotto le alte sfere dell'esercito e della polizia non solo nello Stato di Sinaloa, ma anche nella capitale del paese: la corruzione era dappertutto, impossibile pensare di sconfiggerla.

Mi tornarono in mente i volti dell'ammiraglio, del capitano e dei tenenti. Appena poche ore prima eravamo nella Kiki Room a pianificare tutto, e uno di loro ci stava tradendo.

Chi?

Me ne stavo al buio nel soggiorno di casa mia a La Condesa, col telefono incollato all'orecchio, e guardavo le macchine parcheggiate quando, vedendo il riflesso spettrale del mio volto sul vetro gelido, ebbi all'improvviso la sensazione che qualcuno mi stesse osservando.

Chi c'era seduto al buio in quelle macchine là sotto?

Il nuovo Charger.

La vecchia Toyota.

Il cellulare... era sicuro?

Forse qualcuno ascoltava ogni mia parola.

«Cosa vuoi fare?» chiese Brady.

Respirai profondamente prima di rispondere.

«Non abbiamo scelta» dissi. «Dobbiamo affrontare l'ammiraglio faccia a faccia, e subito. Vieni qui.»

La mattina seguente andai al Mexico City International Airport con la Tahoe blindata e caricai Brady accanto al marciapiede.

«Dobbiamo fare un passo indietro?» mi chiese. «Smettere di lavorare con la SEMAR?»

«No. Siamo onesti: senza i marines non potremmo far niente. Però dobbiamo incontrare l'ammiraglio di persona, nel suo ufficio.»

«Dalle intercettazioni si capisce che stanno ancora informando El Chapo» disse Brady, porgendomi il suo BlackBerry.

Dobbiamo stare molto attenti, come una cagna gravida, scriveva Cholo Iván, il feroce sicario che comandava a Los Mochis.

Non abbiamo mai visto così tante truppe in questa base. Mai. Sta succedendo qualcosa di strano. State in allerta.

Las rápidas, signore. Las rápidas.

Guidai fino all'estremo sud di Città del Messico come un matto, serpeggiando nel traffico congestionato e facendo brusche sterzate. Alla base della SEMAR passammo attraverso un solo cancello – presidiato da due giovani marines dotati di fucili automatici – e fummo poi scortati in una grande sala riunioni. Salendo le scale mi resi conto che nelle ultime ventiquattr'ore non avevo mangiato né dormito. Ero troppo spaventato all'idea di trovarmi faccia a faccia con l'ammiraglio. Non sapevo ancora chi fosse il responsabile della fuga di notizie.

La sala riunioni era circondata da uffici su due lati. L'incontro doveva essere rigorosamente privato – solo io, Brady e l'ammiraglio Furia – ma c'erano marines che entravano e uscivano ininterrottamente dai vari uffici. Indossavano tutti la tuta mimetica, anche il giovane soldato che ci servì il caffè con dei biscottini, mentre su un grande schermo scorrevano le informazioni riservate che avevo fornito il giorno prima. L'ammiraglio Furia, sempre in camicia di un bianco immacolato, sedeva a un capo del lungo tavolo di quercia e sembrava tranquillo. Brady e io stavamo nell'angolo di fianco a lui, scambiandoci occhiate piene di preoccupazione di fronte a quel viavai di ufficiali nella stanza.

Pochi secondi dopo, intorno al tavolo erano seduti il doppio degli ufficiali che avevano partecipato alla prima riunione all'ambasciata americana. Non riconobbi nessuno di quegli alti papaveri della Marina messicana. Era tutto tranne che un incontro privato.

«Bella merda» mi sussurrò Brady. «E poi ti sorprendi per le fughe di notizie...»

Dovevamo discutere un'operazione top-secret per catturare il criminale più ricercato al mondo, ma nella stanza c'era un affollamento paragonabile solo a quello del mercato delle pulci sul Paseo de la Reforma, dove mia moglie e io portavamo i nostri figli la domenica mattina.

«Sì, troppi occhi e troppe orecchie» risposi a bassa voce, mentre l'ammiraglio mi faceva segno con impazienza di cominciare.

«Siamo qui per discutere del fatto che l'attività d'intelligence è stata compromessa» iniziai. «Abbiamo intercettato dei messaggi da cui si evince chiaramente che il nostro target...» Evitai di pronunciare a voce alta il nome del Chapo. «... è informato di tutto ciò che succede ai vostri uomini nello Stato di Sinaloa e a La Paz. Sostanzialmente, viene aggiornato in tempo reale. Qualcuno all'interno della SEMAR, qui a Città del Messico, gli fornisce tali informazioni.» Mostrai all'ammiraglio Furia i messaggi.

Gli incappucciati.
Las rápidas.
Gli elicotteri.
... nel caso attraversino lo stagno.

196

Furia ammise di sapere che c'era una talpa nella SEMAR. Disse che non si trattava di personale del *suo* ufficio, e aggiunse di non essere affatto sorpreso che El Chapo fosse al corrente di tutto ciò che accadeva lungo la costa del Pacifico. Mi tranquillizzò garantendo che avrebbe fatto qualunque cosa per scoprire il responsabile di quella fuga di notizie.

«La sicurezza è la cosa più importante per me» disse solennemente. «Se vogliamo che questa operazione abbia successo, bisogna che manteniamo la massima segretezza.»

Dovetti soffocare una risata. Era una frase ridicola, bastava guardarsi intorno per rendersene conto: le strane facce della gente seduta a quel tavolo, i marines che andavano e venivano senza un attimo di tregua... Sapevo che se Duck Dynasty era compromessa, e se El Chapo aveva deciso di tenersi lontano dall'Ensenada de Pabellones, non avremmo potuto fare altro che entrare a Culiacán.

Un'operazione di cattura nel cuore di Culiacán... già dirlo a voce alta faceva pensare a un bagno di sangue. E nessuno lo voleva. Il fatale scontro a fuoco con Macho Prieto e i suoi uomini era ancora fresco nella memoria di tutti. Ma a questo punto non potevamo più tirarci indietro; l'ammiraglio doveva rendersene conto.

«Che altre informazioni avete riguardo a questo trasferimento? Sapete da dove si muoverà?» chiese l'ammiraglio sorseggiando il suo latte macchiato.

«Adesso sì» risposi. «L'abbiamo localizzato con precisione. Si trova in un'area di Culiacán che corrisponde a un isolato.»

«Culiacán? Sapete dove si trova in questo momento?»

«Be', sì. Non ho un indirizzo ma so in che quartiere. Si tratta di uno dei suoi principali rifugi, di questo siamo certi.»

A quel punto l'ammiraglio esplose, gridando che gli stavamo nascondendo troppe cose.

«*No me cambies mi pañal!*» (Letteralmente: non mi cambi il pannolino; non mi tratti come un bambino.) Furia batté la mano sul tavolo di quercia. «Bisogna che tra noi si instauri un rapporto di fiducia.»

Tentai di spiegargli che non era una questione di *fiducia*, che io volevo dare alla SEMAR tutte le informazioni di cui disponevamo. Cercai di essere diplomatico, mi scusai, e dissi all'ammiraglio che gli avremmo fornito tutte le informazioni, rivelandogli le coordinate dei rifugi di Culiacán in cui El Chapo sembrava trascorrere la maggior parte del tempo.

Dopo avermi ascoltato attentamente, l'ammiraglio Furia fece un profondo sospiro. Brady aggiunse che non era nostra intenzione offendere né accusare nessuno. «*Mira*» disse. «Sappiamo di avere gente corrotta anche nelle nostre agenzie. E negli Stati Uniti.»

«Nessuno vuole El Chapo più di *noi*» ribatté l'ammiraglio Furia. «Voglio prenderlo più di *chiunque altro* in questa stanza. Voi americani forse non potete capirlo, ma la sua cattura è più importante per il Messico che per gli Stati Uniti. È un'onta per tutta la nazione.»

Rimasi colpito dalla sincerità di quello sfogo emotivo. L'atmosfera nella stanza si rasserenò. Avevano preso atto della fuga di notizie, e con l'aiuto di Brady feci esattamente ciò che l'ammiraglio mi aveva chiesto: «*Abra las cartas*». Gli rivelammo informazioni raccolte in anni di lavoro, e gli spiegammo nei minimi dettagli il mondo segreto del Chapo.

Poco prima di uscire dalla sala, catturai un'ultima volta l'attenzione dell'ammiraglio.

«Señor» dissi. «C'è solo una cosa che può mandare a puttane tutta l'operazione.»

«Cosa?»

«*Los primos*» risposi.

I cugini: un noto eufemismo per dire la CIA. Sapevo che l'ammiraglio aveva un paio di agenti segreti sul libro paga della CIA, e sapevo che in più di un'occasione avevano passato ai nostri cugini informazioni riservate della DEA. Ogni volta la CIA aveva sostenuto che erano informazioni di prima mano, e di conseguenza aveva agito senza coordinarsi con nessuno.

L'ammiraglio chiamò due ufficiali – un capitano e un tenente – e disse loro in tono decisamente teatrale, come se volesse impressionarci: «*Los primos* non devono sapere nulla, chiaro? È un ordine».

Tornando all'ambasciata dopo la riunione chiamai Nico per un aggiornamento.

«Come vanno le cose lì?»

«*Todo bien, mijo*» rispose. «I ragazzi sono pronti a entrare in azione. Io sarò sull'elicottero in posizione di testa, mentre El Roy e un paio dei suoi staranno in quello subito dietro.»

«Okay. Hai saputo della fuga di notizie, vero? L'ammiraglio farà del suo meglio per scoprire il responsabile, e ha tirato fuori un altro piano.»

In attesa che El Chapo si muovesse, era fondamentale

che la SEMAR programmasse alla svelta un'azione di controspionaggio. Il problema erano *los halcones* (i falchi). El Chapo disponeva di una fitta rete di uomini che spiavano per lui in tutto lo Stato di Sinaloa. E così la SEMAR fece trapelare la notizia che stavano conducendo un'intensa attività di addestramento con elicotteri, truppe di terra e brigate speciali lungo la costa del Pacifico, in modo che quella massiccia presenza militare non mettesse in allarme gli uomini del Chapo.

La SEMAR aveva anche richiesto la presenza di un aereo speciale a La Paz per localizzare a distanza il BlackBerry Top-Tier nel caso in cui El Chapo avesse deciso di fuggire dal rifugio di Culiacán per trasferirsi in quello sulla laguna.

Brady volò immediatamente a El Paso per coordinare la sala operativa dell'HSI.

Passò un'intera settimana senza che i *secretarios* dessero segno di attività.

«Niente?» domandò Brady.

«No» risposi. «Top-Tier non si è mosso da quell'isolato.»

«Io potrei impazzire, sul serio. Te l'immagini, non uscire mai di là, non vedere la luce del sole per un'intera settimana?»

Ma se c'era uno abituato a starsene rintanato in un rifugio, quello era Guzmán. El Chapo sembrava quasi contento di restare chiuso in un posto per settimane di fila. E i suoi traffici non avevano minimamente risentito della presenza dei militari.

Passò un'altra settimana.

«Non esce» dissi. «E non ci resta più molto tempo con

la SEMAR. Nico mi ha detto che stanno facendo delle esercitazioni, con gli elicotteri che volano intorno a Cabo, ma
non possono andare avanti ancora a lungo. I marines
sono nervosi.»

«Aspetta, è appena arrivato questo» disse Brady leggendo il testo tradotto di una nuova intercettazione. «Chapo sta per mandare Naris a Duck Dynasty per controllare le attività dei marines lungo le strade.»

Eseguii immediatamente un ping ed ebbi la conferma
che Naris stava curiosando in quella zona. Qualche ora
più tardi si mise in contatto col rifugio del Chapo. Nel
frattempo Brady e io avevamo scoperto che Naris aveva
parlato con il proprietario di un ranch confinante con il
Pichiguila Club; l'allevatore gli aveva detto che lui e i suoi
figli sentivano da giorni un ronzio sopra le loro teste, ma
ogni volta che guardavano in alto non vedevano niente.
Veniva anche denunciata un'intensa attività alla base di
La Paz. A quel punto El Chapo doveva essersi convinto
che era in atto qualcosa di grosso e al povero Naris era
stato ordinato di rimanere appostato lungo la strada con
gli occhi fissi al cielo ad aspettare il ronzio, come certe vedette londinesi durante il Blitz della Seconda guerra mondiale.

«El Chapo può conoscere *tutti* i movimenti dei marines» dissi. «La sola cosa che gioca ancora a nostro favore
è che ha l'aria di non sapere *chi* è l'obiettivo.»

«Hai ragione» disse Brady. «Se lo sapesse, sarebbe già
sparito da un pezzo.»

«E poi, fino a questo momento non si parla di *gringos*
nelle intercettazioni, giusto?» domandai.

«Nel modo più assoluto.»

«Fa' le valigie» dissi. «Dobbiamo adottare una nuova strategia e motivare le truppe. Voglio che ci incontriamo con Nico ed El Roy.»

«D'accordo» rispose Brady. «Posso essere lì fra un paio di giorni.»

Sua moglie aveva appena dato alla luce loro figlio e capivo che non era il momento migliore per dirle che doveva allontanarsi da El Paso.

«Mi dispiace» gli dissi. «Ma intendevo adesso, subito. Non possiamo perdere lo slancio. Quella brigata è rimasta in zona troppo a lungo. Sono tutti nervosi, irrequieti.» I marines erano rimasti in standby alla base per due settimane a pulire i fucili e a controllare l'equipaggiamento, mentre volevano solo azzannare El Chapo e la sua organizzazione. «Dobbiamo incontrarci con l'ammiraglio; io parto stasera. Staremo là da mercoledì a venerdì. Tre giorni – ahimè non tanti – per mettere a punto una nuova strategia. Tu prendi un volo per Cabo San Lucas, vengo a prenderti là e filiamo a La Paz.»

Il nome di quella base dell'aeronautica militare mi fece sorridere. Era ufficialmente nota come Base aerea militare n. 9, La Paz, Bassa California del Sud, ma tutti la chiamavano semplicemente La Paz. La pace. Non sapevo cosa ci aspettasse, ma ero quasi certo che di pace ne avrei avuta poca per un bel pezzo...

Corsi a casa a salutare mia moglie e i ragazzi.

La settimana seguente, uno dei miei figli avrebbe festeggiato il compleanno. Quella sera mi sedetti sul letto con lui per rassicurarlo.

«Papà, me lo prometti?»

«Te lo prometto, tesoro. Non mancherò.»

Non pensavo certo di dovermene stare via per un'intera settimana. Baciai mio figlio sulla fronte e gli dissi che sarei tornato in tempo per la festa.

Una cosa rapida, assicurai a mia moglie. Massimo tre giorni. Né io né Brady ci saremmo portati dietro la tuta mimetica o i fucili. Misi in valigia un paio di magliette, dei jeans e della biancheria intima, poi scesi di corsa le scale e mi infilai nella Tahoe nera.

Ciò di cui Brady e io avevamo bisogno era elaborare un piano B con gli alti papaveri della SEMAR nel caso in cui El Chapo avesse deciso di rimanere nel suo rifugio a Culiacán.

Ma c'era troppa attività sospetta nel Sinaloa. Dalla base BAM-9 di La Paz decollavano in continuazione aerei che sorvolavano Culiacán cercando di localizzare l'isolato di cui avevo parlato. Le immagini aeree erano buone, ma avevamo bisogno di informazioni utili per agire, soprattutto *indirizzi*, una manciata di case in cui la SEMAR potesse fare irruzione alla velocità della luce.

Nel frattempo ricevevo immagini aggiornate di Duck Dynasty sul mio MacBook. Nelle foto vedevo un fervere di attività intorno ai bungalow appena rimessi a posto: operai che montavano un ponte su un'isoletta artificiale con un grande gazebo o alle prese con un padiglione per le feste appositamente disegnato. L'acqua melmosa che rendeva quella laguna un posto perfetto per la caccia all'anatra non era certo una piscina in cui El Chapo e il suo harem avrebbero mai voluto fare il bagno nudi.

L'aeroporto internazionale di Cabo San Lucas era pieno di turisti americani e gruppi di studentesse bionde in sarong e infradito che non vedevano l'ora di raggiungere la spiaggia. I ragazzi, probabilmente ancora in preda ai postumi di una sbronza, indossavano berretti da baseball, shorts e grandi occhiali da sole.

Mentre attraversavo il terminal pensai all'ultima volta in cui ero stato in spiaggia. Appena sei mesi prima stavo guardando i miei figli che costruivano un castello di sabbia sulla costa della Florida quando il BlackBerry, abbandonato su un asciugamano a righe, si era messo a vibrare: El Chapo non aveva potuto fare a meno di intromettersi anche in quel momento di pace familiare. Avevo immediatamente decifrato i messaggi, e dai frammenti di informazioni racimolate qua e là dalla DEA e dall'HSI avevo capito che era in atto un tentativo di omicidio.

El Chapo si preparava a far fuori suo cugino, un uomo di quarantatré anni di nome Luis, che tutti chiamavano Lucho. Guzmán era furbo: non sarebbe stata un'esecuzione pubblica, niente sicari in moto con il passamontagna armati di AK. Nessuno sarebbe riuscito a ricondurre quell'omicidio a El Chapo.

Guzmán aveva pensato di mandare Lucho in Honduras per una negoziazione. Dei poliziotti locali sul libro paga del Chapo avrebbero fatto un normale controllo stradale – quanti ne avevo fatti da vicesceriffo in Kansas! – e avrebbero infilato una pistola e della cocaina nel pickup di Lucho. Poi l'avrebbero arrestato e portato in una prigione honduregna, dove El Chapo aveva predisposto che venisse pugnalato a morte, facendo sembrare che Lucho si fosse trovato nel posto sbagliato al momento sbagliato.

Mi ero allontanato un po' lungo la spiaggia perché mia moglie e i miei figli non mi sentissero, e avevo chiamato la DEA in Honduras, ricevendo la conferma che Lucho era stato arrestato poche ore prima. Avevamo allora chiesto che venisse messo in isolamento. Quando ero entrato in polizia non potevo certo immaginare che un giorno avrei salvato la vita a un membro importante del cartello di Sinaloa.

Muovendomi di corsa fra i turisti uscii dall'aeroporto di Cabo e trovai Nico, che era venuto a prendermi con un SUV blindato scortato da una piccola carovana di *rápidas* – i pickup della SEMAR equipaggiati di mitragliatori sul cassone – per condurmi alla base BAM-9 di La Paz. Una volta lì, buttai la mia borsa su una branda e, dopo una breve perlustrazione, montai un centro di comunicazione mobile in una stanzetta laterale della camerata – un buco che chiamai Nerd Central – riempiendolo di MacBook, iPhone, BlackBerry, cavi e caricatori.

Poche ore dopo Brady atterrò a Cabo. Andammo a prenderlo e lo portammo a La Paz, dove ci riunimmo immediatamente per aggiornare il comandante della brigata della SEMAR, l'ammiraglio a due stelle Antonio Reyna Marquez, noto anche come *Garra*.

Garra riferì tutto direttamente all'ammiraglio Furia, che era rimasto a Città del Messico. Non sapevo perché gli avessero affibbiato il soprannome Garra – *artiglio* in spagnolo – ma gli si adattava alla perfezione. Aveva i capelli a spazzola, neri e ispidi, la fronte segnata dal sole, il naso aquilino e zigomi alti che lasciavano intuire una discendenza dagli antichi aztechi. Era un uomo diretto, franco, pacato. Ci chiese immediatamente se fossimo ancora sicuri che El Chapo stesse per trasferirsi da Culiacán a Duck Dynasty.

«Vorrei tanto poterle dare una risposta definitiva» risposi. «Al momento, il nostro vero problema sono le fughe di notizie. C'è qualche novità nella ricerca del responsabile?»

«No» disse l'ammiraglio Garra. «Ci stiamo ancora lavorando.»

In sole ventiquattr'ore, io e Brady riuscimmo a creare uno stretto legame con la brigata. Eravamo gli unici bianchi in abiti civili all'interno della base – lo si notava in modo evidente – finché arrivò il capitano Julio Diaz a portarci tute mimetiche e anfibi color sabbia in dotazione ai marines.

«Meglio se vi cambiate e vi mescolate con gli altri» disse. «Ci sono troppi occhi indiscreti qui dentro.»

Avevo già conosciuto il capitano Diaz, che tutti chiamavano *El Toro*, e mi era piaciuto fin dal primo momento.

«*El me cae bien*» dissi a Brady, un'espressione che avevo imparato in Messico e che significa: mi piace, mi è simpatico. «Guardalo. È sempre scattante, pronto ad agire, non sta fermo neanche quand'è seduto.»

Le brande erano strette, ma ringraziavo il cielo che la SEMAR ci avesse sistemato nella camerata degli ufficiali dove c'erano delle docce decenti e l'aria condizionata. Più tardi, Brady e io raggiungemmo Leroy e Nico per cena. Si mangiava tutti, anche gli ottanta marines venuti da Città del Messico, nella stessa mensa iperaffollata.

«Dobbiamo andare a prenderlo laggiù» disse Leroy, mettendo in bocca uno strano spezzatino di pesce. «Aspettare è una cazzata. Non esce dal suo buco.»

«Cazzo» replicò Nico ridendo. «Che fretta c'è? Non si sta poi tanto male in questa base.»

Tornati nella nostra camerata scoprimmo di non essere soli: due agenti della DEA stavano vuotando le loro sacche. Erano quelli che avevano condotto le indagini su Mayo Zambada e Rafael Caro Quintero (o RCQ). Di recente, un giudice messicano aveva concesso a Caro Quintero la libertà dopo aver scontato ventotto anni dei quaranta a cui era stato condannato per il suo coinvolgimento nell'uccisione dell'agente speciale Kiki Camarena. E adesso era di nuovo ricercato e si pensava che si nascondesse nella Sierra Madre, a nord di Culiacán.

Da quando avevo iniziato a collaborare con la SEMAR per la cattura del Chapo, in ambasciata si parlava di condividere risorse e risultati fra agenti della DEA impegnati in indagini di vitale importanza. Era il protocollo ufficiale; non si poteva fare diversamente. Brady si era profondamente irritato quando, qualche settimana prima, avevo accennato all'eventualità di condividere un'altra indagine con la SEMAR. «Stai scherzando, spero» aveva detto. «Condividere con la SEMAR. E perché?»

«Alcuni agenti impegnati in altre indagini sostengono di avere informazioni sui loro target che potrebbero indurli a entrare in azione» risposi. «Ora che abbiamo organizzato tutto con la SEMAR, dicono che sono pronti ad agire.»

«Stronzate» aveva risposto Brady furioso.

«Lo so» avevo continuato. «Ma non posso farci niente. È una decisione che viene dall'alto.» Avevo stretto un accordo con gli altri agenti: chi avesse avuto le informazioni più aggiornate, nel momento in cui la SEMAR era pronta a

La Paz, sarebbe stato autorizzato a dare il via libera all'azione. Per fortuna sapevo che le informazioni su Mayo e RCQ in possesso dei due agenti appena arrivati non erano paragonabili a quelle che io e Brady avevamo raccolto sul Chapo in nove mesi di lavoro.

«C'è solo da sperare che la SEMAR non perda la testa con tutti questi obiettivi da seguire. Dobbiamo mantenerli concentrati» dissi.

Mi avevano riferito che Mayo si trovava nella zona montagnosa a est di Duck Dynasty, e un tentativo di cattura avrebbe vanificato ogni speranza che El Chapo lasciasse Culiacán, un rischio che non avrebbe mai corso sapendo che i marines stavano conducendo dei raid in quella zona.

Mi avvicinai ai due agenti che stavano sistemando la loro roba. «Lo sapete, vero, che se interveniamo prima su Mayo o RCQ salta l'operazione Duck Dynasty?» dissi. «E non se ne parla più.»

Annuirono, ma era evidente che non gli importava. Capii che erano solo entusiasti di trovarsi nella base fra i protagonisti dell'operazione.

Dopo un paio di giorni mi resi conto che né Brady né io avremmo lasciato La Paz tanto presto. Nerd Central era il nostro nuovo centro di comando e avevamo la SEMAR a nostra disposizione nel caso avessimo avuto bisogno di agire.

Nico ci portò al Walmart, dove facemmo scorta di tutto. Non mi sognavo nemmeno di pensare a quando sarei tornato a Città del Messico. Telefonai a mia moglie dal parcheggio del supermarket.

«Tesoro, non posso venire via» dissi. «Non so quanto durerà, forse ancora un paio di giorni. Poi ti spiegherò.»

«Okay, ma sta' attento» rispose.

«Ti amo.»

Mia moglie era stata una roccia nel corso della mia carriera nella DEA. Se in qualche occasione si era preoccupata o aveva temuto per me, non l'aveva mai manifestato. In questo senso eravamo davvero fatti l'uno per l'altra: accoglievamo e affrontavamo anche i momenti più difficili come una squadra.

Nei giorni successivi Brady e io rimanemmo inchiodati alle sedie di Nerd Central, leggendo cumuli di intercettazioni e monitorando il cellulare Top-Tier fino a notte fonda, quando i marines erano andati tutti a dormire. Spesso ci capitava di restare soli nella stanza, con gli schermi dei nostri computer come unica fonte luminosa.

Lic-F continuava ad aggiornare El Chapo sui movimenti della SEMAR, praticamente in tempo reale. Un giorno, Brady e io guardammo quattro elicotteri della SEMAR – due Blackhawks e due MI-17 russi – decollare da BAM-9 per l'ennesima missione di addestramento.

«Eccolo» disse Brady, leggendo sul BlackBerry dopo qualche secondo.

«Lic-F ha appena informato El Chapo che quattro elicotteri hanno lasciato la base di La Paz e che probabilmente condurranno una missione di addestramento vicino a Cabo.»

«Preciso» dissi. Ero inquieto. Non mi sentivo al sicuro in quella base, avevo l'impressione di essere costantemente sorvegliato.

C'era di sicuro qualcuno di corrotto. Ma chi?

A metà della cena, la sera del nostro quinto giorno di permanenza a BAM-9, ricevetti una telefonata dal mio supervisore di Città del Messico. Voleva un aggiornamento, anche se mi fu subito chiaro cos'avesse in mente. Intendeva farmi sapere – in modo nemmeno troppo sottile – che stava subendo delle pressioni da parte di alcuni esponenti del governo messicano.

«Andrew, fanno affidamento su di me» disse. «A che punto siete? Non abbiamo a disposizione un tempo *illimitato*.»

Disse che la SEMAR doveva rendersi immediatamente disponibile per combattere Los Caballeros Templarios – il cartello dei Cavalieri Templari – a Michoacán. Quel cartello, fondato da Nazario Moreno, un narco soprannominato *El Más Loco* – il più pazzo – era particolarmente violento e costituiva una seria minaccia, ma l'idea che fosse per la DEA o per la SEMAR un obiettivo più importante di Chapo Guzmán era semplicemente ridicola.

«I Cavalieri Templari?» dissi. «Mi spiace, ma il governo messicano è pieno di merda. Stiamo parlando del Chapo. Conosco i suoi rifugi a Culiacán, li abbiamo localizzati. Se parliamo di narcotraffico, non c'è mai stato un obiettivo più sensibile in tutta la storia del Messico. Da quando sono qui con la SEMAR – e con il loro *ammiraglio* – nessuno ha mai detto una parola a proposito di Michoac...»

«È una questione politica» mi interruppe. «Non posso opporre resistenza più di tanto. Alla SEMAR parlano di ritirare tutti i loro uomini da La Paz.»

Terminai la telefonata e fissai Brady. «Il mio supervisore. Pare che vogliano mandarci a casa. E ritirare la SEMAR da La Paz.»

«Che cazzo dici?!» esclamò Brady, mettendo in bocca l'ultima cucchiaiata di zuppa di lenticchie.

«Non sto scherzando. Ha detto che è una questione politica.»

Feci un profondo respiro. Nessuno dei marines impegnati aveva intenzione di ritirarsi da La Paz per dare la caccia ai Cavalieri Templari.

Tuttavia, sentivo che l'operazione era a rischio. Il linguaggio vagamente criptico che aveva usato il mio supervisore era già di per sé una cattiva notizia; ma potenzialmente più pericolosa era la quantità di politici, capi e burocrati al corrente dell'operazione in entrambi i governi. Allontanai il piatto di zuppa e mi misi a fare l'elenco a mente, ma quasi subito persi il filo: il capo della DEA, il direttore dell'HSI, tutti i loro subalterni fino ai vari supervisori a Washington e in Arizona, California, Texas, Illinois... Per non parlare dei *primos*, ovviamente, a partire dal direttore della CIA in persona.

Troppe bocche, pensai. *E troppi ego*.

Non sapevo chi fosse il responsabile della fuga di notizie, ma le conseguenze erano chiarissime: El Chapo era informato con precisione e in tempo reale di tutto ciò che accadeva sul campo, molto più delle nostre varie agenzie federali, esclusi me e Brady.

«L'aereo ha individuato il corriere di Mayo» disse Leroy Johnson tutto eccitato. «Lo stanno seguendo. A sudest di Culiacán. Prepariamoci a entrare in azione.»

El Roy sapeva che le nostre informazioni sul Chapo avrebbero dovuto avere precedenza assoluta. Ma non sopportava più l'idea di stare fermo con le mani in mano.

Aveva guardato dei film fino alle quattro del mattino in camerata, con la mente rivolta sempre altrove. Era carico come una molla e pronto a scendere in campo insieme ai marines per dare la caccia ai banditi, chiunque fossero.

Mi girai verso Brady. «Dicono che c'è il 50 per cento di probabilità che questo corriere stia portando a Mayo del cibo. Stanno per dare il via libera all'operazione.»

«'fanculo.»

Brady e io rimanemmo a guardare mentre Nico, Leroy e la sua squadra indossavano le tute mimetiche appese alle brande e si univano ai marines che stavano salendo sui quattro elicotteri in attesa sulla pista. Li seguii fuori con un senso di impotenza. La sabbia sollevata dalle pale mi graffiava la faccia. Ormai non era più possibile tornare indietro.

Guardai gli elicotteri allontanarsi fino a scomparire sopra il mare di Cortez.

Più tardi, quel giorno, gli elicotteri rientrarono alla base e poco dopo vidi file di marines esausti riempire la mensa.

Ero già al corrente dell'esito dell'operazione.

Non avevano catturato Mayo, ma avevano arrestato alcuni dei suoi uomini e sequestrato un grosso quantitativo di AK-47, M-16 e fucili da caccia nascosti in fusti da 200 litri all'interno di un ranch nelle vicinanze.

«Brutto colpo» disse Brady. «Gli Ofis di Durango hanno già eliminato diversi cellulari, e tutto tace.»

Brady e io sapevamo che sarebbe andata così; era successa la stessa cosa dopo l'intempestivo arresto di Alex Cifuentes. Senza gli specchi, rischiavamo di rimanere ancora una volta a brancolare nel buio.

Intravidi l'agente titolare dell'indagine su Mayo che si preparava a partire, annuendo con aria soddisfatta.

«Sembra proprio felice» dissi a Brady.

«E tutto perché c'era un 50 per cento di probabilità? Perlomeno adesso se ne va, ce ne siamo liberati. E la SE-MAR può tornare a concentrarsi sul Chapo.»

Stavamo andando verso il centro di comando quando Brady si fermò a fissare il cellulare. Era arrivato un nuovo messaggio di Top-Tier, appena intercettato e tradotto nella sala operativa dell'HSI a El Paso.

«Cazzo, siamo ancora in pista.»

«Cosa c'è?»

«El Chapo ha appena detto a Naris di andare a comprare delle lenzuola di raso rosso e di portarle in uno dei suoi rifugi» rispose Brady.

Spaventato o meno, El Chapo continuava la sua solita vita. I timori per le attività della SEMAR a sud di Culiacán non intaccavano la sua vita amorosa, certo non il giorno di San Valentino, conosciuto in Messico come El Día del Amor y de la Amistad, il giorno dell'amore e dell'amicizia.

«Ha ordinato a Naris di procurargli dozzine di rose per le sue donne e di scrivere lo stesso messaggio su tutti i biglietti» disse Brady. «Vuole addirittura che Naris li firmi con le sue iniziali: J.G.L.»

«J.G.L.» dissi. «Più personale di così...»

Ormai non avevo più dubbi. Chapo si trovava ancora in quel rifugio, in quell'isolato fatiscente di Colonia Libertad.

Non c'era un attimo di pace a La Paz. In fondo ero ancora scosso per come erano andate le cose con Mayo e la SEMAR...

213

Brady e io ci rendevamo conto di dover rifocalizzare la SEMAR sulla caccia a El Chapo, e così andammo a parlare direttamente con l'ammiraglio Garra nel suo ufficio. Notai subito che aveva un'aria molto stanca, con gli occhi gonfi e lo sguardo cupo. Evidentemente era deluso per l'esito dell'operazione appena conclusa.

Garra parve infastidito dalla nostra presenza appena ci vide comparire sulla porta. Non disse una parola, si limitò a inarcare le sopracciglia come a indicarci di andare subito al punto.

«Señor» dissi. «Top-Tier si è rifatto vivo.»

«È ancora all'interno di quell'isolato?»

«Sorprendentemente sì. I ping lo localizzano lì» risposi. «El Chapo si sente al sicuro a Culiacán. E noi possiamo trarre vantaggio da questo. Forse pensa che l'attività militare in atto a La Paz fosse dovuta al tentativo di catturare Mayo. Non ha cambiato le sue abitudini. Si è appena fatto mandare dei fiori per le sue ragazze, visto che è El Día del Amor y de la Amistad, ma non ha l'aria di voler uscire. Non ora, perlomeno.»

«Quindi mi state suggerendo di...?»

«Entrare in azione» dissi annuendo.

«A Culiacán?»

Il nome della roccaforte del cartello rimase a lungo sospeso nell'aria. Spesso Culiacán veniva chiamata *Città delle Croci* per via dei tempietti improvvisati dedicati alla memoria di centinaia di narcos uccisi.

Mi passò davanti agli occhi una lunga sfilata di foto segnaletiche: Ernesto Fonseca Carrillo, Miguel Ángel Félix Gallardo, Rafael Caro Quintero, Héctor Luis *El Güero* Palma, Amado Carrillo Fuentes, Mayo Zambada, Manuel

Salcido Uzeta (noto anche come *Cochiloco*), i fratelli Arellano Félix, Chapo Guzmán… praticamente tutti i peggiori narcotrafficanti messicani avevano scelto Culiacán come luogo di residenza. L'idea di entrare nella capitale dello Stato di Sinaloa metteva i brividi, un po' come strappare dalle mani di Al Capone il controllo di Chicago ai tempi del Proibizionismo.

Fissai Garra negli occhi, e lui fece lo stesso con me. Capivamo entrambi che non c'era altra soluzione, pur rendendoci conto dei gravi pericoli a cui saremmo andati incontro.

Prima di allora, un'ipotesi simile non era mai stata nemmeno presa in considerazione. Per la SEMAR, e per due agenti federali americani, organizzare la cattura del Chapo a Culiacán sarebbe stato come camminare sulla luna.

Garra alzò il telefono e chiamò l'ammiraglio Furia a Città del Messico. Si girò per guardare me e Brady.

«Preparate l'equipaggiamento» disse. «Si parte domani alle otto.»

Quella sera i marines avevano organizzato una festicciola d'addio in un angolo sabbioso della base, in mezzo ai *cardónes* (cactus giganti) e alle palme grigie. Avevano acceso un falò, mentre la SEMAR aveva messo a disposizione una sua versione di *food truck* che serviva piatti pieni di *carnitas*, *tacos de barbacoa* e *tacos de sangre* (tortillas ripiene di sanguinaccio, le preferite dai marines).

Seduto accanto al fuoco pensavo ai miei diciott'anni, a quei giovedì sera passati in compagnia della squadra di football a Pattonville, quando ci riunivamo intorno al falò e ci preparavamo alla partita che avremmo giocato la sera seguente sotto i riflettori dello stadio.

Quella sera, a La Paz, percepii lo stesso cameratismo: battute in spagnolo, lattine di Tecate fresca una via l'altra, quintali di tacos inghiottiti come se niente fosse. I marines erano tutti euforici sapendo che al mattino avrebbero lasciato per sempre La Paz.

Feci un cenno a Brady. Stavamo per compiere il grande salto.

Avremmo attraversato El Charco e ci saremmo introdotti nel cuore del Sinaloa.

Il mattino seguente – il 15 febbraio 2014 – mi svegliai prima dell'alba e rimasi sdraiato sulla branda a fissare il soffitto. Più pensavo al Sinaloa e più mi si aggrovigliavano le viscere. Presi il mio iPhone e mandai un sms a mio padre: *Non posso nemmeno iniziare a spiegarti cos'è successo la settimana scorsa, papà. Dobbiamo sradicarlo dalla sua tana, e non sarà una passeggiata. Ma non abbiamo scelta.*

Quando agirete?, mi chiese.

Ci stiamo preparando. Dobbiamo spostare la base e il centro di comando in territorio nemico. Lunedì semaforo verde, scrissi. *Metteremo a ferro e fuoco la città.*

SEGUI IL NASO

Buttai la sacca nel King Air della DEA e occupai un sedile sul lato sinistro dell'aereo. Brady, Nico e Leroy erano con me.

Sentivo crescere una tensione positiva; la SEMAR aveva ritrovato lo slancio. Guardai fuori dal finestrino l'MI-17 che decollava, pieno di marines. Ma non ci avrebbe seguito, era diretto alla base del Batallón de Infanteria Marina n. 10 (BIM-10) di Topolobampo, nello Stato di Sinaloa.

In trentotto minuti il King Air attraversò il mare di Cortez e atterrò al Mazatlán International Airport, circa 200 chilometri a sudovest di Culiacán.

Emisi un gemito quando vidi che veicolo ci avevano assegnato. La DEA di Mazatlán ci aveva messo a disposizione la Chevy blindata più scassata di tutto il suo parco macchine: una Suburban che aveva già sei anni di vita e più di 300.000 chilometri nel motore. Perfino la pellicola scura si stava staccando dai vetri. Avevo espressamente richiesto due macchine blindate, e questo era tutto ciò che avevano da offrirci?

«Il governo degli Stati Uniti al suo meglio» dissi voltandomi verso Brady; ma non c'era il tempo di indugiare nella rabbia o nella frustrazione. Caricammo i nostri borsoni nel bagagliaio e partimmo.

«Traffico sulle linee telefoniche?» chiesi.

«No» rispose Brady. «Tutto tace. Troppo.»

«Non sarei affatto sorpreso se sapesse già che siamo qui» dissi.

Nico guidava e Leroy gli era seduto di fianco. Ci passò due M4 ammaccati color sabbia.

«Potremmo averne bisogno» disse El Roy sghignazzando.

«Era ora, cazzo» replicò Brady. «È da quando ho attraversato il confine che mi sembra di andare in giro nudo.»

Aprii il mio MacBook ed eseguii un ping su Top-Tier. Niente. Riprovai alcune volte.

«Dev'essere spento. O scarico.»

«Avremo bisogno di un po' più di fortuna...» sospirò Leroy.

Brady chiamò Joe e Neil a El Paso e chiese loro di cominciare a cercare il nuovo numero di Top-Tier.

«Tenetevi forte, ragazzi» disse Nico, dando una botta sul cruscotto. «Speriamo che questa vecchia carretta ce la faccia.»

Uscimmo da Mazatlán verso nord, risalendo la spina dorsale dello Stato di Sinaloa finché non incontrammo due *rápidas* della SEMAR lungo la Mexican Highway 15D, poco a sud di Culiacán. I marines ci scortarono per il resto del tragitto fino alla loro base di Topolobampo. BIM-10 era situata in un piccolo porto sul mare di Cortez, non lontano da Los Mochis, la roccaforte di Cholo Iván.

Il sole era appena tramontato, lasciando una striscia rosa all'orizzonte e un vago bagliore arancione sulla strada.

Nico accostò per farci fare la pipì. Scesi per sgranchirmi le gambe e cercai di leggere le espressioni sui volti dei marines nei *rápidas*. Erano tutti in divisa da combattimento col giubbotto antiproiettile, l'equipaggiamento tattico e il fucile mitragliatore nero.

All'improvviso mi resi conto di non sapere a quali brigate appartenessero quei soldati.

«Spero che questi ragazzi vengano da Città del Messico» dissi a Brady, mentre le auto ci sfrecciavano alle spalle lungo l'autostrada.

«Già, se sono di questa zona siamo nei guai» rispose Brady. «Saprà subito che stiamo pisciando nel suo territorio.»

Mi venne un altro attacco di paranoia: mi immaginai due marines sul libro paga del Chapo che si avvicinavano da dietro, le pistole spianate, e ci sparavano nel classico stile di un'esecuzione.

«*Vámanos*» dissi.

In genere ci sarebbero volute più di tre ore per coprire i 245 chilometri rimasti, ma Nico si spinse a più di 140 all'ora. Superammo le uscite di Las Isabeles, Cinco y Medio e Benito Juárez, le periferie di Culiacán che avevo studiato a lungo zoomando su Google Maps.

L'autostrada era misteriosamente tranquilla, immersa nel buio e con l'asfalto sporco di ghiaia. Mi trovavo finalmente sulla stessa strada che El Chapo e i suoi figli percorrevano per raggiungere il rifugio segreto sull'Ensenada de Pabellones.

Eravamo ormai a un quarto d'ora di distanza dagli isolati che mi ero scolpito nella memoria. Avevamo El Chapo sulla punta delle dita... lo *sentivo*. Un faro pulsante che emetteva le sue onde dal centro città...

Girammo intorno a Culiacán, sempre piena di traffico – con Nico che faceva brusche sterzate zigzagando fra le macchine – e ci dirigemmo verso nord. Stavamo attraversando Guamuchilera Segunda quando il mio cellulare e quello di Brady si misero a vibrare simultaneamente.

Era l'HSI di El Paso: avevano scoperto il nuovo numero.

«Top-Tier è tornato» dissi sorridendo. «Possiamo ancora farcela.»

Due ore dopo, era appena passata la mezzanotte, entrammo nel BIM-10.

La base di fanteria di Topolobampo era appollaiata in cima a una collina che dominava le acque scure del Pacifico. All'ingresso c'era un grande cartello con lo slogan dei marines: TODO POR LA PATRIA. Tutto per la patria.

Era scesa una nebbia improvvisa che aveva coperto la base militare di una spessa coltre bianca. Non riuscivo a vedere a più di qualche metro davanti alla Suburban.

Saltai giù e mi riempii i polmoni d'aria come facevo prima di ogni partita di football con i Tiger a Pattonville, mentre stringevo i paraspalle e osservavo il campo in quei momenti di tensione che precedono il calcio d'inizio. A Topo c'era un'atmosfera diversa rispetto a La Paz. Risentivo nella testa una vecchia canzone dei Metallica, *Enter Sandman*, ma non mi resi conto che la stavo cantando a voce alta – molto alta, in verità – mentre trasportavamo i nostri borsoni nella nebbia e salivamo nelle camerate al primo piano, facendo i gradini due alla volta.

«C'è un'aria molto diversa qui» dissi.

«Sì, lo sento anch'io» rispose Brady.

«Questi sono pronti a combattere.»

Un marine ci raggiunse di corsa per informarci che l'ammiraglio Garra aveva convocato una riunione d'emergenza nella sala comando all'una del mattino.

Brady e io fummo gli ultimi ad arrivare. Gli ufficiali della SEMAR e altri marines erano già seduti intorno al tavolo e non c'era quasi più un buco in cui infilarsi.

Le luci si spensero e tutti fissarono il mio PowerPoint proiettato su un grande schermo.

Prima che potessi dire qualcosa, un paio di analisti della SEMAR si incaricarono di introdurre la riunione. Erano gli stessi che avevo sospettato fossero sul libro paga dei *primos*. Lanciai un'occhiata a Brady: non potevo credere alle mie orecchie. Gli analisti della SEMAR stavano manipolando l'operazione nel tentativo di trasformarla nel seguito della fallita missione volta a catturare Mayo Zambada.

«*Mayo?*» dissi. «Ancora?»

«Che diavolo…» sussurrò Brady.

Mi guardai intorno e, anche al buio, vidi molte teste annuire; qualche capitano e qualche tenente della SEMAR si stava bevendo quella marea di stronzate. Perfino Nico e Leroy, in piedi dall'altra parte della stanza, avevano l'aria di essere d'accordo. Non riuscii più a trattenermi e interruppi uno degli analisti.

«Aspetti un attimo» dissi. «Ma di cosa state parlando?»

«Calma» mormorò Brady stringendomi il braccio.

Ma ormai non ero più in grado di controllare il volume della voce. «*Mira!* Statemi bene a sentire: abbiamo a portata di mano il latitante più ricercato del mondo.» Feci un passo avanti e indicai lo schermo. «Abbiamo localizzato El Chapo in un'area corrispondente a un isolato, e mi venite a dire che volete andare di nuovo a caccia di *Mayo*?»

Feci un respiro profondo, ben sapendo che avevamo bisogno della piena collaborazione della SEMAR, e abbassai la voce, rivolgendomi rispettosamente in spagnolo all'ammiraglio Garra.

«*Señor*, non potremo mai sperare di avere informazioni migliori di quelle che abbiamo ora.»

In realtà avrei voluto dirlo in modo più diretto: *Potrebbe essere il più grande successo nella lotta al narcotraffico in tutta la storia del Messico e degli Stati Uniti*. Di lì a poche ore avremmo potuto mettere le mani sull'individuo che, dopo l'eliminazione di Bin Laden da parte dei SEALS, era il ricercato numero uno.

«Siamo alla vigilia di un evento storico, *señor*. Per tredici anni, da quando è evaso da Puente Grande, nessuno è mai andato più vicino a catturare Chapo Guzmán di quanto lo siamo noi adesso.»

Calò il silenzio in sala.

Respiravo affannosamente. Deglutii, lanciando un'occhiata agli analisti della SEMAR. Sentivo ansimare anche Brady e – in sottofondo, lontano – le onde del Pacifico che si infrangevano sugli scogli vicino alla base.

L'ammiraglio stava valutando le diverse opzioni e fissava ora me, ora gli analisti. Dopo un lungo silenzio, giunse le mani sul tavolo con fare determinato. Aveva preso una decisione.

«*Vamos a activar operación Gárgola*» disse pacatamente. *Gárgola*.

Era la prima volta che sentivo quella parola, che in spagnolo significa *gargoyle*. G come Guzmán. Un nome in codice perfetto per quell'operazione di cattura.

Duck Dynasty era morta, sostituita dall'operazione Gárgola. Gli analisti erano tornati a sedersi senza dire una parola.

Qualcuno riaccese le luci e tutti strizzarono gli occhi. Erano quasi le due del mattino e nessuno mostrava segni di stanchezza. Anzi, uscirono tutti di corsa per mettersi al lavoro.

Il cuore della notte era il momento ideale per un raid: Nico sarebbe partito con la Suburban e una squadra di marines, mentre El Roy avrebbe caricato il suo equipaggiamento e qualche altro marine su una Nissan Armada nera. Gli uomini di Nico avrebbero sostanzialmente dovuto garantire protezione a El Roy mentre questi stringeva il cerchio intorno al rifugio di Colonia Libertad in cui ero quasi sicuro che El Chapo avesse trascorso le ultime ventiquattr'ore. L'obiettivo di El Roy era quindi individuare l'ingresso del rifugio.

A preoccuparmi adesso era Cholo Iván. Quel killer aspettava solo che gli dessero il via, per il resto avrebbe approfittato di qualunque occasione pur di premere il grilletto. Se Cholo Iván e i suoi a Los Mochis avessero notato dei movimenti fra la base di Topo e Culiacán, sul loro territorio, la situazione ci sarebbe potuta sfuggire di mano. E se fosse successo, la SEMAR, Nico e Leroy si sarebbero trovati al centro di un pesante conflitto a fuoco.

Abbracciai Nico e Leroy. «Fategli vedere l'inferno» dissi, come avevo fatto tante volte con Diego a Phoenix prima di una delle sue operazioni sotto copertura.

Erano le tre del mattino quando Brady e io tornammo nella nebbia al centro di comando.

Installammo tutto il nostro armamentario come avevamo fatto a La Paz, trasferendo Nerd Central a Topolobampo. Tirai fuori una mappa su cui tenere traccia dei cellulari di Nico e Leroy mentre procedevano lungo l'Highway 1D verso Culiacán, con le icone arancioni dell'applicazione Find My Friends che si spostavano lampeggiando.

«Sul fronte Cholo Iván tutto tace» disse Brady. «Non dev'essersi accorto che i nostri stanno avanzando.»

«Bene» risposi, camminando nervosamente avanti e indietro.

Ma appena sorse l'alba la città si illuminò di nuovi bagliori. Brady e io seguivamo in tempo reale tutti gli scambi di Top-Tier. El Chapo veniva aggiornato ogni ventina di minuti da Lic-F e Sergio, che avevano i loro *halcones* piazzati in ogni strada, a ogni angolo, perché riferissero immediatamente quanti *rápidas* erano in circolazione intorno e dentro la città, e quali zone stessero pattugliando.

Sergio: Ahorita estan por la canasta bienen puro gafe de agua no traen intel andan en rg en 19 a ver k cae hay las teniamos monitoriadas duraron paradas en la col popular en la calle rio usumasintris y rio grijalba.

Adesso sono nel cesto [la città]. Sono tutti delle forze

224

speciali degli acqua. Nessuno dell'intelligence. Sono diretti a RG in 19 [Culiacán] per vedere cosa succede. Abbiamo monitorato tutte le loro soste in La Colonia Popular nelle vie Rio Usumacinta e Rio Grijalva.

Per sicurezza l'ammiraglio Garra aveva mandato dei gruppi di *rápidas* dietro la Suburban e la Armada, ma con l'ordine di tenersi sui confini della città, come squali intorno a una preda, per entrare in azione solo se Nico, Leroy e i loro uomini si fossero trovati in difficoltà.

Il messaggio di Sergio a El Chapo continuava.

Hay estan como escondidas toda la mañana y se movieron rumbo a la canasta.

Sono rimasti nascosti là tutta la mattina, poi si sono spostati verso il cesto.

Tutti gli *halcones* in città sapevano quali veicoli venivano da fuori, ma non c'era modo di agire di nascosto; era impossibile evitare che le squadre di Nico e Leroy entrassero nella zona in cui era stato localizzato Top-Tier, se volevamo individuare una porta precisa.

«Perché ci mettono tanto?» chiese Brady, camminando nervosamente vicino alla coda dell'MI-17 appena fuori del centro di comando.

«Non lo so» risposi, «ma bisogna che si sbrighino. La situazione si fa incandescente. Non potranno stare là ancora per molto.»

Nico, Leroy e i loro uomini avevano girato in tutta Colonia Libertad e nei quartieri circostanti per più di nove ore, ma non avevamo fatto un passo avanti nell'individuare la porta del Chapo. Localizzare il cellulare Top-Tier da terra era più difficile di quanto avessimo immaginato.

Finché sulla chat del nostro gruppo WhatsApp apparve un messaggio inviato dalla sala operativa dell'HSI di El Paso. Riportava un sms del Chapo alla sua cuoca, che usava il nome in codice *Lucia*.

Lucia, aplasten la tina del bano. Y para ke tesalgas en el yeta con memo la aipa la tableta. La traes tambien.

Lucia, spiana la vasca così puoi andartene sulla Jetta con Memo. E il tablet iPad. Porta anche quello.

Lucia, bengase fijando ke no las siga ningun carro y borre los mensajes.

Lucia, quando vieni assicurati che non ti segua nessuna macchina e cancella i messaggi.

Fissai Brady.

«Spiana la vasca?» chiesi.

«Magari è già schizzato in un tunnel.»

«Già, sta entrando nel panico» dissi. «I nostri devono essergli molto vicini... magari sul tetto di casa.»

Chiamai Nico per aggiornarlo.

«Ci siamo, fratello?» chiesi.

«No, è durissima» rispose Nico. «Ogni volta che captiamo un segnale forte lo perdiamo subito. Abbiamo segnato alcuni punti, ma niente di sicuro ancora.»

Nel corso del pomeriggio e fino a sera El Chapo ricevette informazioni sempre più dettagliate: la SEMAR stava intercettando il traffico radio in entrata e in uscita e gli *halcones* in città segnalavano ogni svolta della Suburban e dell'Armada: descrivevano alla perfezione anche il colore dei due veicoli e quanti uomini in mimetica c'erano a bordo.

«Cominciano a saltare le linee» disse Brady. «Second-Tier è sceso sottoterra.»

«Cazzo, siamo troppo riconoscibili.»

Brady afferrò il cellulare e stabilì con Joe e Neil a El Paso di cambiare strategia.

«Abbiamo bisogno di un *rove*.»

Un *rove*[1] – un'intercettazione telefonica *roving* – era il modo più veloce a nostra disposizione per seguire i membri dell'organizzazione del Chapo, che sostituivano i cellulari in ogni momento.

«Aspetta» disse Neil a Brady. «Ti richiamo fra un attimo.»

Joe, Neil e la loro squadra a El Paso non si erano fermati un istante, dormendo a malapena, proprio come me e Brady, e sbrigando tutte le pratiche amministrative e legali per ottenere quell'autorizzazione al *roving* con l'aiuto di Camila, il pubblico ministero con cui collaboravano da tempo.

---

[1] Nella legislazione degli Stati Uniti d'America, viene definita *roving* un'intercettazione telefonica che tiene sotto sorveglianza un obiettivo più che uno specifico dispositivo. Se un soggetto cerca di aggirare il controllo liberandosi di un telefono e procurandosene uno nuovo, o spostandosi da un luogo all'altro, in genere è necessario richiedere al giudice una nuova autorizzazione per proseguire l'opera di intercettazione. Un'intercettazione *roving*, invece, tiene sotto controllo un obiettivo, sia esso un soggetto individuale o collettivo, e vanifica il tentativo di eludere la sorveglianza cambiando strumenti di comunicazione o trasferendosi in altro luogo.

Poco dopo le nove di sera il mio iPhone si mise a vibrare.

«Andrew, quei poliziotti del cazzo non ci lasceranno in pace; ci stanno addosso» disse Nico. «Hanno cercato più volte di fermarci. Tutta la città sa che siamo qui. Siamo stanchi e affamati, diciamo pure fusi. Tutto questo casino non serve a niente.»

Brady e io uscimmo sulla pista degli elicotteri. Brady si accese una sigaretta che aveva scroccato a un marine. Era l'ottava volta che giravamo intorno all'MI-17, sapendo che Nico e i suoi avevano disperatamente bisogno di informazioni utili e precise.

«E allora vaffanculo» dissi a Nico. «Naris è la nostra sola alternativa. Trovalo, lui ti dirà esattamente cosa sta combinando El Chapo.»

«Quindi devo seguire Naris?» chiese Nico.

«Sì» risposi. «Segui il Naso.»

Al centro di comando dei marines, l'ammiraglio Garra era arrabbiatissimo con noi.

«Cosa cazzo sta succedendo? Siamo al punto di partenza. I nostri uomini sono in campo e non hanno trovato niente. I miei superiori a Città del Messico mi stanno mettendo sotto pressione, mi chiedono perfino cosa stiamo facendo a Culiacán. Non possiamo andare avanti così. Ancora qualche ora poi sospendo l'operazione.»

Capivo il suo senso di frustrazione; lo provavo anch'io.

«*Señor*» dissi pacatamente. «Dobbiamo seguire Naris.»

«Il corriere del Chapo è la nostra unica soluzione» aggiunse Brady.

«Se non troviamo Naris, allora riconsidereremo tutto»

dissi. «Ma se lo scoviamo, sono sicuro che ci dirà esattamente dov'è El Chapo.»

L'ammiraglio Garra mi fissò e, senza dire una parola, uscì dal centro di comando.

Il centro di comando adesso era vuoto, tutti i marines erano andati a dormire. Eravamo rimasti solo io e Brady e così aprii una bottiglia di Johnnie Walker. L'avevo comprata prima di lasciare Mazatlán e l'avevo introdotta nella base nascosta dentro la sacca del computer, nella speranza di usarla per festeggiare... Trovai dei bicchierini di plastica e ne porsi uno a Brady. Lo stomaco mi brontolava per la fame. Da quanto non mangiavo qualcosa? Otto ore? Diciotto? Non ne avevo la minima idea.

Brady e io avevamo gli occhi iniettati di sangue, nessuno dei due era riuscito a dormire negli ultimi due giorni. La brigata della SEMAR era finalmente in branda; un'ondata di stanchezza li aveva investiti come uno tsunami. Sorseggiai il whisky e guardai la data e l'ora sul mio cellulare: 0.00, 17 febbraio 2014.

Imprecai tra me, scuotendo la testa. Non avevo mantenuto la promessa fatta a mio figlio: prima di lasciare Città del Messico avevamo scelto le *piñata*, i pacchetti regalo, e gli inviti per lui e per i suoi amici.

«Cosa c'è?» disse Brady.

«Aspetta, devo mandare un sms» dissi, sbuffando. «È il 17.» Digitai il messaggio più in fretta che potei e pigiai il tasto invia alle 0.02.

Mi spiace perdermelo, tesoro. È stata una delle settimane più dure della mia vita. Sono uno zombie, esausto, e mi mancate. Qui è una battaglia bestiale. Da' un bacio e un abbraccio a mio

229

figlio da parte mia e auguragli buon compleanno. Vi voglio un bene dell'anima.

Fissai Brady e ci scolammo i nostri whisky.

Nada más que decir.

Nient'altro da dire.

Brady aveva un figlio di pochi mesi e aveva lasciato sua moglie sola a occuparsene. Io mi sentivo uno stronzo per aver promesso a mio figlio che sarei stato di ritorno a Città del Messico in tempo per la sua festa di compleanno...

Feci scorrere le canzoni che avevo sull'iPhone e mi venne voglia di sentire *Enter Sandman* o qualcos'altro dei Metallica o dei Nirvana. Magari anche un folle narcocorrido dei Los Tigres del Norte, qualcosa di duro e potente, sparato al massimo per annullare quel misto di sfinimento e tristezza.

Ma i marines erano tutti ko – ne sentivo un paio russare – così scelsi *Cool Jazz for Warm Nights* e mi concessi un lungo sorso di Johnnie Walker.

Brady si mise a ridere sentendo le note di jazz fluttuare nella camerata, sopra l'odore delle mimetiche sudaticce e degli anfibi che puzzavano di muffa. Stavamo ascoltando *Everything Happens to Me*, una canzone del 1957 suonata dal sassofonista Warne Marsh, quando arrivò un messaggio di Joe da El Paso.

«Siamo di nuovo in contatto» disse Brady. «Bravo Joey! Mandaci tutto.»

Il primo messaggio era del Chapo che, sempre più impaziente, chiedeva a Lic-F un aggiornamento sulla situazione. Era spaventato.

Los bolas del agua donde kedaron No saves??
Il gruppo di marines: dove sono? Non lo sai?

Il mio cellulare si mise a vibrare. Segnava le 0.34.
Era Nico. Niente saluti: era teso, senza fiato.
«Qual è il numero di Naris?»
Gli snocciolai il numero del BlackBerry che avevo me-
morizzato.
Avevo intuito il perché di quella domanda, ma gli chie-
si ugualmente: «Perché?».
Nico scoppiò a ridere. «Ho il bastardo qui di fronte a me.»
«Davvero? Hai preso Naris?» dissi con un ghigno di
soddisfazione lanciando un'occhiata a Brady.
Brady rischiò di rovesciare il suo bicchiere di whisky.
«Già» rispose Nico. «Quel nasone è proprio qui davan-
ti a me, a meno di due metri.»
«Okay. Dove dice che è Patas?» chiese.
Patas Cortas – in spagnolo *gambe corte* – era il nostro
nome in codice per El Chapo in quell'operazione.
«Dice che è al Tre.»
Poco prima io e Brady avevamo intercettato un mes-
saggio del Chapo che stavamo cercando di decifrare:

Naris si cnl bas ten pranito ala birra y le llebes ala 5 y traes aguas. Seme olbido el cuete ai esta en el 3 en la cautiba atras
me lo traes.

Naris, domattina va' a prendere la *birria* e le chiavi e
portali al Cinque. E porta dell'acqua. Non dimenticare la
pistola. È al Tre nel retro della Captiva. Portamele.

Riferii a Nico ciò che avevo appena letto.

231

«Ti sta prendendo per il culo. Patas non è affatto al Tre. Nessuno è nel Covo Tre. È vuoto. È al Cinque.»

Udii Nico spiegare alla SEMAR che Naris stava mentendo. Poi chiuse la telefonata. Un paio di minuti dopo ci richiamò.

«Naris ha cambiato registro» disse. «Avevi ragione. Dice che Patas è al Cinque.»

«Manda al Cinque tutti i marines che hai» risposi.

LA TANA DEL LEONE

La Piscina

Mi venne in mente che quel giorno El Chapo aveva mandato Naris a El 5 per incontrare il ragazzo che si occupava della manutenzione della piscina.

Chiamai subito Nico. «La Piscina» dissi.

«Quale piscina?»

«Patas qualche tempo fa si è riferito al 5 come alla Piscina. La casa che cerchi ha una piscina. Ne sono praticamente certo. Ti mando le coordinate dell'area. Naris è stato lì stamattina. Condor passa dallo stesso ripetitore lì vicino.»

«Okay» rispose Nico. «Andiamo al Cinque. Naris è con noi.»

La porta del centro di comando si spalancò.

«*Vámanos!*» gridò l'ammiraglio Garra con gli occhi socchiusi, come se fosse stato appena risvegliato da un sonno profondo. «*Vámanos!*» gridò una seconda volta. «*Levantamos a Naris.*»

Ero contento di vedere che Garra aveva seguito lo svolgersi degli eventi attraverso i suoi marines sul campo, proprio come Brady e io eravamo stati costantemente informati da Nico.

Udire il sibilo delle turbine dell'elicottero MI-17 fu come una scarica di adrenalina. Brady e io salimmo di corsa le scale per andare a prendere la nostra roba, i telefoni e la borsa del computer.

«Non dimenticarti i giubbotti!» gridò Brady guardandomi dalla porta.

Dal freddo pavimento di piastrelle tirai su i due vecchi giubbotti antiproiettile che avevamo scroccato a Mazatlán. Ne lanciai uno a Brady, che lo afferrò al volo.

Scesi tre gradini alla volta, uscii dal centro di comando e inspirai l'aria salmastra dell'oceano. Poi attraversai di corsa l'eliapprodo cercando di mettermi il giubbotto, ma mi resi conto che dovevo averne preso uno adatto a un bambino. Non riuscivo ad allargare le cinghie, così me lo infilai freneticamente dalla testa.

Guardai Brady: «Ci siamo!» urlai per sovrastare il rumore delle pale dell'MI-17 che vorticavano sopra di noi. «È spacciato!»

In quel momento non sembravamo più due agenti federali. Sotto il giubbotto indossavamo le tute mimetiche che ci eravamo messi al nostro arrivo nella base di Topolobampo.

Entrai nella grande apertura sul retro del MI-17 e mi sedetti sulla panca di metallo alle spalle del mitragliatore sul lato destro. Brady prese posto di fianco a me.

L'ammiraglio Garra sembrava calmo e rilassato. *Forse troppo*, pensai. L'avevo un po' studiato nelle settimane precedenti, cercando di capire cosa potesse farlo arrabbiare. Comandante della SEMAR di lungo corso, aveva accumulato un'esperienza pluridecennale nella lotta al narcotraffico messicano. Garra era come un uccello rapace: sempre calmo, anche quando doveva scendere in picchiata sulla preda.

Senza un filo di entusiasmo – come se stessimo per arrestare un piccolo spacciatore qualsiasi e non il boss miliardario che sfuggiva alla cattura dal 2001 – Garra gridò, sovrastando il rumore assordante del motore: «Quando siamo là, lo carichiamo su questo elicottero e lo portiamo qui per interrogarlo».

«Ciò di cui abbiamo bisogno adesso sono un po' di fucili» gridò Brady.

Sì: avevamo entrambi bisogno di armi.

Mi guardai intorno per vedere se c'erano dei fucili di riserva. Stava diventando un'operazione militare a tutti gli effetti, ma Brady e io eravamo stati catapultati nel Sinaloa così in fretta che non avevamo avuto la possibilità di prepararci. Inoltre, avevamo restituito a Nico e Leroy le carabine M4 prima che partissero per Culiacán.

Tre giorni senza dormire. L'elicottero si staccò da terra piegando verso sud lungo la costa del Sinaloa, diretto al luogo di origine nonché roccaforte del più potente cartello della droga del mondo.

Il cielo notturno era pieno di luci, splendeva più della cabina dell'MI-17. I marines indossarono l'equipaggiamento tattico e caricarono le armi, fra cui un lanciagranate Mark 19 montato sul retro della cabina e due mitragliatrici M134 che uscivano dai portelloni su entrambi i lati.

Poi scese una strana calma. Nessuno parlava.

Il marine più vicino a me teneva una torcia verde fra i

denti mentre scorreva la sua pagina Facebook sul cellulare. Stavamo per catturare il boss della droga più ricercato al mondo e quel ragazzo navigava indifferente su un social network, aggiornandolo come se fosse seduto sul divano di casa sua. Presi il BlackBerry e scrissi rapidamente le novità al mio supervisore in Messico. I dirigenti della DEA sapevano soltanto che in pentola stava bollendo qualcosa di grosso, ma non avevo fornito loro tutti i particolari. Ogni volta che del personale del governo americano era coinvolto in un'operazione militare all'estero c'era il rischio che scoppiasse un putiferio; non tutti i dirigenti della DEA e dell'HSI erano contenti che Brady e io avessimo lasciato La Paz e ci fossimo avventurati nel cuore del Sinaloa.

In pochi minuti avremmo messo piede a Culiacán. Per degli agenti federali americani e per la SEMAR entrare in quella città era un rischio mortale. Per qualche istante pensai a cosa scrivere. A quel punto, meglio che i capi sapessero il meno possibile, e così mi decisi per due parole: *En route*.

Chiusi gli occhi, con i pensieri che mi vorticavano nella mente mentre cercavo di concentrarmi sul rumore dell'elicottero che fendeva l'aria dell'oceano.

Perché non avevamo più notizie dell'operazione sul campo?

Brady e io controllavamo ripetutamente i nostri BlackBerry, poi guardavamo l'ammiraglio con aria interrogativa.

Garra non diceva niente.

Eravamo in volo da quaranta minuti e nessuno aveva ancora sentito niente. Ma se avessero dovuto confermare la cattura, avrebbero di sicuro contattato Garra. Il suo gruppo d'assalto sarebbe stato il primo a fare irruzione e a entrare in contatto col Chapo.

Forse i marines l'avevano già preso e non avevano avvisato il comando via radio per motivi di sicurezza.

Come sempre, Brady aveva un cipiglio fiero. Il volto di Garra invece rimaneva imperscrutabile.

L'MI-17 si allontanò dalla costa. Intravedevo in lontananza il bagliore annebbiato delle luci di Culiacán mentre sorvolavamo piccole case e grandi ranch.

«*Quince minutos*» gridò uno dei piloti.

Ancora quindici minuti. In quel momento la spia rossa nell'angolo in alto a destra del mio BlackBerry cominciò a lampeggiare. Era un messaggio di Nico, che si trovava con il gruppo d'assalto della SEMAR al Covo Cinque.

«È una fortezza» scriveva Nico. «Telecamere dappertutto.»

Il pilota iniziò a compiere degli otto in volo sopra la città. Guardai le vie sotto di noi, c'erano solo i *rápidas* della SEMAR in azione, carichi di marines e con le mitragliatrici montate sul cassone.

Vidi un elicottero Blackhawk che perlustrava un'altra zona della città, parallela alla nostra. Guardai Brady e scossi la testa.

«Dove cazzo è?» dissi a voce alta, scrutando in un quartiere residenziale sotto di noi, come se mi aspettassi di vedere Patas Cortas in tuta da ginnastica che faceva jogging in quelle strade desolate. Volevo solo mettere piede a terra e cominciare la caccia. Lassù in aria non servivamo a niente.

Il vecchio elicottero di fabbricazione russa si inclinò violentemente a destra prima di iniziare la discesa su un'area dismessa.

Mentre ci avvicinavamo al suolo, all'improvviso cominciai a perdere il senso dell'orientamento, una sensazione che detestavo. Ero sempre stato fiero della mia capacità quasi istintiva di orientarmi anche in luoghi sconosciuti. Quando frequentavo l'università, spesso andavo al pub chiuso nel baule della macchina dei miei amici perché c'erano troppe ragazze nell'abitacolo. Nel bagagliaio, al buio, gridavo a ogni curva il nome della via finché arrivavamo al pub, senza mai perdere l'orientamento.

Ora però non avevo la minima idea di dove stessimo atterrando e in che zona di Culiacán ci trovassimo. Nemmeno con la luna piena avrei saputo distinguere il nord dal sud.

Saltammo giù dall'elicottero prima ancora che atterrasse. I marines scesero velocemente e sparirono nell'erba alta di quel terreno abbandonato. Brady e io ci ritrovammo soli, senza poterci sentire per via del rumore dell'elicottero, costretti a tenere gli occhi socchiusi per la polvere e il pietrisco sollevati dalle pale. Era sparito anche Garra. Brady e io avevamo pianificato di stare incollati a lui per tutta la durata dell'operazione.

Tirai fuori l'iPhone dalla tasca e cercai di trovare la nostra posizione su Google Maps. Niente. Il Blackhawk aveva cominciato ad atterrare nella stessa area dismessa, creando un vortice di polvere che rendeva impossibile vedere nitidamente.

«Cristo» disse Brady, strizzando gli occhi. Aveva scorto in lontananza dei marines che stavano salendo sui *rápidas*. «Andiamo, Drew.»

Ci mettemmo a correre su quel terreno irregolare, calpestando grossi pezzi di cemento sparsi nell'erba, mentre il Blackhawk si posava a terra. Con la coda dell'occhio vidi i marines balzare fuori dal velivolo, coprendosi i fianchi con i fucili spianati.

Brady era davanti a me e io lo seguivo con la borsa del computer sulle spalle.

Sentii Brady gridare: «Adesso siamo davvero nella merda».

«Sì» risposi. «Senza fucili, senza radio. E se quei bestioni decollano senza di noi, siamo fottuti...»

Eravamo a una ventina di metri quando i *rápidas* si avviarono. Cercammo di inseguirli correndo come matti finché raggiungemmo un varco nel reticolato che dava sulla strada. Ma troppo tardi. I *rápidas* erano già andati.

Ansimando svoltammo l'angolo e ci trovammo in una via deserta.

Non vedevamo più i fanalini di coda dei pickup, né sentivamo il rombo degli elicotteri alle nostre spalle. L'unico suono era quello dei nostri anfibi sul marciapiede. E il nostro respiro affannoso.

Mi guardai attorno per cercare di capire in che direzione andare, ma il marciapiede, gli alberi, le case all'improvviso persero i loro contorni e diventarono ombre scure e grigie.

Mi si appannò la vista. Scorsi una figura nera a un centinaio di metri.

Allungai istintivamente la mano verso la fondina sulla coscia per prendere la pistola ma non trovai nulla. Né pistola, né fondina. La figura nera si stava avvicinando. Quella che intravedevo era la canna di un fucile?

Poi Brady gridò: «È dei nostri!».

Quando fummo più vicini vidi che si trattava di un giovane marine lasciato solo. Un tipo smilzo, con un piccolo naso aguzzo, occhi marroni e un elmetto troppo grande per la sua testa. Aveva l'aria di un ragazzino di dodici anni travestito da soldato. Brady e io allungammo il passo per raggiungerlo.

«*A dónde van?*» gridò Brady. Dove sono andati tutti i *rápidas*?

Il giovane marine scrollò le spalle. Sembrava essersi perso come noi, ma decidemmo di seguirlo lo stesso. Almeno lui aveva un fucile. Brady gli chiese in spagnolo: «Hai una radio?».

Il marine scosse la testa. Brady mi fissò.

Eravamo allo scoperto e disarmati. Non c'era modo di mascherare le nostre facce da gringo. Non avevamo nemmeno un elmetto o un berretto dell'esercito.

E diversamente da Città del Messico, a Culiacán nessuno poteva scambiarci per gente del posto.

È un'imboscata, pensai.

El Chapo aveva pagato i militari; eravamo persi e appiedati, senza fucile né radio, nel cuore di Culiacán, pronti per essere rapiti. Il video che ci mostrava mentre venivamo torturati e uccisi sarebbe stato caricato su YouTube prima dell'alba...

«Meglio tornare all'elicottero» dissi. «E *subito*.»

Ma l'MI-17 era ancora là? Brady e io ci allontanammo dal giovane marine e cominciammo a correre. Se l'elicottero se n'era già andato eravamo spacciati: persi e disarmati nella tana del leone.

D'un tratto apparve da un angolo un altro convoglio di *rápidas*.

«Cazzo» disse Brady. «Raggiungiamoli.»

Corremmo verso di loro e due marines ci fecero cenno di salire a bordo. Sul cassone c'erano già sei marines armati e ci infilammo a forza in mezzo a loro. Non avevo la minima idea di chi fossero quegli uomini della SEMAR, né dove ci avrebbero portato. Avevano solo un'aria più grintosa di quelli che avevo visto alla base di Topolobampo. Stavo pigiato contro un giovane magro dalla carnagione scura; fumava una sigaretta e teneva l'elmetto inclinato su un lato. Gli altri indossavano un passamontagna nero per nascondere il volto.

Dopo qualche minuto il pickup si fermò in una zona residenziale, un tipico quartiere borghese. Saltai giù dal veicolo e guardai verso gli incroci circostanti, notando che a ogni angolo erano posizionati altri *rápidas*. Cominciai a sentire i nervi che si distendevano. Due marines allungarono a me e Brady dei passamontagna.

«*Las cámaras*» ci spiegò uno di loro.

Il rifugio era dotato di telecamere di sorveglianza sia all'esterno che all'interno, ed era quindi necessario avere il volto coperto prima di entrare.

Brady e io ci dirigemmo verso una casetta gialla a due piani incastrata fra altre due case della stessa grandezza. Ero piuttosto disorientato, non sapevo con precisione dove il nostro *rápida* ci avesse scaricato. Era quello l'isolato che avevo esaminato con attenzione su Google Maps? Eravamo davvero al Cinque? Perché non vedevo Nico e Leroy?

Brady e io attraversammo con cautela il garage aperto, passando di fianco a una Mercedes nera a quattro porte, poi osservammo il portone gravemente danneggiato. Mancava uno dei pannelli e uno stipite era completamente divelto. La porta era stata rinforzata con una lastra d'acciaio di quindici centimetri; gli uomini della SEMAR dovevano avere impiegato parecchio tempo ad abbatterla.

Entrai. La cucina era di fronte all'ingresso, arredata in modo molto semplice: un tavolo di plastica bianco e delle sedie pieghevoli. Girai a destra, attraversai il soggiorno ed entrai nella camera da letto al pianterreno. C'erano dei vestiti da donna sparsi qua e là. Lingerie, camicette, pantaloni della tuta, asciugamani usati e boccette di pillole aperte coprivano il letto e il pavimento.

Entrai lentamente con Brady nel bagno attiguo.

Era buio e molto più umido delle altre stanze. Cercai di accendere la luce, ma l'interruttore era rotto, così usammo i nostri iPhone come torce.

Ed eccola lì, inconfondibile anche nella luce bluastra.

«Maledizione» imprecai.

L'opera di Kava.

«Guarda che cazzo di roba...» disse Brady.

La grande vasca da bagno, montata su pistoni idraulici, era sollevata in un angolo di quarantacinque gradi. Quando ci avvicinammo, fummo investiti da un forte odore di muffa.

Davanti ai nostri occhi si apriva un buco sotto la vasca. Una scala verticale conduceva a un tunnel che, a circa tre metri di profondità, andava verso la strada.

Brady scese per primo. Io lo seguii immediatamente.

Là sotto l'aria era così calda e stantia da rendere difficile respirare. Piegati in avanti percorremmo il tunnel – costruito alla perfezione, dotato di luci al neon e solidamente puntellato – fino a trovarci davanti una porticina d'acciaio con una maniglia rotonda.

Brady girò la maniglia in senso antiorario e scoprimmo un altro tunnel buio. C'erano rivoli d'acqua di scolo sul pavimento e il soffitto alto meno di un metro e mezzo ci costrinse a procedere acquattati come papere.

«Cazzo» disse Brady a mezza voce.

Guardammo intensamente nel buio. Eravamo all'inizio di un labirintico sistema di fognatura nel sottosuolo di Culiacán. Era tutto buio, salvo un piccolo puntino illuminato a circa venti o trenta isolati di distanza.

Cercai di riprendere fiato. Guardai da una parte e Brady guardò dall'altra, entrambi sperando di cogliere un segno di vita: una voce soffocata, un grido, un rumore di passi in quell'acqua fetida...

Niente.

«È andato» disse Brady.

El Chapo era scappato di nuovo.

UNA PISTA DA SEGUIRE

Il mondo del Chapo era sottosopra.

E adesso lo era anche il mio.

Non c'era altro da fare se non continuare la caccia.

Mi arrampicai sulla scaletta all'inizio del tunnel e ne uscii lentamente, stanto attento a non sbattere la testa contro il fondo della vasca da bagno.

Ancora nessun segno di Nico e Leroy.

Tirai fuori il mio iPhone e mandai un sms a Nico.

Dove sei?

Al Quattro, rispose. *Diretto al Tre. Ci vediamo là.*

Vedevo l'icona arancione di Nico che lampeggiava a circa dieci isolati a est sulla mia applicazione Find My Friends.

«Scommetto che El Chapo può raggiungere il Quattro attraverso le fogne» disse Brady.

«Già, non deve mai vedere la luce del giorno.»

Entrammo in quella che di recente era stata la stanza da letto del Chapo e ci mettemmo a frugare dappertutto, fra le pile di vestiti, gli asciugamani, i libri contabili, gli appunti di ogni genere, le scatole di Cialis, quelle di Celebrex e le altre pillole sparpagliate per la stanza.

Mi premeva soltanto una cosa.

«Prendi tutte le scatole di BlackBerry e le SIM card che trovi» dissi. Avevamo bisogno di tutto ciò che potesse offrirci un indizio su dove fosse scappato El Chapo e a chi avesse chiesto aiuto negli ultimi minuti.

«Dio, ce n'è dappertutto» disse Brady. C'erano più di venti scatole di BlackBerry solo in quella stanza. Brady e io le raccogliemmo tutte e le impilammo sul letto.

Cominciai a fotografare i PIN stampati sul fianco di ogni scatola. Appena li avessi mandati a Don della divisione Operazioni speciali della DEA, in Virginia, mi avrebbe fornito i numeri di telefono corrispondenti. A quel punto avrei potuto eseguire dei ping su tutti i cellulari.

«C'è una buona probabilità che El Chapo ne abbia almeno uno con sé» dissi.

Stavamo ancora setacciando la casa vuota quando mi trovai davanti l'ammiraglio Garra.

«*Ven conmigo*» disse bruscamente, facendoci cenno di seguirlo fuori.

Salimmo su un altro *rápida* e ci unimmo a un piccolo convoglio di mezzi della SEMAR. Garra aveva un'aria decisa ma teneva la fronte corrugata; chiaramente era ancora arrabbiato per quella fuga del Chapo attraverso la fogna.

Erano solo le quattro e mezzo del mattino, quindi ancora troppo buio per vedere qualcosa quando il *rápida* si fermò. Ma appena misi piede sulla strada ghiaiosa, seppi con precisione dove ci trovavamo. Era l'isolato che avevo studiato su Google Maps e su immagini ad alta risoluzione per mesi.

La strada era piena di *rápidas* e di marines accalcati intorno all'ingresso. Rimasi in disparte e guardai attentamente Colonia Libertad. Poi vidi due marines che scortavano un uomo con una maglietta rossa e nera: anche in quella poca luce riconobbi immediatamente Naris.

Stava in silenzio e a testa bassa, con le mani ammanettate davanti, e guidava i due marines verso un lungo cancello d'acciaio elettrificato. Sapevo che Naris era rimasto ad aspettare per diversi minuti proprio lì dopo che era corso a comprare gamberetti, o sushi, o cucchiai di plastica per El Chapo, gridando *Abra la puerta!* e implorando Condor di farlo entrare.

Ora però era Naris a usare le chiavi per fare entrare i marines. Dava l'impressione di voler collaborare. Oltrepassai il cancello insieme ai marines e mi voltai a guardare la strada. Ci ero andato più vicino di quanto pensassi. Non si trattava di un'area corrispondente a un isolato: il mio marcatore segnava un punto distante appena una ventina di passi, dall'altra parte della via.

La squadra d'assalto aprì la porta d'acciaio sul fianco dell'edificio e decine di marines si precipitarono dentro. Li seguii, immergendomi fino in fondo nel mondo del Chapo. Quello era il suo rifugio principale, lì aveva trascorso quasi tutto il suo tempo.

Entrai nella prima camera sulla destra esaminando ogni cosa, fotografando altre scatole di BlackBerry e SIM card. I marines avevano già iniziato a mettere la stanza a soqquadro.

Sentii Brady gridare: «Perché non sono nelle fogne? Andate giù in quei tunnel del cazzo!».

Ormai non potevamo più fermarci, ma non c'era modo di dire alla SEMAR cosa fare.

C'era un sacchetto di metanfetamina sul tavolo della cucina. Strano: non era da lui sniffare quella roba. Nella camera da letto principale, in fondo al corridoio, feci scorrere sotto le mani la lunga fila di eleganti camicie del Chapo, e diedi un'occhiata alle oltre cinquanta scatole di scarpe impilate nell'armadio. Trovai anche due lussuosi orologi da polso, fra cui un cronografo Jaeger-Le-Coultre di oro rosa e vetro zaffiro nuovo di zecca, ancora nella custodia in cui era stato inviato da Le Sentier, in Svizzera.

A parte le scarpe di marca e qualche orologio svizzero di lusso, il resto sembrava essere stato acquistato in blocco da Walmart.

«Gli stessi divani di finta pelle» dissi. «Lo stesso tavolo di plastica. Le stesse sedie pieghevoli.»

Ero sorpreso nel vedere che El Chapo si concedeva così pochi lussi. Quella casa non era meglio del Covo Cinque. Erano case fatte con lo stampino, concepite solo per essere funzionali, tutte probabilmente opera di Kava e del suo staff.

Seguii Toro – l'impetuoso capitano della SEMAR – e alcuni marines nel bagno attiguo alla camera da letto. Toro spingeva Naris davanti a sé.

Gli girai intorno per mettermi faccia a faccia con il corriere del Chapo. Il suo naso prominente era rosso come un pomodoro.

Sempre ammanettato, Naris si avvicinò al lavandino e infilò un piccolo oggetto di metallo – forse una graffetta – in un buco vicino alla presa elettrica di fianco allo specchio. Si udì una specie di crepitio. Per un attimo pensai che Naris avesse volutamente preso la scossa, invece aveva attivato un interruttore nascosto per mettere in moto la pompa idraulica.

Il sigillante ai bordi della vasca cominciò a creparsi. Naris afferrò il bordo superiore con le mani ammanettate e tirò goffamente finché subentrò la pompa idraulica. Come nell'altro rifugio, l'odore di muffa e di fogna invase la stanza mentre la vasca veniva sollevata in un angolo di quarantacinque gradi.

Un tenente della SEMAR – che tutti chiamavano *Zorro* – continuava a gridare ai suoi uomini: «*Mira!* Toglietevi l'equipaggiamento, infilatevi in quel tunnel e catturate quel bastardo!». Non c'era tempo da perdere, disse Zorro. Era l'ultima possibilità che avevano di catturare il signore della droga più potente del mondo.

Zorro fu il primo a infilarsi sotto la vasca e a scendere nelle fogne melmose. In un attimo scomparve con la sua squadra, ma io sapevo già che El Chapo ci era sgusciato fra le mani. Quell'uomo era viscido e sfuggente come un topo di fogna. Probabilmente era uscito da un tombino almeno un'ora prima in tutta tranquillità.

Quando fui all'esterno, vidi un grande telone impermeabile sopra la testa, un baldacchino improvvisato che copriva lo spazio tra la dépendance e l'edificio principale. El Chapo sapeva che c'era sempre qualcuno a sorvegliarlo dall'alto.

La dépendance – dotata di un proprio bagno e di un letto a due piazze – era stata costruita nell'angolo più lontano sul retro di quel piccolo complesso residenziale, a una decina di metri circa dalla porta laterale dell'edificio principale. Quando misi dentro la testa, la SEMAR aveva già ridotto tutto a brandelli. Pensai che quello poteva essere l'alloggio della cuoca o della cameriera del Chapo – in Messico chiunque può permetterselo ha una governante fissa – oppure il domicilio di Condor durante i suoi turni come *secretario*.

Dopo un'attenta perquisizione dell'intera proprietà, i marines sciamarono fuori senza preavviso, accalcandosi in strada per risalire sui *rápidas*. Uscendo, afferrai Brady per una spalla e gli indicai la Chevrolet Captiva sul passo carraio, che ci era quasi sfuggita. Era la stessa auto che El Chapo aveva chiesto a Naris di portare lì poche ore prima, insieme alla sua pistola.

Ora ci stavamo dirigendo velocemente verso il Covo Due. Era a pochi isolati di distanza, così vicino che avremmo potuto andarci a piedi. Quando arrivammo, aprii la portiera del pickup e mi fermai di colpo. Stavo per mettere i piedi su un'altra porzione di asfalto che avevo studiato a lungo sulle immagini riprese dal satellite.

Fino a quel momento era successo tutto alla velocità della luce, ma lo shock iniziale e la scarica di adrenalina si stavano esaurendo. Solo allora mi resi conto di quanto eravamo vulnerabili. Saremmo potuti cadere in un'imboscata da un momento all'altro, finire sotto un tiro incrociato in mezzo alla strada... Mi immaginai un esercito di guardie del Chapo, o di altri trafficanti, o di poliziotti corrotti – chiunque disponesse di armi – che compariva all'improvviso da dietro un angolo e cominciava a sparare. Non avremmo avuto scampo.

Guardai all'interno del pickup in cerca di un fucile, di una pistola, magari anche solo di un coltello, ma niente.

Mi assalì la paura. Scesi di corsa dal *rápida* e mi mescolai ai marines dirigendomi verso la porta, convinto che stare in mezzo a loro fosse la cosa più sicura.

Il Due, come l'aveva definito El Chapo, era costruito come il Covo Tre – con muri di cemento alti e spessi per impedire la vista dalla strada e recinzioni di ferro battuto – ma era sufficientemente simile alle altre case del quartiere da passare inosservato. Era dipinto di bianco, con un paio di grandi palme ai lati del vialetto e un garage con un solo posto auto. Anche quello mi era familiare: avevo esaminato le foto dall'alto a La Paz, quando cercavo di localizzare Picudo.

Una volta entrati, trovammo una casa quasi spoglia. Le tre camere avevano tutte un letto, ma non c'erano altri mobili.

«Potrebbe essere un deposito, o uno *scopatoio*» dissi a Brady.

Nel bagno attiguo alla camera da letto principale, la SEMAR aveva trovato un'altra vasca mossa da una pompa idraulica, solo che in questa era quasi impossibile entrare. C'erano forse un migliaio di pacchi della grandezza di un pallone sigillati con del nastro adesivo e contraddistinti da un numero di quattro cifre, probabilmente il peso. Metanfetamina. Alla fine calcolammo che in quel tunnel ne erano stipate più di tre tonnellate.

Non aveva senso. Merce del valore di decine di milioni di dollari lasciata ad ammuffire nelle viscere di Culiacán?

«Che sia la riserva di liquido del Chapo?» chiesi a Brady.

«Può darsi. Dato il valore di quella roba sul mercato finale, potrebbe viverci da latitante per anni...»

Il sole stava sorgendo rapidamente, l'orizzonte di Cu-

liacán si illuminava ogni istante di più e le strade cominciavano a prendere vita. Rimasi fuori per un po' insieme
ad alcuni marines che vigilavano. Notai una scuola elementare sull'altro lato della via: di lì a poco si sarebbe riempita di bambini.

Notai anche un'altra cosa: una musica molto forte che
proveniva dalla collina. Chi, a quell'ora, ascoltava banda a
un volume così alto? Era forse un segnale di qualche tipo
per i fedelissimi del Chapo? Una chiamata alle armi?

Prima ancora che ce ne rendessimo conto, Brady e io ci
ritrovammo con Nico e Zorro sulla Suburban blindata in
un convoglio diretto a nord verso un altro rifugio.

Finalmente avevo l'occasione di parlare a quattr'occhi
con Nico del frenetico raid che avevamo compiuto durante la notte.

«Quanto siete stati vicini a catturarlo, prima che scom-
parisse nel tunnel?»

«Quando siamo arrivati erano ancora dentro» rispose
Nico. «Ho visto della gente alla finestra del piano di sopra. Qualcuno spiava da dietro le veneziane. Ma quando
siamo riusciti ad abbattere quella porta del cazzo, erano
già scappati.»

Lanciai un'occhiata a Brady, scuotendo la testa incre-
dulo. «Sapevamo che c'era un tunnel sotto una vasca da
bagno» dissi. «Ma non sapevamo che ne avesse uno in
ogni rifugio.»

Il tenente Zorro fece un'espressione piuttosto seccata
nell'udire quelle parole. «Nessuno mi aveva mai battuto
in velocità finora» disse. «Li sentivamo correre e sentivamo il rumore degli spruzzi che sollevavano, ma non sape-

251

vamo dove fossero. Abbiamo trovato questi abbandonati nella fogna» aggiunse, indicando due gilet tattici, uno nero e l'altro verde chiaro.

Infilate nelle tasche c'erano quattro bombe a mano nere con la spoletta dorata. Una era avvolta in una banconota da 20 dollari. Presumibilmente El Chapo aveva pensato di lanciarsele alle spalle per far saltare il tunnel, ma poi non ne aveva avuto il tempo.

«Un po' come a Cabo» ricordai.

Zorro mi porse una chiavetta USB rossa che, nella foga, El Chapo aveva lasciato cadere nel tunnel. Non conteneva granché, soltanto dei video di sorveglianza ripresi in casa di qualcuna delle sue ragazze. Doveva essere un'altra ossessione di Guzmán...

Dopo pochi minuti arrivammo al Covo Uno. Lì, in un garage aperto, trovammo uno stretto passaggio nascosto dietro un telone mimetico appeso al soffitto.

All'interno del garage c'era una piccola scrivania con dei monitor che mostravano le immagini riprese dalle telecamere piazzate nei vari rifugi del Chapo. Qualcuno evidentemente aveva l'ingrato compito di stare in quel garage vuoto a sorvegliare, seduto su una sedia di plastica.

Quel covo era anche più vecchio del Due: il bagno era tappezzato di piastrelle rosa e verdi anni Sessanta, nel soggiorno dalle pareti spoglie campeggiava un divano vecchio e sudicio e c'erano diverse camere da letto. Considerata l'età, probabilmente quello era stato il primo rifugio del Chapo a Culiacán.

Ancora una volta Naris, sempre ammanettato, fece scattare la pompa idraulica della vasca da bagno, svelando l'ingresso di un altro tunnel.

«I rifugi sono *tutti* collegati» dissi. In effetti erano abbastanza vicini l'uno all'altro da potervi accedere attraverso il sistema fognario della città.

Quando uscii di nuovo in strada, si era fatto ormai giorno e riconobbi la zona.

«È qui che l'esercito ha ucciso El 50 in agosto» dissi a Brady. «Esattamente in questa via.»

Brady e io eravamo appena risaliti sulla vecchia Suburban blindata quando ricevetti un'email dal mio gruppo di analisti a Città del Messico. Prima di lasciare La Paz avevo ordinato che eseguissero ogni ora dei ping sui cellulari dei più importanti membri del cartello – tutte le persone più vicine a El Chapo – per poterli eventualmente localizzare e arrestare.

In quell'email mi comunicavano che i ping di Picudo si erano spostati a grande velocità fra Culiacán e un punto dell'Highway 15D a nord di Mazatlán. Guardai gli orari di rilevamento.

Ultimo ping prima di lasciare Culiacán: ore 3.48.

Ping più vicino a Mazatlán: ore 6.00.

«Dobbiamo seguire questa pista!» dissi a Brady.

Se c'era una persona di cui El Chapo si fidava era Picudo, di questo ero certo. Probabilmente Guzmán non voleva che chiunque nell'organizzazione sapesse della sua fuga – l'HSI di El Paso riferiva che le comunicazioni all'interno della DTO erano ancora perfettamente in funzione, malgrado quello che stava succedendo a Culiacán – e Picudo, il capo delle sue guardie, poteva raccoglierlo e portarlo fuori città senza che nessuno se ne accorgesse.

«Sì, è una buona idea» rispose Brady valutando l'ora e la localizzazione del ping di Picudo.

«È l'unica pista che abbiamo» dissi. «Credimi, El Chapo è a Mazatlán.»

«*Vámanos, güey!*» esclamò Brady.

Tuttavia, era chiaro che non saremmo potuti entrare a Mazatlán con trecento marines. Dopo la fuga del Chapo dal Covo Cinque, sapevamo che in Texas, a El Paso, Joe e Neil si stavano dando da fare per scoprire il nuovo PIN di Top-Tier. Presto Condor avrebbe avuto a disposizione un nuovo cellulare per rimettersi in contatto con Second-Tier e gli altri Ofis, a cui avrebbe fatto credere che tutto stava procedendo normalmente. Trovare il nuovo numero di Top-Tier era solo questione di tempo.

«Dov'è Toro?» chiesi a Nico. «Dobbiamo fargli sapere che Picudo sta tornando indietro.»

Stando a quanto mi avevano detto gli analisti, Picudo era sull'autostrada diretto a Culiacán. Mi preparai al peggio.

«Può piombare qui da un momento all'altro con un esercito di uomini armati pronti a combattere» dissi.

«Be', non c'è un altro posto in cui vorrei trovarmi» disse Brady guardandosi intorno.

Ormai ci sentivamo perfettamente integrati nella brigata della SEMAR e percepivo un sottile mutamento nella dinamica fra noi e i marines. Non importava più quanti narcos avessero già catturato, perché niente poteva uguagliare la portata dell'operazione in atto. Brady e io non eravamo più degli agenti federali, per di più *gringos*, con il loro bagaglio di intelligence e di immagini satellitari. Zorro, per esempio, era colpito dall'accuratezza delle informazioni che avevo messo a disposizione nelle ultime due settimane. Il *pattern of life* preciso unito alla mole di informazioni fornite in tempo reale da Brady e dalla sua squadra a El Paso ci avevano portato direttamente nel nascondiglio di Guzmán.

Tornati al Covo Cinque, trovai Toro che stava uscendo dalla cucina con indosso una kefiah verde e nera. Con la testa avvolta in quella sciarpa mimetica sembrava più un agente speciale americano che un marine messicano. A mio parere il suo soprannome aveva un doppio significato: sembrava un toro, certo, ma poteva anche essere l'abbreviazione di *tormenta*. Si era mosso come un ciclone dal momento in cui era atterrato a Culiacán, squarciando con ferocia il mondo segreto del Chapo.

«Motor! Motor!» gridò Toro all'improvviso, chiamando uno dei suoi giovani tenenti perché traducesse ciò che stavo per dirgli. Motor aveva poco più di vent'anni ma era già un rispettato ufficiale della SEMAR e aveva studiato l'inglese negli Stati Uniti. Era stato presente ai briefing iniziali che Brady e io avevamo fatto con l'ammiraglio Furia e i suoi capi a Città del Messico. In genere riuscivo a farmi capire col mio spagnolo non proprio perfetto, ma visto che dovevo aggiornarlo sull'andamento dell'operazione, Toro chiese a Motor di tradurre, per non perdere o fraintendere qualche dettaglio importante.

«Dobbiamo prendere Picudo» dissi a Toro, informandolo di quanto avevamo scoperto. «Picudo confermerà che Gárgola è a Mazatlán.»

«*Dale*» rispose Toro senza la minima esitazione. Voleva dire: Forza, allora, prendiamolo.

«Okay. Dai ping sembra che stia tornando in città» dissi.

255

«Io vado con Leroy e i marshals, Picudo diventa il nostro obiettivo principale.»

Nel frattempo Toro e i suoi uomini stavano ancora mettendo Naris alle strette per farsi dare altre informazioni. *«Vamos a la casa de Condor!»* disse Toro, muovendosi verso la strada.

Brady e io prendemmo posto sul sedile posteriore della Chevy Captiva blindata del Chapo. Toro l'aveva requisita al Covo Tre e l'aveva aggiunta alla flotta della SEMAR. Avevo le ginocchia ficcate nel sedile del guidatore, ma ringraziavo il cielo di essere protetto dalla corazza di quell'auto. Né io né Brady avevamo un fucile. Toro saltò sul sedile del passeggero e la Captiva si avviò dietro una Jeep Cherokee grigia, un altro dei veicoli blindati del Chapo di cui i marines si erano impadroniti. In quella jeep c'era il Naso, che ci stava portando alla cattura successiva.

Mi girai sul sedile, guardando dal lunotto la lunga scia di *rápidas* dietro di noi. Ero veramente sorpreso dalla modalità *furto con scasso* con cui i marines stavano sgretolando le infrastrutture del Chapo.

Ci fermammo bruscamente su una strada sterrata davanti a un residence a due piani. Sembrava ancora in costruzione. Una giovane madre in jeans aderenti e scarpe nere col tacco camminava col suo bambino, mentre alcuni cani randagi si aggiravano nei dintorni.

«Condor abita qui?» disse Brady. «Che posto di merda.»

I marines erano già entrati e, perlustrando la casa, avevano trovato un vecchio fucile e una foto che ritraeva un messicano ben rasato, con la pelle chiara, i capelli neri a spazzola e il ciuffo a mo' di cresta.

Brady esaminò attentamente la foto.

«Sì, mi sembra un condor» disse.

Risalimmo sulla Captiva del Chapo e attraversammo di nuovo la città, seguiti dal convoglio di *rápidas*, fino a raggiungere una casa in cima a una collina, in una zona residenziale molto più elegante.

Nell'attimo in cui entrai dal portone, notai che l'arredamento non corrispondeva allo stile essenziale delle altre case del Chapo a Culiacán. I mobili erano di gran lunga più costosi, il marmo del pavimento era lucido e pulito, e alle pareti erano appese opere d'arte incorniciate.

All'ingresso c'era un murale in varie tonalità di giallo, arancione e rosso. Era un'opera commemorativa: riconobbi il volto di Edgar – il figlio del Chapo e di Griselda morto assassinato – che ascendeva al cielo. Sentii la voce di Diego che cantava i narcocorrido a Phoenix, anni prima:

Mis hijos son mi alegría y también mi tristeza
Edgar, te voy a extrañar

Nel garage erano parcheggiati una Chevrolet Suburban e uno Hummer H2, ma era chiaro che Naris ci aveva portato alla vecchia casa di Griselda, la seconda moglie del Chapo. Non c'erano tracce di vita recente: niente cibo fresco in cucina, né abiti sporchi nelle camere da letto. Sembrava che nessuno abitasse più lì da mesi.

«Raduno al Covo Cinque» gridò Toro.

I marines avevano trovato numerosi album di fotografie in uno degli armadi della camera da letto, e prima di uscire di casa ne presi qualcuno e me li infilai sotto il braccio.

Quando arrivammo al Cinque, salii di corsa le scale per andare a sedermi sul divano di finta pelle marrone del Chapo. Mi tolsi finalmente il passamontagna e in quel momento provai un senso di spossatezza. Non riuscivo a ricordare quando avevo dormito l'ultima volta, o quando avevo mangiato o bevuto qualcosa, a parte quei pochi sorsi di Johnny Walker alla base di Topolobampo.

Brady salì poco dopo con due tazze di caffè bollente – aveva trovato del caffè solubile in cucina – e me ne porse una.

«Leroy è rimasto giù a cuocere delle uova sul fornello.»

Ci mettemmo a sfogliare gli album di Griselda cercando qualche immagine utile del Chapo. Ma in tutte le foto di famiglia che ritraevano Griselda e i suoi figli – Joaquín, Grisel e Ovidio – mancava il padre. Matrimoni, battesimi, feste di compleanno... mai una foto in cui comparisse El Chapo.

Dopo aver guardato le foto, Brady e io ispezionammo il resto della casa. Sulla parete del soggiorno, di fianco a un televisore da quaranta pollici c'era un secondo schermo grande come il monitor di un computer, e al piano di sotto, vicino a una piccola piscina, trovammo la stessa installazione: un televisore a schermo piatto da quaranta pollici e un monitor di sorveglianza, con le immagini di tutti i rifugi del Chapo in città.

«Guardava la tv e allo stesso tempo teneva sotto controllo ciò che succedeva in tutte le sue case» dissi. Quella in cui ci trovavamo – La Piscina – era chiaramente uno dei rifugi in cui El Chapo doveva sentirsi più a suo agio.

Tornai nella camera da letto principale per dare un'altra occhiata in giro e aprii l'armadio, tirando fuori un berretto nero dal ripiano più alto.

Era uno dei famosi berretti da baseball senza scritte del Chapo, uno di quelli che indossava nelle rare foto certificate da quando era evaso da Puente Grande. El Chapo indossava sempre un berretto nero appollaiato sulla testa come se fosse un elemento essenziale della sua uniforme quotidiana. Me lo infilai sotto il giubbotto antiproiettile.

Era il mio unico souvenir di quella caccia all'uomo.

SU CASA ES MI CASA

«*Ándale! Apúrate! Apúrate!*» gridò il capitano Toro.

Eravamo ancora alla Piscina, ma tutti stavano correndo a prendere il proprio fucile e il proprio equipaggiamento. Naris aveva dato ulteriori informazioni, indicando altri rifugi. Brady e io saltammo sul sedile posteriore della Captiva, con Toro di nuovo su quello del passeggero.

«*Zorro de Toro*» continuava a gridare via radio, dando indicazioni in spagnolo, mentre la Captiva si avviava a tutta velocità, seguita dal convoglio.

Raggiungemmo un altro quartiere residenziale. La SEMAR aveva già forzato una porta e io mi introdussi nel rifugio con la prima ondata di marines. Il posto era vuoto, a parte delle banane verdi e dei *pepinos* (piccoli cetrioli) sul pavimento, della polvere bianca sul bancone della cucina (per il taglio della cocaina) e dei sacchi della spazzatura neri pieni di piante di cannabis. Tirai su una banana dal pavimento: era finta. Veniva usata per le spedizioni internazionali di un raccolto molto più redditizio, ma, come tutte le altre, era vuota.

«Ti piacerebbe essere il povero stronzo che deve riempire di coca ognuna di queste banane?» chiese Brady.

Ciascuno di quei frutti finti poteva contenere circa mezzo chilo di cocaina, un lavoro noiosissimo e particolarmente faticoso. Mi venne subito in mente come Hondo, nella Columbia Britannica, fosse sempre in cerca di un deposito abbastanza grande per stoccarci le *partite di frutta* del boss. Con tutta probabilità quelle banane finte andavano direttamente a Vancouver, da dove venivano smistate in tutte le città del Canada.

All'improvviso nella chat del nostro gruppo apparve un messaggio da El Paso. Attraverso Ofis-3, Lic-F scriveva a Condor e a El Chapo:

Buenos dias, como amanecieron. En la ciudad siguen con alboroto esos del agua, no han dormido.

Buon giorno, come vi siete svegliati? In città c'è sempre agitazione, gli acqua non hanno dormito.

Lic-F proseguiva:

Compadre andan bien bravos y todo el movimiento es contra la empresa.

Compadre [El Chapo] vanno avanti decisi e tutto il movimento è contro l'azienda.

Il convoglio proseguiva infatti a tutto vapore, demolendo una casa dopo l'altra.

Ci trovavamo ora in un altro deposito di Picudo. Nel cortile interno c'erano cinque galli da combattimento con gli speroni attaccati alle zampe che se ne andavano in giro impettiti, come pugili professionisti pronti a combattere. Mi fermai per un attimo a osservare un gallo, con le ali blu come l'acqua dell'oceano, che ne attaccava un altro. Presi un bussolotto di pelle appeso al muro: aveva dei marchi carbonizzati sul fianco, un omaggio a El 50. Evidentemente gli uomini di Picudo avevano ripulito tutti i depositi prima che vi facessimo irruzione.

Tornammo al Covo Tre. La via era interamente bloccata dai *rápidas* della SEMAR. Il rischio di un conflitto a fuoco era sempre presente, ma mi sentivo un po' più tranquillo sapendo che adesso disponevamo di molti uomini in prima linea.

Brady e io entrammo nella cucina del Chapo per cercare qualcosa da bere. Aprii il frigorifero e presi le uniche tre bottiglie di La Cerveza del Pacifico rimaste.

«Ce le dividiamo?» dissi a Brady e a un gruppetto di marines.

Ne bevvi un sorso e sorrisi nel ripensare a quella sera a Phoenix con Diego, quando avevo sentito *El Niño de La Tuna* e avevo strappato l'etichetta giallina, gustando per la prima volta quella birra. Passai la bottiglia a un giovane marine, poi Brady bevve a sua volta e me la restituì. Privi di sonno com'eravamo, quel sorso di *cerveza* era più che sufficiente. Scoppiai a ridere; mi sentivo come tra studenti che si passano una bottiglia di whisky.

Mi avvicinai a Toro rinvigorito.

«Vamos a tener otra oportunidad» dissi, e mi resi subito conto di aver usato il tono del mio allenatore di football al college, quando ci riunivamo nello spogliatoio durante l'intervallo ed eravamo sotto di due touchdown. «Avremo

un'altra opportunità» ripetei, tenendo in mano la bottiglia di Pacifico. «Non è finita qui. Ne sono sicuro, capitano.»

A quel punto avevamo solo bisogno di ottenere il nuovo numero di Top-Tier. Spiegai a Toro che El Chapo era abbastanza furbo da liberarsi di tutti i suoi cellulari, ma che la squadra di Brady negli Stati Uniti continuava a intercettare i cellulari di parecchi Ofis, e stava facendo di tutto per individuare il nuovo Second-Tier per permetterci di identificare il nuovo cellulare Top-Tier che sicuramente era in possesso di Condor.

«I miei uomini ci stanno lavorando» assicurò Brady. «È solo questione di tempo.»

«Fino a quel momento» dissi a Toro, «dobbiamo sfruttare tutte le informazioni che riusciamo a raccogliere qui, señor.»

«*Bueno, vamos a Picudo entonces*» rispose.

A quel punto, il nostro obiettivo era arrestare Picudo, il capo delle guardie del Chapo e boss della *plaza* di Culiacán.

Nel frattempo la SEMAR aveva occupato tutti e cinque i rifugi del Chapo a Culiacán, convertendoli in basi temporanee. Brady e io scendemmo la scala sotto la vasca del Covo Tre per esaminare il tunnel più da vicino.

Era il quarto che vedevo quella mattina, e non era diverso dagli altri se non per alcune rozze panche lungo le pareti, su cui ammassare svariati quintali di cocaina. I marines ne avevano trovati 280 chili, insieme a scatole piene di finte banane.

«Guarda un po' qui» dissi a Brady «La borsa da fuga del Chapo.»

Una cosa assolutamente funzionale, com'era nel suo stile: un sacchetto di plastica da supermarket con dentro un paio di mutande bianche; le sue preferite, gli slip di Calvin Klein resi famosi da Marky Mark. Non uno spazzolino da denti, né scarpe, solo quel paio di mutande.

Brady scoppiò a ridere. «Cazzo, quante volte ti capita di dover scappare nudo nello scarico di una vasca da bagno e di aver bisogno di una borsa piena di slip?»

Nel tardo pomeriggio, altre squadre della SEMAR erano in giro a fare irruzione nei depositi del Chapo per tutta Culiacán.

Una squadra tornò al Covo Tre in un furgoncino bianco con dei comparti nascosti dietro le pareti e sotto il pianale. Rimasi a guardare mentre i marines li aprivano e ne tiravano fuori altri 50 chili di metanfetamina. Questa volta la droga era trasportata in contenitori di plastica tipo Tupperware con i coperchi di svariati colori.

Poco più tardi arrivò una squadra di cuochi della marina con grandi pentole d'acciaio e relativi utensili, e prese possesso della cucina del Chapo. Tenendomi in disparte, osservai come la SEMAR si fosse preparata alla vita di trincea, lì a Culiacán: presto tutti avrebbero fatto tre pasti caldi al giorno, ed era stato portato anche un dottore. Io continuavo a non aver fame, ma sapevo di dover fare il pieno di energie.

Io e Brady spostammo due sedie pieghevoli intorno al tavolo di plastica bianca nella cucina del Chapo e ci sedemmo di fianco al tenente Zorro. Il suo sorriso cordiale e il suo atteggiamento ottimista mascheravano una profonda stanchezza. Lo osservai impressionato mentre apriva una scatola di gamberi con il suo lungo coltello senza alcuna difficoltà.

«*Cómo les gusta el campo?*» mi domandò. Vi piace la vita militare?

«*Para mí, me encanta.*» Guardai Brady, che ancora non riusciva a credere di trovarsi con me nella cucina del Chapo.

Infilzando i gamberi direttamente dalla scatola con la lama del suo coltello, Zorro mi fece tornare in mente un mio zio in Kansas. Aveva lo stesso sorriso sincero, lo stesso modo di fare brusco di uno sportivo; mi dava l'idea di una di quelle persone con cui vorresti condividere una cassa di birra, seduto intorno al fuoco, mentre ascolti i suoi racconti di guerra.

In realtà Leroy mi aveva già raccontato alcune storie che riguardavano Zorro. El Roy aveva lavorato con lui tempo prima in un'operazione che aveva come obiettivo il cartello degli Zeta. Un giorno Zorro era rimasto coinvolto in una feroce sparatoria per le strade di una città. Gli uomini degli Zeta stavano rovesciando dai tetti una valanga di fuoco su Zorro e la sua squadra, ma il tenente era uscito tranquillamente allo scoperto, con i proiettili che gli sibilavano intorno, e aveva piazzato le sue truppe in posizioni strategiche con metodo e grande coraggio. El Roy mi aveva confessato di non avere mai visto, in nessuna delle operazioni a cui aveva partecipato, un uomo capace di mantenere il sangue freddo in quel modo sotto il fuoco nemico.

Il mio BlackBerry ronzò nuovamente: un altro messaggio da El Paso. Lo lessi e spinsi il cellulare dall'altra parte del tavolo verso Toro, che stava seduto di fianco a Zorro.

Filtrato da Ofis-1, Condor scriveva a Ovidio (Ratón), uno dei figli del Chapo.

La nana todo bien ai descansando oiga pero todo bien.
Tutto a posto con Nonna. Sta riposando. Tranquillo, tutto a posto.

Sapevamo che Nonna era un nome in codice con cui Ovidio e gli altri figli del Chapo chiamavano il padre. Il fatto che Condor mandasse messaggi tranquillizzanti, in cui diceva che El Chapo era al sicuro da qualche parte e che non dovevano preoccuparsi, era un buon segno.

Leroy e i suoi marshals insieme a Nico, Zorro e un pugno di marines si erano già messi in azione per trovare Picudo. Li avevo indirizzati nei pressi dell'aeroporto internazionale di Culiacán, perché, stando ai ping precedenti, Picudo abitava da quelle parti, in un modesto quartiere piccolo borghese.

Il resto dei marines, Brady e io rimanemmo nei rifugi del Chapo. Nell'attimo in cui Leroy fosse riuscito a localizzare il cellulare di Picudo, ci avrebbe dato il via libera per ricomporre il convoglio e metterci rapidamente in azione, ma fino a quel momento potevamo tirare il fiato.

Adesso per fortuna anche io e Brady disponevamo di un'arma: Nico aveva recuperato due AR-15 dai marines e ce li aveva consegnati prima di partire.

«Accidenti, il mio patrimonio netto è raddoppiato» disse Brady, ridendo, mentre imbracciava il fucile. Da quando avevamo lasciato Topolobampo, l'unico bene in suo possesso era stato il BlackBerry. Si era dimenticato persino di prendere il portafoglio, prima di salire sull'elicottero con me, e poi aveva scherzato dicendo di non avere i pesos necessari a comprarsi uno spazzolino da denti.

Uscii fuori a prendere una boccata d'aria, sdraiandomi sul passo carraio del Chapo a fissare il cielo notturno.

Mi colse un senso di profonda spossatezza; avevo quasi l'impressione di non potermi muovere, la sensazione che il cemento stesse per inghiottirmi. Telefonai a mia moglie nella nostra casa di La Condesa, ma non fu una grande idea perché iniziai a ridere e a divagare.

«Le nuvole della notte, tesoro» dissi. «Le nuvole di Culiacán. Sono queste le nuvole di Culiacán. Le stesse che vedrebbe C, se fosse qui e potesse guardare in alto.»

«Dove sei?» chiese mia moglie dopo un lungo silenzio.

«Sul passo carraio del Chapo.»

«Cosa?»

«Sono sdraiato per terra e guardo le nuvole. Ricordi che anche noi le guardavamo nelle nostre prime uscite insieme? *Ce n'è una che sembra un fucile!* Dov'era quel parco in cui andavamo di solito, prima che nascessero i bambini, a guardare insieme le nuvole per ore?»

Mi lasciai andare a un'altra risata isterica.

«Mi fai paura, Drew» rispose mia moglie. «Ti rendi conto che non stai dicendo niente di sensato?»

Mi era venuto un attacco di ridarella. Brady mi raggiunse e iniziò a ridere anche lui.

«Dico sul serio, Drew… Mi sembri davvero fuori…»

Alla fine mi resi conto che stavo facendo preoccupare mia moglie e cercai di riprendere il controllo di me stesso.

«Sto bene, tesoro» dissi. «Sono circondato da alcuni dei

guerrieri più duri e determinati del mondo. Questi marines sono i ragazzi migliori che io abbia mai visto. Sto solo... sto solo delirando un po'. Avrei bisogno di un paio d'ore di sonno, nient'altro.»

Mi svegliai con un sussulto improvviso. Non so come, mi trovavo sul letto del Chapo.

«*Luz verde!*» gridava un giovane marine. «*Luz verde! Vamos a Picudo.*»

Semaforo verde: andiamo a prendere Picudo.

Nelle strade di Culiacán era ancora buio. Mi strofinai gli occhi. Avevo mal di testa, e mi resi conto di avere dormito solo tre quarti d'ora. Mentre mi tiravo su a sedere, il porta-abiti di plastica del Chapo mi si staccò dalla schiena sudata come la pelle di un serpente durante la muta. L'ultima cosa che ricordavo ero proprio io che stendevo il porta-abiti sul letto per non beccarmi qualche malattia sessualmente trasmissibile.

Mi alzai, con le ginocchia tremanti, e mi stirai le braccia sopra la testa e dietro la schiena. Mi ero perso in un sogno in cui ricordavo il mio primo importante sequestro di droga in Kansas: 80 grammi di crack nell'auto di un fan dei Grateful Dead.

Che fosse tutto un sogno? Stavo davvero indagando sul sequestro di 3 *tonnellate* di metanfetamina appartenute al più importante signore della droga del mondo?

Brady e io indossammo rapidamente i giubbotti antiproiettile e ci infilammo i fucili a tracolla. Poi salimmo sulla Captiva con Toro e un giovane tenente della SEMAR soprannominato *Chino*, per i suoi occhi a mandorla.

Procedemmo velocemente in convoglio verso un quartiere residenziale vicino all'aeroporto di Culiacán. Leroy aveva localizzato il cellulare in una casetta stile ranch circondata da un recinto di ferro battuto.

Guardai l'orologio: 1.32.

Non c'erano altri veicoli in strada. La città era terrorizzata, o forse si stava preparando a combattere. Impugnai il calciolo dell'AR-15 stringendomelo al petto quando svoltammo davanti alla casa poco illuminata di Picudo. Se doveva esserci una sparatoria come nel caso di Macho Prieto, sarebbe avvenuta proprio lì.

EL 19

Mi accucciai e presi posizione dietro la Captiva, puntando il mio AR sulle ombre scure nel vialetto di fianco alla casa di Picudo.

Con la coda dell'occhio vedevo una folla di silhouette nere che procedevano tranquille verso la porta d'ingresso. Poi quella calma venne interrotta dai colpi dell'ariete. I cani cominciarono ad abbaiare.

Il rumore proseguì per alcuni minuti. Col passare dei secondi diventavo sempre più nervoso. Di sicuro, con la casa di Picudo presa d'assedio dalla SEMAR, non sarebbe trascorso molto tempo prima che i suoi rinforzi entrassero in scena.

Finalmente la porta venne abbattuta e vidi i marines precipitarsi all'interno. Trattenni il respiro, aspettando di udire una scarica di spari.

Niente.

Lasciata la mia posizione, entrai in casa e vidi tre uomini inginocchiati in fila lungo una parete del soggiorno.

Andai in cucina e nelle camere da letto sul retro.

La SEMAR teneva sotto tiro Picudo nel suo letto. *Nessu-*

no, pensai, *nemmeno il più efferato killer del cartello può farti paura se lo arresti in pieno sonno, seminudo, con i capelli arruffati, alle due del mattino.* Picudo aveva l'aria inoffensiva: era pallido, sudato e scheletrico.

In spagnolo disse di stare molto male. Brady non gli credette; afferrò Picudo per il braccio sinistro e lo fece girare bruscamente sulla pancia. Picudo cominciò a gridare, un urlo stridulo e acuto. Disse che stava per morire, ma non capivamo di che malattia.

Brady lo immobilizzò sul letto. Il dottore della SEMAR entrò nella stanza e disse a Brady di lasciarlo andare: voleva esaminare Picudo.

«Dev'essere una presa per il culo» mugugnò Brady rivolto a me. «Ci manca solo che credano a questo attore patetico che urla come una cagna.»

Ascoltai con attenzione mentre il dottore faceva a Picudo le domande di routine: da quanto tempo soffriva di quella rara malattia del sangue?

Picudo fece un sospiro di sollievo e si sedette sul letto.

Di colpo Brady balzò in avanti; aveva visto il calcio di una pistola nascosta sotto la coscia di Picudo. Lo afferrò ancora più bruscamente di prima, affondandogli la testa nel materasso e tenendolo stretto con una mano sul collo e l'altra sul braccio sinistro.

«*No lo toques!*» gridò il dottore. «Cosa crede di fare? Non può toccarlo, è molto malato. Potrebbe morire!» Anche i marines nella stanza gridavano, spintonandosi l'un l'altro in preda all'agitazione.

«Che cazzo!» disse Brady. «*Tiene arma!* Guardi, questo bastardo ha una pistola.»

Lo tenne fermo mentre uno dei marines infilava una

mano sotto il corpo di Picudo e tirava fuori una Colt .45, completamente carica e con un colpo in canna. Se i soldati avessero creduto alle stronzate di quell'uomo e avessero abbassato la guardia anche solo per un attimo, Picudo avrebbe potuto estrarre l'arma e sparare a tutti i presenti nella stanza.

Sentii Picudo gridare ancora mentre lo trasportavano in cucina. C'era un arsenale di armi automatiche sul tavolo, fra cui un AK-47, un AR-15 un TEC-9, e diversi altri fucili. Gli uomini di Picudo si erano preparati a una strenua resistenza – proprio come la banda di Macho Prieto a Puerto Peñasco – ma erano stati colti di sorpresa.

Adesso erano tutti ammanettati, bendati e allineati contro la parete. I marines mi portavano un cellulare dopo l'altro perché li esaminassi. Sul tavolo c'erano pile di BlackBerry e SIM card mischiate alla rinfusa con i fucili. C'era anche un libro in spagnolo che fui sorpreso di vedere: *La D.E.A. en México.*

Picudo – come El Chapo – aveva studiato la mia agenzia e la storia delle nostre operazioni nel suo paese. Ne avevo già visto una copia; quel paperback sgualcito era famoso negli uffici della DEA di Città del Messico. Si trattava di un libretto buttato giù in poco tempo per la rivista *Proceso* da un gruppo di scrittori che aveva utilizzato come fonti un paio di dinosauri della DEA in pensione, gente che aveva lavorato in Messico negli anni Novanta. La *rivelazione* più importante era che gli agenti speciali della DEA che operavano in Messico nella lotta al narcotraffico erano stati illegalmente dotati di armi.

In quel momento, comunque, non mi importava del libro o delle armi: mi allungai sopra il tavolo della cucina per esaminare i cellulari. Riconobbi alcuni numeri che la Field Division di Phoenix e gli uomini di Brady a El Paso avevano intercettato.

Chino, il marine, condusse Picudo – ora identificato come Edgar Manuel López Osorio – fuori di casa. Il boss camminava impettito come se fosse il padrone della città: in fondo era l'uomo del Chapo sulla *plaza* di Culiacán. Non l'avevano ancora bendato e così fui in grado di guardarlo bene in quei suoi occhi gelidi, d'acciaio.

Ci vidi solo un abisso.

Chino lo sistemò sul sedile posteriore di una Jeep Cherokee, dove venne raggiunto da un marine con lo sguardo truce; un tipo massiccio alto quasi due metri che tutti chiamavano *Chiqui* (*il più piccolo*, in slang). Aveva un volto azteco – occhi scuri e vicini tra loro – con la fronte segnata da diverse cicatrici. Non l'avevo mai sentito parlare, ma evidentemente in quella brigata Chiqui svolgeva la funzione di un muscolo.

«*Vamos*» disse Chino.

Il convoglio partì nel buio più totale. Non avevo idea di dove fossimo diretti. Percorremmo una superstrada non illuminata finché, usciti da Culiacán all'incirca da un quarto d'ora, raggiungemmo un ranch di proprietà della SEMAR, che in passato l'aveva usato per l'addestramento.

Quando scendemmo dalla Captiva, vidi Picudo bendato che faceva delle smorfie seduto sul paraurti posteriore della jeep, col volto illuminato dai fari.

C'erano più di venti persone intorno alla Cherokee: diversi marines, Brady, Leroy, Nico e io. Il buio si era fatto quasi più denso, adesso, l'aria era carica di elettricità: Picudo era pronto a parlare.

Aveva una voce baritonale, contraddistinta da un pesante accento del posto. E il tono era quello di un killer freddo come il ghiaccio, non più quello piagnucolante di poco prima. Eccolo, il *vero* Picudo, l'uomo che sospettavamo responsabile di innumerevoli omicidi.

«*Mira, esto fue lo que pasó*» disse pacatamente.

«*Ándale*» disse Chino.

«*Voy a estar honesto...*»

I marines che lo accerchiavano ondeggiarono come una gigantesca medusa, accalcandosi intorno a lui.

«Sarò franco con voi.» Ricordo che Picudo disse proprio così. «Quando avete fatto irruzione in casa, El Chapo è scappato dal tunnel, è fuggito lungo le fogne. Era con una ragazza, Condor e la cuoca. El Chapo e la ragazza erano nudi, o seminudi. In mutande. El Chapo ha un taglio sulla testa perché ha colpito qualcosa correndo nelle fogne. Mi hanno chiamato perché andassi a prenderli. Sono usciti da un tombino. Quando sono entrato in città ho visto tutti i vostri mezzi.»

Picudo aveva raccolto El Chapo e il suo seguito con un pickup e si era diretto a tutta velocità lungo la costa del Pacifico. Aveva guidato per circa due ore, durante le quali El Chapo non aveva detto neanche una parola, a parte ordinare a Picudo di contattare Bravo – il capo delle sue guardie nonché boss della zona meridionale dello Stato – per dirgli di farsi trovare nel luogo prestabilito.

«Li ho fatti scendere nella zona dei resort» spiegò Picudo. «Non so dove siano andati dopo.»

«Quali resort?» chiese Chino, spostando lo sguardo su di me.

«*Dónde?* Devi essere più preciso. *Dove* lungo la costa?» domandò Toro.

Picudo scoprì i denti in un ghigno pieno di odio e tese il volto sotto la benda prima di rispondere. «Li ho lasciati all'uscita *playa*.»

«*La salida de playa?*» chiese Chino per conferma.

«*Sí*» rispose Picudo. «Subito prima della riviera di Mazatlán.»

Toro, Brady e io ci allontanammo per decidere una strategia.

«La pista era quella giusta» dissi, «ma abbiamo ancora bisogno di Top-Tier per sapere dove si trova esattamente El Chapo. Dobbiamo sfruttare al massimo la nostra capacità di intelligence finché siamo qui a Culiacán.»

Toro annuì.

«Abbiamo ancora i figli e Lic-F a cui dare la caccia» disse Brady. «Forse loro ci direbbero dov'è…»

«*Vamos a continuar*» disse Toro mentre risalivamo sulle nostre macchine.

Il convoglio si rimise in moto sulla strada sterrata. Poi Chino accostò la Captiva aspettando che si accodassero un paio di *rápidas*. Toro si voltò a guardarmi.

«*Que quieres hacer?*»

Mi sentivo come in trance: vedevo le labbra di Toro muoversi ma non udivo quel che diceva. Tutto cominciò a girarmi intorno ed ebbi l'impressione che il sangue mi schizzasse fuori dalla testa… Stavo per svenire dalla stanchezza.

«*Qué sigue?*» chiese Toro.

«*Dale!*» ripetei, in uno stato di semi-delirio: forza! «*Dale! Dale!*» e sentii il pugno battermi violentemente nel palmo della mano.

«*Dale!*» disse Toro, sogghignando.

Dale! Dale! Dale!

Continuai a ripetere quella parola, così sfinito che a fatica riuscivo a muovere la bocca. Tutti tacquero. Lanciai un'occhiata furtiva a Brady, che teneva la testa appoggiata al finestrino. Era svenuto. Chino si era addormentato sul sedile anteriore e la testa di Toro ciondolava nel sonno.

Mi si chiusero gli occhi.

Dalla radio uscì un forte fruscio...

«*Toro de Zorro! Toro de Zorro!*»

Ci risvegliammo tutti di soprassalto. Nessuno di noi si era reso conto che ci eravamo addormentati e che la brigata della SEMAR aspettava che ci mettessimo alla guida del convoglio per rientrare in città.

Avevamo tutti bisogno di riposare, e il prima possibile, perché non ci era rimasto più un briciolo di energia. Il sole stava sorgendo sopra le montagne e Toro aveva deciso di tornare alla base – il Covo Tre – perché potessimo dormire qualche ora.

Quel pomeriggio Brady e io lasciammo il Covo Tre e ci incamminammo lungo la strada sterrata per raggiungere il Due, dove la SEMAR stava lavorando sul materiale sequestrato. Lungo il tragitto ci fermammo in un piccolo *puesto*, un negozietto di alimentari che un giovane aveva ricavato dal suo garage buio. Con i pochi pesos che avevo in tasca comprai una *paleta* – un ghiacciolo messicano – per me e un sacchetto di Doritos per Brady.

Quando entrammo al Due vidi che la SEMAR aveva tirato fuori tutta la metanfetamina dal tunnel. L'intero pavimento del soggiorno era coperto di pacchi marroni impilati l'uno sull'altro. In cucina un giovane marine stava contando le banane di plastica e le riponeva a una a una in un grosso contenitore.

Tornato fuori, oltrepassai una quantità di lanciarazzi, AK-47 e altre armi da guerra ordinatamente disposte sul marciapiede di cemento.

Mi cadde l'occhio su qualcosa di luccicante: la pistola che El Chapo aveva detto a Naris di portargli. La Colt Super .38 automatica aveva le sue iniziali in diamanti incastonati nel calcio: J.G.L.

Benché fossi ancora piuttosto stanco, adesso sapevo che non stavo sognando a occhi aperti: sentire in mano il freddo dell'acciaio rendeva tutto concreto.

Le rifiniture di quella pistola erano impressionanti. El Chapo non aveva avuto il tempo di prenderla quando era scappato nel tunnel, ma quella era chiaramente la sua arma preferita, la sua Excalibur.

A chi avrei potuto chiedere la storia che stava dietro la pistola di Guzmán? Sentivo quasi il potere mistico che quella Colt conferiva a El Chapo. Solo tenendola in mano, avvertivo l'intensa energia che emanava dal calcio.

Nel cortile erano ammassate pile di BlackBerry. Brady e io ci sedemmo e passammo in rassegna i cellulari di Picudo, uno per volta. Trovai una foto di Duck Dynasty e i messaggi che si era scambiato di recente con Lic-F.

Proprio in quel momento arrivò un messaggio da El Paso sulla nostra chat di gruppo. Era un'intercettazione recentissima: Lic-F per Condor e El Chapo.

A poco tuvo problemas el picudo.
Davvero Picudo ha avuto dei problemi?

Immediata la risposta di Condor e El Chapo:

Si. Tenemos ke estar trankilo. Por ke. No keda de otra. Claro.
Por ke picudo. Pobre. El si sabe de todo.
Sì. Dobbiamo stare calmi perché non ci sono alternati-
ve. Ovvio. Per via di Picudo. Poveretto. Lui sa tutto.

Chiamai Nico e Leroy.
«Dobbiamo trovare subito Lic-F» dissi. «Ora che Picu-
do non c'è più, El Chapo si affiderà completamente a lui.»
«D'accordo» rispose Leroy. «Ci concentriamo su di lui
e sui figli.»
Poco dopo sul mio BlackBerry arrivò un altro messag-
gio da El Paso. Condor scriveva a Ratón, uno dei figli del
Chapo.

Oiga dise inge si tiene una super. Ke le mande. Con 4 cargado-
res estra. Es para el oiga. Y si me ase el paro ai oiga con 1 bere-
ta o lo ke tenga oiga.
Ascolta, Inge chiede se hai una Super [Colt .38] che
puoi mandare. Con quattro caricatori. È per lui. E fammi
un favore: portami la Beretta, o quello che hai.

Poi, un attimo dopo:

oiga dise inge para kele mande 10 rollos al negro.
Ascolta, Inge dice di mandare dieci mazzette a Negro.

278

Sorrisi. Sapevo che *Negro* era un altro nome in codice di Manuel Alejandro Aponte Gómez, noto anche come *El Bravo*. El Chapo aveva bisogno che gli venissero immediatamente consegnate dieci mazzette, cioè 100.000 dollari in contanti. Era la conferma del fatto che si sentiva vulnerabile: certo, era libero, ma non aveva niente con sé a Mazatlán. Né soldi né armi.

Tornammo a esaminare i BlackBerry e, come sempre, i minuti si trasformarono in ore.

Ricordavo vagamente i marines che distribuivano sandwich per cena, ma quando guardai l'orologio mi accorsi che era già l'una del mattino. Mi sdraiai sul letto del Chapo, col materasso coperto solo dal lenzuolo marrone con gli angoli elasticizzati. Brady era seduto su una sedia nell'angolo. Guardai il soffitto e provai a immaginare dove El Chapo stesse riposando a Mazatlán.

«Strano, non ti pare?» dissi. «Chapo in questo momento è da qualche parte a Maz e cerca di capire come muoversi, mentre noi siamo qui nella sua camera da letto a fare praticamente lo stesso.»

«Be', buono a sapersi che è senza soldi» commentò Brady.

«Abbiamo bisogno di quel Top-Tier.»

«Lo troveremo.»

«Sì» dissi. «E presto.»

Eravamo entrambi sicuri che Joe e Neil, a El Paso, fossero sempre connessi e sfornassero intercettazioni il più in fretta possibile.

«*Luz verde! Luz verde!*» gridò uno dei marines dal corridoio. El Roy aveva agganciato il telefono di Iván Archivaldo Guzmán Salazar in una casa nella zona nord della città.

Addio riposo. Brady e io saltammo su un *rápida* con l'ammiraglio Garra e ci precipitammo sul posto. Quando arrivammo, la SEMAR aveva già fatto irruzione, ma Iván non c'era. C'erano invece due suoi uomini seduti in un nascondiglio pieno di armi, radio ricetrasmittenti, una piccola quantità di metanfetamina e, ovviamente, un'altra pila di BlackBerry. Di sicuro Iván era stato avvertito dal Chapo di lasciare la città e, prima di andarsene, aveva messo in piedi un classico sistema di BlackBerry specchio con i suoi uomini.

Nico mi mostrò un berretto da baseball nero che aveva trovato in una delle camere da letto. Sul davanti era ricamata in oro la scritta #701: di nuovo la posizione del Chapo nella classifica degli uomini più ricchi secondo *Forbes*. Mentre continuavamo la nostra ispezione ricevetti una nuova email dai miei analisti a Città del Messico. Una Nissan GT-R nuova di zecca appartenente a uno dei figli del Chapo, Jesús Alfredo Guzmán Salazar, era appena entrata nella concessionaria Mercedes di Boulevard Pedro Infante.

«*Vamos!*» disse Toro. «Sai dov'è la concessionaria?»

«Sì, certo» risposi.

«Okay, allora guidaci tu.»

Brady e io salimmo sulla nostra vecchia Suburban blindata e uscimmo dal quartiere seguiti da una carovana di *rápidas*.

Prendemmo d'assalto la concessionaria Mercedes. Con i fucili puntati, i marines invasero il salone d'esposizione e l'officina, e circondarono il parcheggio. Brady e io ci precipitammo all'interno cercando Alfredo, un narco magrolino di ventisei anni con una faccia da bambino.

La Nissan di Alfredo era arrivata in officina non più di cinque minuti prima. Appoggiai un palmo sul cofano: il motore era ancora caldo. La GT-R aveva sul parabrezza un adesivo con la registrazione provvisoria del veicolo in California; ulteriore prova, ne ero certo, del fatto che faceva tutto parte del piano di riciclaggio del denaro messo in atto da Alfredo e Iván. I figli del Chapo avrebbero mandato un loro uomo negli Stati Uniti a incassare centinaia di migliaia di dollari ricavati dal commercio di stupefacenti che poi avrebbero *ripulito* depositandoli in diversi conti correnti di banche americane; depositi inferiori a 10.000 dollari, il limite imposto dalle norme federali antiriciclaggio. Non appena il denaro fosse entrato nel sistema bancario americano, Iván e Alfredo avrebbero usato dei nomi falsi o dei prestanome per negoziare il prezzo migliore su quelle favolose auto sportive. I loro uomini negli Stati Uniti avrebbero poi inviato un bonifico al venditore e provveduto a esportare l'auto in Messico, facendola consegnare direttamente a Culiacán.

Brady e io salimmo al piano superiore e perquisimmo gli uffici, ma anche lì nessuna traccia di Alfredo. L'intera sede della concessionaria era ormai piena di soldati. Gli impiegati e i clienti erano sotto shock; nessuno osava dire una parola.

Guardammo i video di sorveglianza dell'ultima ora. Poi trovai il capitano Toro. «Alfredo non è qui» dissi.

«Non compare nemmeno sul video della sorveglianza» disse Brady. «Deve aver fatto portare qui queste macchine da una squadra di narcos junior.»

Brady indicò la fila di Mercedes nuove allineate nell'area di servizio. Toro riesaminò velocemente il video e tornò nella concessionaria.

«Le requisiamo tutte» disse, e uscì nel parcheggio con un gruppo di marines, controllando ogni vettura. «Quelle blindate le portiamo via.»

Vennero sequestrate quattordici auto blindate, sei auto di lusso e una moto Ducati. Per poterle usare come prove mi misi a fotografare marca, modello e targa di ciascuna. Mercedes SLS AMG. Mercedes AMG G63. Mercedes C63. Mercedes CLA45. Anche un falso Dodge Charger blindato della polizia municipale.

Iván possedeva la macchina più costosa di tutte: una Mercedes-Benz SLR McLaren coupé, con portiere ad apertura verticale, un impianto hi-fi appositamente realizzato e il motore V8 5,4 litri sovralimentato. Chino colpì una delle portiere, che si alzò verso l'alto. Il motore era più rumoroso di quello di un Learjet.

Brady e io risalimmo sulla Suburban e osservammo i marines mettersi al volante di quelle auto: portavano fuori dal parcheggio un valore di milioni di dollari come se stessero giocando una strana partita di *Grand Theft Auto*.

Mentre tornavamo al Covo Tre, vidi nello specchietto retrovisore gli impiegati della concessionaria sbigottiti e ancora sotto shock.

In quel momento mi resi conto che avevamo preso il controllo della città: avevamo sottratto Culiacán a El Chapo. La SEMAR era intoccabile; nessuno in tutta El 19 aveva avuto il coraggio di affrontarci.

I marines si muovevano troppo velocemente e colpivano con troppa forza. Tutti gli *halcones* del Chapo si erano chiusi nelle loro tane. Anche Lic-F dava informazioni vecchie di due ore, pur avendole ottenute dalle sue fonti nella Marina.

Ripensai agli ultimi giorni. Non ricordavo di avere visto nemmeno un'auto della polizia – locale o federale – a pattugliare le strade. Tutti gli agenti di polizia se ne stavano nascosti. Anche il poliziotto più corrotto sapeva che era meglio stare alla larga dalla SEMAR.

Il Tre sembrava una strana esposizione di auto di lusso catapultata in quel covo da chissà dove. Le Mercedes nuove di zecca erano parcheggiate una dietro l'altra lungo la strada ghiaiosa.

Arrivò un altro messaggio da El Paso.

Lic-F a Chapo e Condor.

Por otra parte hay nos sacaron unos carros duros de la agencia esos del agua, y andan duros aun.

Passando ad altro, gli acqua hanno preso delle macchine solide [blindate] dell'agenzia [la DTO del Chapo]. Ci vanno giù pesante.

Condor rispose immediatamente.

Buenas tardes sr. Dise su compadre kesi los carros eran suyos. O los menores.[1]

Buonasera, signore. Chiede il suo compadre se le macchine erano sue o dei minori.

---

[1] *Los menores* era il modo in cui, all'interno della DTO, venivano spesso chiamati Iván e Alfredo.

Lic-F rispose:

Unos duros eran mios, pero sacaron otro de lujo que yo creo si eran de los menores.

Alcune blindate erano mie, ma ne hanno prese altre di lusso che credo fossero dei minori.

Era la conferma del fatto che l'organizzazione del Chapo usava la concessionaria Mercedes come deposito dei loro beni più preziosi, in modo che non venissero presi dalla SEMAR mentre questa impazzava per la città. Ed era altrettanto chiaro che pensavano di poter ancora resistere all'attacco.

Leroy e l'ammiraglio Garra si trovavano sul passo carraio del Covo Tre.

«Dobbiamo prendere Kava» disse Garra. «Lui può dirci dove sono le botole e i passaggi segreti, persino dove sono le lampadine. Ha costruito i tunnel in tutte le proprietà del Chapo. Se dobbiamo distruggere tutto e lasciarlo senza un rifugio in cui tornare, allora dobbiamo trovare Kava. Lui ci darà tutte le informazioni.»

Leroy, Nico e i marines si rimisero in azione per cercare di localizzare il cellulare di Kava. Ma non ebbero fortuna, e a quel punto eravamo tutti sfiniti.

Le ore passavano e l'ammiraglio Garra era sempre più esaurito. La Procura generale del Messico stava ponendo sotto sequestro tutte le proprietà del Chapo a Culiacán, mandandoci fuori dai rifugi e dai depositi che avevamo usato come basi improvvisate. Correva voce che volessero cominciare a riempire i tunnel di cemento.

«Non riuscirà mai a impedirgli di usare il sottosuolo»

284

dissi all'ammiraglio Garra. «È come una talpa: ricomincerà a scavare immediatamente, mi creda.»

Garra rispose che probabilmente presto avrebbero dovuto mettere fine all'operazione.

Scossi la testa.

«Tenemos que mantener la presión» dissi. Non potevamo alleggerire la pressione. Cercai di rassicurarlo dicendogli che eravamo vicini a prendere Top-Tier.

«Ci siamo quasi» aggiunse Brady. «Ancora un giorno ed è nostro.»

El Chapo non poteva fare niente se il suo sistema di comunicazioni non funzionava.

«Ci serve solo ancora un po' di tempo, signore» dissi.

«Ancora un po' di tempo?» rispose Garra scuro in volto. «È l'unica cosa che non vi posso garantire.»

MIRAMAR

«Ragazzi, preparatevi: si parte!»

Era Chino che gridava dalla porta: dovevamo liberare il rifugio. Non era difficile recuperare la nostra roba. Io avrei potuto tenere le mie cose in una mano: il MacBook nella sua custodia di pelle e qualche cellulare. Brady invece aveva soltanto il suo BlackBerry. Portavamo gli stessi vestiti e la stessa biancheria da più di una settimana.

«Ho la sensazione di avere addosso una camicia putrefatta» dissi.

Tuttavia, non ero contento di lasciare la base; cominciavo a sentirmi al sicuro lì dentro. Il nascondiglio del Chapo era diventato il nostro rifugio.

Su casa es mi casa.

Capii che mi sarebbe mancato tutto quel cameratismo, per non parlare dei pasti preparati dai marines. Solo di una cosa non avrei sentito la mancanza: il bagno con la scritta che Chino aveva incollato sulla porta. EXCLUSIVO CAPITANES Y OFICIALES. Ogni mattina i marines facevano la fila davanti a un cesso in cui mancavano il sedile sulla tazza e la carta igienica.

Brady e io salimmo su una Volkswagen Passat blindata, una delle tante auto *personalizzate* del Chapo. Non ci avevano dato una destinazione, ma sapevamo che ci saremmo addentrati nel cuore di Culiacán. Oltrepassammo un acquapark e procedemmo fino al principale campo di baseball della città. Il prato straordinariamente curato si riempì in fretta di Mercedes splendenti e di *rápidas* della SEMAR coperti di fango.

«Un campo da baseball?» chiese Brady ridendo. «Si dorme all'aperto?»

«Non è detto che sia una cattiva idea...» risposi. «Questo è forse il posto più sicuro di tutta la città. Almeno possiamo controllare il perimetro e vedere chi va e chi viene.»

In quell'istante sbucò come dal nulla un pickup bianco, ammaccato e arrugginito, che si accostò alle recinzioni. Gli *halcones* del Chapo? Diedi un colpetto a Brady, con lo sguardo rivolto al pickup.

«Cazzo» dissi. «Ci siamo.»

Altrimenti, chi mai si sarebbe fermato di fianco a un campo da baseball pieno di marines armati? D'istinto cercai un posto in cui nascondermi. Ma non c'erano molti ripari, a parte qualche albero dall'aria malmessa.

«Guarda un po' quelle brande» disse Brady ridendo.

Si stava avvicinando un camion carico di rudimentali lettini militari fatti di legno e tela di sacchi di patate. Sarebbe stato comunque meglio che dormire su un pavimento di piastrelle senza coperte, in uno qualsiasi dei nascondigli del Chapo...

Appena il sole tramontò, Brady e io andammo a parlare con l'ammiraglio Garra e il capitano Toro. Non volevamo che qualcuno ci sentisse e così ci incontrammo nel buio della sera, dietro il chiosco delle bibite dello stadio. C'erano anche Leroy, Nico, Chino e un altro giovane tenente della SEMAR, Tigre.

«Quali sono le ultime informazioni che abbiamo ricevuto?» chiese l'ammiraglio Garra.

«Gárgola ha chiesto a Lic-F di trovargli due case sulla costa. Stiamo ancora aspettando di individuare Top-Tier, ma credo che sia necessario spostarci a Mazatlán. Dovremo riorganizzarci e cominciare a raccogliere altre informazioni.»

«Dobbiamo andare là prima che riesca a scappare» disse Brady.

L'ammiraglio Garra annuì, poi ci comunicò le cattive notizie: il capitano Toro doveva lasciare immediatamente Culiacán, suo fratello era rimasto coinvolto in un attacco a sorpresa a Città del Messico e sembrava che non sarebbe riuscito a superare la notte. In assenza di Toro il comando delle operazioni sarebbe passato nelle mani di Chino e Tigre.

«Abbiamo ancora due giorni, più o meno, prima che ci costringano a sbaraccare» disse l'ammiraglio Garra. «A quel punto dovrò mandarvi fuori dal Sinaloa.»

Fummo tutti d'accordo sul fatto che sarebbe stato meglio trasferirci a Mazatlán e continuare il lavoro da lì.

Ma era fondamentale evitare pedinamenti e controsorveglianza.

«Non possiamo andare là in convoglio» disse Chino.

«Hai ragione: niente *rápidas*» intervenni. «Gli uomini di Gárgola ci individuerebbero nell'attimo stesso in cui usciamo dalla città.»

«D'accordo» disse Brady. «Lasciamo qui tutti i mezzi

della SEMAR. Scendiamo a sud senza farci notare, seguendo strade diverse.»

«Useremo i suoi *blindados*» disse Chino.

Ottima idea. Niente di meglio che usare i veicoli blindati e i pickup del Chapo che avevamo sequestrato.

Protetti dal buio andammo al Soriana – una catena di discount molto popolare in Messico – con indosso le mimetiche, gli anfibi e i passamontagna.

Brady, Nico, Leroy, alcuni marines e io passammo un'ora a rifornirci di sacchi a pelo, dentifricio, pantaloni, camicie, e delle prime calze e mutande pulite che vedevo da giorni. Io e Brady dovevamo sembrare i tipici americani in vacanza, e così prendemmo anche delle anonime T-shirt rosse e nere, dei bermuda e delle infradito.

I clienti del Soriana ci guardavano come se fossimo dei marziani. Mi resi conto che dovevamo sembrare davvero fuori posto, come se fossimo appena stati paracadutati dall'Iraq... O forse somigliavamo a dei narcos venuti a sequestrare qualcuno all'interno del magazzino. Una donna di mezz'età mi fissò, poi mi sorrise: doveva aver capito che dietro il mio passamontagna nero non c'erano gli occhi di un narco...

Tornando al campo da baseball, prendemmo dei *tacos al pastor*, poi i marines fecero entrare un ragazzo che vendeva *tamales* di pollo a cinquanta pesos l'uno dalla sua bici chopper su cui aveva installato un frigorifero portatile.

Con la pancia piena, Brady e io andammo verso l'ampio spazio all'aperto delimitato da pilastri d'acciaio arancioni e protetto da zanzariere, dove erano state disposte le brande, una attaccata all'altra. Mi accasciai su un lettino, cullato dal vento caldo.

«Dio, questi sacchi di patate sono meglio di un materasso di lattice...» dissi.

Mi tolsi gli anfibi. Era la prima volta in cinque giorni che lo facevo e avevo delle vesciche ai piedi.

Mi infilai una T-shirt pulita e mi stiracchiai un'ultima volta sussurrando due parole con un filo di voce: «Le tende...». Deliravo. Chiusi gli occhi e fui all'istante a mille miglia da lì.

Mi piaceva vivere lungo il fiume – non c'era una staccionata a separare il nostro giardino dall'acqua – e nei giorni caldi io e mio fratello Brandt lo guadavamo fino a un'isoletta vicina, sostenendo che fosse il nostro parco giochi privato. Costruivamo dei fortini con dei legnetti e frugavamo nelle tane dei topi muschiati.

Era la fine dell'autunno – avevo dieci anni – quando nostro padre ci disse che avremmo potuto accompagnarlo a caccia. Ci preparavamo a quel momento fin dall'infanzia: spesso giravamo per il soggiorno con in bocca un richiamo per le anatre che ci aveva dato papà finché la mamma non ci implorava di smettere. Ogni volta che nostro padre tornava dalla caccia, lo aiutavamo a scaricare le anatre dalla barca e lanciavamo il germano reale di plastica in giardino perché il nostro labrador nero, Rough, andasse a recuperarlo.

La sera prima del gran giorno, Brandt e io eravamo così eccitati che andammo a letto già pronti, con indosso i giubbotti mimetici e il volto pitturato. Alle cinque del mattino nostro padre accese la luce e noi schizzammo fuori dal letto per infilarci i pantaloni impermeabili e i guanti. Fuori era ancora buio e io tenevo stretto il mio nuovo Remington 870 *youth model* mentre camminavamo sul prato coperto di brina verso la barca verde ormeggiata lungo la riva.

Risalimmo il fiume nell'aria gelida e umida del mattino. Avevo le orecchie tappate ma non misi il berretto di lana che mio padre mi aveva dato. Se lui non lo indossava, perché avrei dovuto farlo io? Il vento gelido mi sferzava la faccia, la barca di alluminio procedeva a fatica, dalla prua si alzavano spruzzi di acqua freddissima che mi bagnavano il giubbotto e mi colpivano le guance. Vidi un gruppo di anatre che saltavano fuori dall'acqua sulla riva.

Mio padre spense il Mercury 25 HP e la barca scivolò sul fiume in silenzio. Lì, alla luce della luna, mi sembrava di aver navigato per ore. Mio padre illuminava la riva con un potente riflettore cercando di individuare l'appostamento.

Scorsi il bordo dell'appostamento che Brandt e io avevamo costruito con papà, usando del legno, delle piante di typha, dei rami e delle foglie. Uno alla volta, tirammo fuori i richiami per le anatre, lasciandoli a galleggiare davanti all'appostamento.

Con il Remington carico mi sedetti sul secchio da venti litri, scrutando dalle fessure fra le piante di typha.

Il sole aveva cominciato a screziare l'orizzonte d'oro e arancione. Ero sorpreso e spaventato dai fischi sopra la mia testa che si perdevano in lontananza. Alzai lo sguardo ma non vidi niente. Mio padre indicò un punto nel cielo.

«Torneranno.»

Dopo un po' udimmo di nuovo quel fischio sommesso sopra di noi, e questa volta scorgemmo lo stormo, le ali che catturavano i pallidi raggi del sole. Ma ancora una volta le anatre scomparvero.

Presi il mio richiamo e feci un paio di *quack*. Poi fu il turno di Brandt. Io e mio fratello ci esercitavamo fin da piccoli, e presto il suono dei nostri richiami riempì la valle in cui scorreva il fiume.

«Mettetevi giù, stanno tornando» sussurrò mio padre. Poco dopo le anatre erano davanti a noi, volavano in cerchio sopra le esche galleggianti. «Lasciate che si avvicinino» disse mio padre.

Cercai di restare immobile ma mi tremavano le gambe. Vidi lo stormo che iniziava a scendere rapidamente, con le ali strette sul corpo, e due germani che tenevano le lucide zampe arancioni abbassate come i carrelli di un aereo.

«Sei pronto, Drew?»

Non dissi niente, feci solo un cenno a mio padre. Le anatre erano a una trentina di metri da noi. Distinguevo le teste verdi e i becchi gialli dei maschi.

«Spara» gridò mio padre.

Mi alzai di scatto e affondai il Remington nella spalla. Non vidi niente, se non quella testa verde inclinata davanti alla canna del fucile e le ali che sembravano sbattere al rallentatore. La spalla destra subì un violento contraccolpo e la cartuccia di plastica gialla mi sfarfallò nella coda dell'occhio al primo sparo. *Mancato.* Spostai lentamente il fucile, seguendo il germano che si alzava in volo, e premetti di nuovo il grilletto. *Mancato.* L'anatra continuava a volare.

Ultimo colpo.

Il Remington aveva solo tre cartucce.

Parti da dietro l'uccello, scorrigli sopra e spara. Mi ripetei la lezione che mio padre mi aveva impartito come fosse il catechismo. Il germano si allontanava rapidamente, raggiungendo una distanza di sicurezza, quando esercitai un'ultima, lenta pressione sul grilletto.

«Preso!» gridò mio padre a Rough, che ansimava impaziente di fianco all'appostamento. «Pensavo l'avessi perso, Drew, e invece...»

Su quell'ultimo sparo mi svegliai di soprassalto, in Messico, convinto per un istante di essere ancora a caccia in Kansas. Sentivo qualcosa di umido che mi raspava la guancia.

«Cosa c'è?»

Era pieno giorno e un cagnolino mi stava leccando il sudore.

Mi strofinai gli occhi, chiedendomi da dove fosse saltato fuori quel cucciolo. Era un husky con gli occhi azzurri, e aveva un collare rosso con una campanella tonda intorno al collo. Scorrazzava sotto i raggi del sole, annusando e leccando tutti.

Chino mi disse che due giovani marines l'avevano trovato abbandonato in uno dei rifugi – senza cibo né acqua – e se l'erano portato dietro come mascotte. Qualcuno gli aveva anche dato un nuovo nome: El Toro, in onore del capitano che aveva dovuto lasciarci.

Brady e io riempimmo le nostre sacche con le cose che avevamo comprato al Soriana e ci infilammo sul sedile posteriore della Volkswagen Passat del Chapo, con indosso le nuove T-shirt e i bermuda. Un giovane tenente dei marines si mise al volante e Chino prese posto accanto a lui.

«Questo è il modo migliore di muoverci» dissi a Brady. Non davamo nell'occhio, finalmente privi dei tipici ammennicoli delle auto dei narcos.

Chino fece una sosta al Plaza Fiesta per le ultime provviste. Riconobbi immediatamente il posto in cui El Chapo mandava Naris a prendere i suoi uomini quando voleva conferire a quattr'occhi con loro.

Mentre aspettavamo Chino, io e Brady comprammo dei taquitos coperti di *queso* fresco e salsa verde.

Vedendomi disarmato, Tigre mi aveva prestato la sua pistola FN Herstal Five-Seven, una semiautomatica di produzione belga. Era una pistola di piccolo calibro – con cartucce 5,7 × 28 millimetri – ma molto efficace a distanza ravvicinata: i colpi erano in grado di penetrare giubbotti antiproiettile, motivo per cui veniva generalmente chiamata *il killer dei poliziotti*.

Brady e io eravamo sul retro della Passat quando i nostri BlackBerry vibrarono all'unisono. Novità dal Texas.

A El Paso Joe e Neil, con l'aiuto di Camila e dei suoi assistenti, ce l'avevano fatta: la richiesta d'intercettazione *roving* che era costata tanta fatica a tutti loro aveva ottenuto l'approvazione dal magistrato.

«Adesso Top-Tier!» gridò Brady.

«Fantastico! Condor è ancora attivo» dissi. «Il prefisso è 669.»

«Sì, 669.»

Tutti i numeri di Culiacán avevano il prefisso 667. Questo, 669, stava a significare che si trattava di un numero di Mazatlán. Aprii lo schermo del mio MacBook, tenendolo in equilibrio sulle ginocchia, e digitai il comando ping. In pochi secondi ebbi la risposta. Il cellulare era attivo lungo la riviera di Mazatlán.

Un posto chiamato Miramar.

Hotel Miramar.

L'UOMO COL BERRETTO NERO

Leroy aveva lasciato Culiacán con Zorro e la sua squadra un'ora prima e ormai era quasi arrivato a Mazatlán. Gli mandai il nuovo numero di Top-Tier.

«El Roy si sta dirigendo là proprio adesso, per confermare il ping» spiegai a Brady.

«Spero solo che Condor lo tenga acceso ancora un po'» disse Brady.

Era giunto il momento: stavamo andando verso il mare per l'ultimo tentativo. Stretto fra gli altri sul sedile della Passat, sentii le gambe che cominciavano a tremare. Mi prese un senso di frenesia e d'insofferenza, sempre più forte col passare dei minuti. «*Ándale!*» gridai ai miei compagni seduti davanti, dando una pacca sulla spalla al giovane tenente. Lui accelerò e il motore andò su di giri, ma la Passat sembrava sempre arrancare.

In quel momento ricevetti un nuovo messaggio di Leroy sul mio BlackBerry.

«Confermato. È al Miramar.»

La SEMAR aveva affittato una casetta in Calle Bernardo Vázquez – un'abitazione privata in una tranquilla zona residenziale di Mazatlán – perché potessimo allestirvi discretamente la nostra base operativa, lontano dagli *halcones* del Chapo. Entrando, per poco io e Brady non inciampammo nelle pile di equipaggiamento tattico che coprivano il pavimento. Erano tutti euforici. Dal soggiorno arrivava l'eco di grandi risate e qualcuno aveva appena ordinato delle pizze. Alcuni marines stavano sdraiati sui divani a guardare la tv, mentre altri erano seduti intorno al tavolo della cucina con Leroy e la sua squadra di marshals.

Leroy si alzò e ci fece cenno di seguirlo in un angolo tranquillo.

«Quanto siete certi che El Chapo abbia il cellulare Top-Tier?» chiese.

«Al cento per cento» risposi.

«Come fate a esserne così sicuri?»

«Condor digita la maggior parte dei messaggi» dissi. «Ma a volte El Chapo prende il BlackBerry e li scrive direttamente lui.»

«Come fate a saperlo?»

«El Chapo scrive come un bambino dell'asilo, sbaglia l'ortografia» spiegò Brady.

«Guarda questo messaggio; è arrivato un'ora fa.» Mostrai a Leroy lo schermo del mio BlackBerry. «El Chapo parla di una casa in cui sta pensando di trasferirsi. Guarda come scrive.»

Sy pero no tyene pura kosyna mannan en la mana le pone mynysply

Tradussi a voce alta.

«Sì, ma non ha una vera cucina. Domani mattina ci

metterà una mini... provvista? Mini-qualcosa... Chi diavolo capisce cos'ha scritto lì? Comunque, vedi come scrive cucina, *cocina*?»

«Già, *kosyna*» disse Leroy annuendo.

Quando era El Chapo a scrivere, spiegai, si vedeva spesso la *i* sostituita da una *y* e la *c* da una *k*. Guzmán scriveva *byen* al posto di *bien*, e *kuanto* al posto di *cuanto*. Non era il tipico slang degli sms, era una peculiarità del Chapo. Scriveva ogni parola in base al suono. E i suoi messaggi erano pieni di costruzioni inventate da lui. Anche una parola semplice come *caliente* El Chapo la scriveva così: *kalyente*, segno del fatto che la mano dietro quei messaggi era la sua, non del suo segretario.

«Quindi siete convinti che Guzmán si trovi nella stanza in cui abbiamo localizzato il cellulare» disse Leroy.

Presi il berretto da baseball nero che avevo portato con me e mi misi sulla testa quel trofeo di guerra.

«Sì, ne sono convinto, El Roy. Un'ora fa, quando è stato inviato questo messaggio – con *cocina* scritto in quel modo – il BlackBerry era in mano a El Chapo.»

Erano arrivate le pizze e tutti cercavano di accaparrarsene una fetta, ma io non avevo tempo per mangiare. I miei capi a Città del Messico ci avevano fornito tre Suburban blindate della DEA, nuove di zecca questa volta, le migliori del nostro parco macchine. Lasciai a Nico il comando.

«Quando arriva Tigre, aggiornalo e mettete a punto un piano per la cattura» gli dissi. «Brady e io dobbiamo andare in città a recuperare i veicoli. Quando torniamo, vediamo di passare all'azione.»

«Tranquillo» rispose Nico.

Quando rientrammo, la mezzanotte era passata da trenta minuti. I marines dormivano profondamente. Leroy e la sua squadra erano come svenuti sul divano e sul pavimento, senza coperte né cuscini; un ammasso di corpi distesi sulle piastrelle. Anche Nico era crollato su un letto al piano di sopra.

«Capisco che sono tutti stanchi» dissi a Brady, «ma insomma, cazzo...»

Era arrivato il momento, stavamo per catturare l'uomo più ricercato del mondo ed erano tutti fuori gioco?

«Sveglia!» dissi, scuotendo Nico. «Com'è andata con Tigre?»

Nico aprì gli occhi, mezzo intontito.

«Con Tigre» ripetei. «Qual è il suo piano?»

«Non l'ho visto.»

«Cosa vorresti dire?»

«Che non è venuto.»

«E dove diavolo è?»

«In un motel del cazzo qui nei sobborghi con qualcuno dei suoi.»

«Cazzo!» gridai. «Se ha un piano, è chiaro che dobbiamo saperlo. Dai, tirati su. Dobbiamo trovarlo subito.»

Brady e Nico salirono con me sulla Suburban e dopo venti minuti mi fermai vicino all'ingresso di un motel.

«Che schifo di posto» disse Brady. «Solo neon rossi e garage.»

Era quel genere di motel in cui la gente porta una puttana per un paio d'ore. Ogni stanza era dotata di un garage privato, in modo che il cliente potesse tenere nascosta la macchina.

«In che stanza sta Tigre?» chiesi a Nico.

«Non lo so. Non risponde al cellulare.»

«Okay, allora busseremo a tutte le porte.»

Cominciavo a sentire la mancanza del capitano Toro. Eravamo alle prese con un contingente di giovani marines – tutti sui vent'anni – energici e non privi di esperienza, ma sprovvisti dei nervi saldi e dell'autorevolezza di Toro.

Avevamo bisogno di coordinarci, di comunicare, di stabilire un piano di cattura dettagliato... un piano che tenesse conto degli imprevisti. Avevo invece l'impressione che tutti se ne andassero un po' per i fatti propri. C'era troppa improvvisazione.

Ci dividemmo e cominciammo a bussare alle porte. Facemmo sussultare due clienti dall'aria ambigua e svegliammo diversi marines inebetiti che condividevano delle piccole stanze nel tentativo di ritagliarsi un attimo di riposo.

Trovammo Tigre nell'ultima stanza. L'avevamo chiaramente risvegliato da un sonno profondo, ma era abbastanza lucido da condurci nell'annesso garage, dove avremmo potuto parlare liberamente.

«*Carnal*» dissi. «Se hai un piano, ce lo devi dire.»

«Certo che ho un piano» rispose Tigre, scrollandosi le ragnatele di dosso. «Come sempre.»

«Tigre, sono preoccupato per le condizioni dei nostri uomini e per la disposizione delle forze in campo» dissi. «E perché El Chapo si è rintanato al Miramar? Sono sicuro che conosce ogni dettaglio di quel posto, la configurazione di tutti i piani, i vani scala, le uscite... mentre noi non ne sappiamo niente. Di quanti uomini disponi?»

«Qui ho quaranta marines» rispose Tigre. «Faremo irruzione nell'albergo e metteremo un paio di *rápidas* lungo il perimetro esterno...»

«Non basta!» lo interruppi. Mi resi conto che per lui quella era un'operazione come tante, l'ennesima porta da abbattere. Lui e i suoi marines erano come assuefatti, di operazioni simili ne avevano fatte parecchie a Culiacán, e i raid all'alba erano diventati una specie di routine.

«Abbiamo bisogno di più uomini sul perimetro esterno» dissi. Brady annuì, mostrandosi d'accordo. «E di quanti più uomini possibile all'interno.»

«C'è un'altra brigata in fondo alla via» disse Tigre. «Appena abbiamo il via libera, la faccio intervenire.»

«Quanti sono?»

«Avrò a disposizione altri trenta marines in un quarto d'ora. Poi altri trenta più tardi.»

«Bene» dissi. «Sessanta uomini in più dovrebbero bastare. E dove sono gli elicotteri? Avremo bisogno di supporto aereo nel caso riesca ad allontanarsi dal Miramar.»

«Gli elicotteri sono a due ore da qui» rispose Tigre.

«No, non va bene» dissi. «Abbiamo bisogno che siano più vicini.»

«Li farò trasferire a Culiacán. Quando daremo il via libera, in un'ora saranno qui.»

«Perfetto» dissi. «Falli disporre là. Non vogliamo che siano troppo vicini. Questi movimenti potrebbero insospettirlo.»

«*Claro*» rispose Tigre.

«Fammi vedere dove intendi piazzare i *rápidas* lungo il perimetro esterno» dissi, indicando nel suo iPad l'Hotel Miramar su Google Earth. Tigre disse di avere a disposizione solo tre *rápidas*.

«Solo tre?» chiesi. «Come pensi che potremo entrare?»

«Useremo le nostre macchine, le riempiremo con i nostri uomini. Ci piazzeremo davanti all'ingresso dell'albergo ed entreremo da lì.»

«Bene» dissi, tirando finalmente un respiro di sollievo.

«Ci troviamo qui alle cinque pronti a entrare in azione» concluse Tigre.

Erano da poco passate le tre quando lasciammo Tigre per tornare alla casa in Calle Bernardo Vázquez. Nico e Brady andarono di sopra a riposare.

Io ero troppo teso per dormire, e comunque avremmo dovuto svegliarci dopo un'ora. Mi sedetti al tavolo in cucina ed esaminai sul mio MacBook gli edifici intorno all'Hotel Miramar. Non volevo lasciare niente al caso. L'ingresso era presidiato, ma temevo che El Chapo potesse sgattaiolare fuori da una porta laterale o sul retro e infilarsi in una macchina sull'Avenida Cruz Lizarraga, dietro l'albergo.

E se si fosse inventato in anticipo qualcosa con Kava? Se avessero fatto in tempo a costruire uno dei loro ingressi a un tunnel in una stanza al pianterreno dell'albergo? Se avessero potuto accedere al sistema fognario direttamente dai sotterranei dell'albergo? A un pozzetto stradale o a un tombino da qualche parte lungo la strada?

Avevo indossato il berretto nero del Chapo così a lungo che la visiera era ormai sudaticcia e appiccicosa, e sentivo che la fronte cominciava a esplodere. Presi una fetta di pizza ormai fredda e scrissi un rapido aggiornamento per il mio supervisore all'ambasciata di Città del Messico.

22/2/14, 3.33: Andrew Hogan al supervisore di gruppo --------------------------------- : 23.226827-106.427935 targ loc irruzione alle 0530 – è là dentro.

Premetti Invio, diedi un morso alla pizza e lentamente l'ansia si placò. Ero perfino riuscito a sorridere guardandomi riflesso nello schermo del computer, con gli occhi gonfi di sonno sotto quello stupido berretto nero.

Ripensai a Diego, che di sicuro stava dormendo profondamente, a Phoenix. Sapevo che il mio vecchio compagno di avventure avrebbe dato qualunque cosa per essere con noi a Mazatlán per catturare El Niño de La Tuna...

Cuando nació preguntó la partera
Le dijo como le van a poner?
Por apellido él será Guzmán Loera
Y se llamará Joaquín...

Iniziai a scrivergli un sms, ma mi fermai a metà: non era il caso di svegliarlo.

Guardai l'ora sul computer. Erano le quattro in punto.

«*Despiértate!*» gridai, alzandomi in piedi. «*Despiértate!*» Feci un giro della casa gridando a tutti di svegliarsi, accendendo le luci e strappando via le coperte.

«Dobbiamo muoverci! Forza, in piedi!»

Buio pesto, ore 4.58. Feci un respiro profondo e mi infilai alla guida della Chevy Suburban bianca carica di marines armati di AR-15. Tigre era al mio fianco. Lanciai un'occhiata nello specchietto retrovisore a Brady, che guidava un'altra Suburban bianca su cui aveva preso posto un secondo gruppo di marines; insieme formavamo la squadra che avrebbe fatto irruzione. Tigre e io avremmo fatto strada fino alla striscia di alberghi e condomini del Malecón, il lungomare di Mazatlán lungo 20 chilometri.

Aspettavamo il via libera di Leroy e Nico, che si trovavano con gli altri uomini della SEMAR. I colleghi dell'intelligence e della sicurezza erano ancora alla ricerca della conferma definitiva che il BlackBerry Top-Tier fosse all'interno dell'Hotel Miramar.

Nell'attesa scrissi velocemente un messaggio a mio padre in Kansas.

Ci siamo, sarà dura.

In quel momento la radio di Tigre gorgogliò. Udii le parole che stavamo tutti aspettando:

Luz verde.

«*Vamos*» disse Tigre. Ingranai la marcia, uscii dal parcheggio e imboccai l'autostrada deserta.

Nessuno fiatava. I marines erano silenziosi, controllavano i loro fucili concentrandosi sull'operazione. Lungo il tragitto fummo raggiunti da tre *rápidas*, e insieme procedemmo in convoglio lungo la Mexican Federal Highway 15 fin nel cuore di Mazatlán.

In meno di otto minuti il convoglio raggiunse il Malecón, ma mentre stavo per svoltare a sinistra in Avenida del Mar venni bloccato da una macchina della polizia municipale con i lampeggianti blu e rossi accesi: il poliziotto in uniforme (camicia bianca e berretto blu) che stava alla guida mi fece cenno con una mano di fermarmi.

«Non siamo fortunati» dissi a Tigre.

Sterzai per fare la curva e tagliai la strada alla polizia,

mancando di pochi centimetri il paraurti anteriore della loro macchina. A quel punto mi accorsi che c'erano diversi lampeggianti blu e rossi: cinque o sei auto della polizia municipale bloccavano il Malecón in entrambe le direzioni.

Poliziotti del cazzo! Sapevano che stavamo arrivando?

Tigre era impassibile. Strinsi con forza il volante e schiacciai a fondo l'acceleratore verso l'ingresso dell'albergo, lanciando un'occhiata alla FN Five-Seven che avevo infilato nella cintura.

E se salta tutta l'operazione? In questo caso Bravo piomberà sul Malecón da un momento all'altro con un esercito di guardie del cartello pronte a combattere. Avranno AK, bombe a mano, RPG, mentre io ho solo questa cerbottana belga...

Puntai il muso della Suburban davanti all'ingresso del Miramar. Il cancello era sorprendentemente aperto. Vidi Brady saltare giù dalla Chevy e mettersi a correre come un pazzo, e poi scomparire dietro l'albergo. Sapevo che voleva coprire il muro di cinta, perché anche lui temeva che El Chapo potesse scappare da una porta sul retro. Ma con noi due a sorvegliare, non saremmo andati incontro a una débâcle come a Cabo San Lucas.

Brady prese due giovani marines vicino a lui e li mise a guardia del muro e dell'uscita del parcheggio. Poi entrò nella lobby, mentre tre marines bloccavano il guardiano e cercavano le chiavi delle stanze dietro al bancone. Tigre e i suoi erano già penetrati all'interno.

Io ero vicino alla piscina, e tenevo sotto controllo la facciata dell'albergo, con l'FN Five-Seven puntata nel buio circostante mentre cercavo di scrutare le ombre.

Avrei preferito essere dentro con Tigre ad abbattere una porta dopo l'altra, ma sapevo che era fondamentale tenere sotto stretto controllo il perimetro esterno. E non avrei fatto affidamento su nessun altro.

Maledizione, abbiamo bisogno di altri uomini da quella parte...

In quell'istante apparve Leroy: usciva dall'albergo diretto verso la strada.

Cosa diavolo sta combinando?, mi chiesi. *Dovrebbe essere dentro a cercare la porta giusta...*

Leroy uscì sul Malecón e indicò l'albergo.

Mi guardò, poi tornò a fissare la facciata.

«Quarto piano» disse. «Ricevo un segnale forte dal lato nord.»

Poi fece un gesto con le mani e sparì di nuovo all'interno del Miramar.

Pochi minuti dopo si accesero in successione delle luci... Una stanza dopo l'altra, un piano dopo l'altro, l'albergo si stava illuminando.

Bene, finalmente stiamo arrivando a qualcosa...

Non potevo più aspettare; era passato troppo tempo. Se El Chapo stava pianificando un'altra fuga, quello era il momento.

Corsi lungo la rampa d'accesso dell'hotel per tornare in strada – volevo percorrere di persona il perimetro esterno per controllare che ci fosse un numero sufficiente di marines a coprire i lati e il retro dell'edificio – quando sentii un altro forte gorgoglio.

Poi un parlare fitto in spagnolo alla radio: «*Ya tenemos el blanco!*».

Risalii la rampa per raggiungere Nico, che teneva la radio schiacciata contro l'orecchio. «Hanno arrestato l'obiettivo! L'hanno preso!» disse.

Un altro gorgoglio: «*Dame un blindado!*».

«Hanno bisogno di un veicolo blindato! Adesso!»

Non riuscii a sentire nient'altro dopo quell'eco – *Dame un blindado!* – poi calò un silenzio assordante. Mi voltai e mi lanciai verso la Suburban.

Con la pistola nella mano destra corsi come non avevo mai fatto in vita mia.

Misi in moto la macchina e mi precipitai lungo la rampa d'accesso al garage sotterraneo. C'erano tre marines che mi facevano cenno di sbrigarmi.

Vamos! Vamos! Vamos!

Era troppo buio là sotto per vedere chiaramente, ma sapendo che i marines stavano per portare fuori El Chapo feci una manovra per mettere la Suburban in condizione di ripartire in fretta.

Con la precisione di un orologio svizzero spuntarono altri tre marines che cercavano di rimettere in piedi un uomo senza camicia che giaceva disteso sul pavimento. Vidi solo un'ombra scura e un improvviso lampo di pelle bianca. Mentre lo sollevavano bruscamente, spingendolo fuori dall'ascensore d'acciaio, notai che aveva le mani ammanettate dietro la schiena e che non era bendato.

Il prigioniero era un uomo basso, a torso nudo, ma non riuscivo a vederlo in faccia attraverso lo spesso vetro oscurato e a prova di proiettile della Suburban. Nel bagliore delle torce, la pelle sul suo petto diventava sempre più bianca.

Saltai fuori dalla Suburban, con il berretto nero in testa e il passamontagna, e corsi verso il prigioniero.

Mi fermai di colpo davanti a lui.

Finalmente eravamo faccia a faccia.

Non riuscii a trattenermi.

«Che succede, *Chapo-o-o-o!?*»

A quel signore della droga dovette fare uno strano effetto trovarsi di fronte un uomo che indossava uno dei suoi berretti neri. Guzmán strabuzzò gli occhi, poi abbassò una spalla, trasalendo, come se pensasse che stessi per colpirlo.

Lo fissai. El Chapo sostenne il mio sguardo, ma solo per un momento. Non potevo più sbagliarmi: avevo davanti il mio uomo. I suoi capelli sempre in ordine erano unti e arruffati, ma aveva ancora i suoi caratteristici baffi folti e neri. La pelle invece era bianchissima, quasi traslucida per via dei molti anni passati senza vedere la luce del sole, in tane e tunnel da topi. Indossava dei pantaloni neri di una tuta Adidas a vita bassa; gli coprivano a malapena le ossa iliache, lasciando intravedere il ventre sporgente da Buddha.

Mentre i marines lo scortavano verso la Suburban, gli diedi una pacca sulla spalla; non forte, giusto una bottarella che voleva dire *bravo!*, come avevo fatto una volta con mio fratello Brandt dopo un touchdown, o con Diego dopo avere portato a termine un'importante operazione sotto copertura.

Ritrassi la mano intrisa del suo sudore. Sembrava quasi che gli avessero spalmato sulla schiena dell'olio solare. Probabilmente non si lavava da giorni. Mi misi al volante della Suburban mentre El Chapo veniva spinto sul sedile posteriore centrale, affiancato da due marines che a intervalli regolari gli facevano domande. Ma lui, come un automa, rispondeva soltanto: *«Está bien, está bien...».*

Mi voltai di scatto: *«Mira!».*

El Chapo mi rispose in tono pacato e rispettoso: «*Sí, señor?*».

Gli feci rapidamente tre foto con l'iPhone. Poi mi voltai di nuovo, mandando su di giri il motore pronto a scattare.

Solo in quel momento mi resi conto che non avevamo una *exit strategy*. Nelle ultime settimane ci eravamo concentrati sulla caccia e non avevamo fatto un piano nell'eventualità che riuscissimo ad arrestare El Chapo e a tenerlo ammanettato.

Bene, adesso devo portare questo bastardo a Città del Messico e farmi 1016 chilometri al volante. Dodici ore filate. Non facile, ma fattibile...

A quel punto, però, scesi dalla Suburban, rendendomi conto che sarebbe stato troppo pericoloso per qualunque agente americano: un'auto con a bordo Chapo Guzmán sarebbe stata un bersaglio mobile in tutto il Messico. Avrebbe dovuto guidare un ufficiale della SEMAR.

Mi girai e scorsi Brady. Ci vedevamo per la prima volta da quando eravamo arrivati all'albergo. Ci abbracciammo.

«Incredibile!» gridava, con le lacrime agli occhi.

Non l'avevo mai visto emozionarsi. In nessuna occasione, per nessun motivo. Adesso, però, la sua tipica espressione corrucciata si era trasformata in un grande sorriso.

Andammo a piedi dal parcheggio alla strada. Brady parlava, stava dicendo qualcosa, ma non riuscivo a sentirlo, ero ancora sopraffatto dalle emozioni.

Ci avvicinammo alla curva sotto l'insegna del Miramar. La brezza calda dell'oceano mi accarezzava il viso e a poco a poco mi aiutò a uscire dallo stato di trance. Le foglie delle palme sbattevano nel vento sopra le nostre teste. Mi voltai per abbracciare Nico e Leroy. Entrambi, insieme ai marshals di Leroy, erano stati determinanti nelle ultime settimane.

Alzai gli occhi verso il cielo dell'alba: l'oscurità si illuminava lentamente, tingendosi di azzurro. Feci un respiro profondo, girando su me stesso in mezzo alla strada. Finalmente, tornavo a vedere con chiarezza.

La mia famiglia a Città del Messico... Non li avevo più chiamati dopo quella conversazione delirante, sdraiato sul passo carraio del Chapo.

Il primo sms fu per mia moglie.

L'abbiamo preso, baby.

Non è possibile!

Sì, è fatta!

Torni a casa?

Sì.

Quando?

Non lo so. Presto.

Il buio si stava velocemente diradando mentre il sole faceva capolino sopra la Sierra Madre. Udii con gioia, in lontananza, il rumore degli elicotteri MI-17 della SEMAR, un rombo di cavalli in corsa che si faceva sempre più vicino.

QUÉ SIGUE?

Brady e io percorremmo il lungo marciapiede nella base della SEMAR di Mazatlán per raggiungere la stanza degli interrogatori. Chino era davanti all'ingresso, col petto gonfio e un'espressione vuota, e bloccava il passaggio.

«Per ordine del segretario alla Marina non posso far entrare nessuno» disse seccamente.

«Dai, amico» risposi. «Dopo tutto quello che abbiamo passato?»

«Gli ordini arrivano direttamente dal segretario alla Marina.» Chino mantenne il suo sguardo vitreo, poi si girò di scatto e chiuse la porta.

Brady e io rimanemmo fuori, camminando avanti e indietro, finché la porta si aprì di uno spiraglio.

Tigre ci fece segno di sgattaiolare dentro.

Vidi El Chapo seduto su un divano con indosso una maglietta blu. Aveva il volto semicoperto di bende, come una mummia.

Parlava con un tono di voce normale, senza la minima traccia di paura o di rabbia, ma si capiva che era piuttosto abbattuto. Riconobbi immediatamente la voce che avevo sentito nelle registrazioni, una voce che avevo ascoltato così tante volte da arrivare perfino a sognarla.

Ora aveva soltanto un tono strano. Non di stress, né di stanchezza. Forse era sollievo? O consapevolezza che quella caccia all'uomo durata tredici anni era finalmente terminata?

Chino formulò le domande in spagnolo e condusse l'interrogatorio in modo franco e rispettoso.

El Chapo cominciò dichiarando il suo nome completo.

«Joaquín Archivaldo Guzmán Loera.»

«Data di nascita?»

«4 aprile 1957.»

«Dove sei nato?»

«A La Tuna. El Municipio de Badiraguato, Sinaloa.»

Assistevo meravigliato: avevo scritto così tante volte quel nome, quella data e quel luogo – nei rapporti alla DEA, negli aggiornamenti delle indagini, nelle presentazioni in PowerPoint – che era diventato quasi un prolungamento di me stesso. Li sapevo a memoria come il numero della mia previdenza sociale. Sentirli ripetere lì – con l'accento nasale di quel montanaro piccolo e tarchiato – mi sembrava surreale.

Guzmán non era un fantasma, né un mito, né un invincibile signore della droga. Era un criminale ed era stato catturato, come qualunque altro, un delinquente in carne e ossa, con gli occhi coperti da una benda. Stava seduto lì, sul divano, a non più di due metri da me; disse di avere un forte mal di denti e che di recente gli avevano curato un molare.

Chino chiese chi fosse il suo luogotenente operativo di riferimento negli Stati Uniti.

El Chapo fece una pausa, poi rispose: «Nessuno».

Feci un cenno di assenso a Brady. Era un'informazione confermata dalla nostra intelligence.

Chino chiese quanti quintali di droga faceva venire dal sud, in quel periodo. Guzmán rispose che si trattava ogni volta di partite di cocaina fra i 400 e gli 800 chili. Annuii nuovamente. El Chapo non stava mentendo: erano passati i tempi in cui dal Sud America partivano carichi di diverse tonnellate.

Poi Chino gli chiese da quanto tempo viveva a Culiacán.

«Non molto. Un paio di settimane.»

Brady e io ci scambiammo un'occhiata. Quella era una menzogna spudorata.

Chino disse qualcosa a proposito del fatto che il *business* non era più quello di una volta.

«*Claro que sí*» rispose El Chapo. «Non c'è più rispetto. Io mi faccio i fatti miei. Oggi è un business duro. Molto duro.»

Uscii con Brady dalla stanza degli interrogatori e insieme raggiungemmo Tigre e un gruppo di marines che avevano preso parte alla cattura vicino all'MI-17 e al Blackhawk parcheggiati nella piazzola asfaltata. Alla fine scoprii cosa fosse realmente successo poche ore prima al quarto piano dell'Hotel Miramar.

Quando i marines avevano fatto irruzione nella stanza 401, Condor era stato la prima linea difensiva del Chapo. Gli uomini della SEMAR l'avevano subito catturato, poi avevano occupato la suite di due stanze. In una avevano trovato due donne: la cuoca del Chapo, Lucia, e la bambinaia, Vero, addormentate con le sue gemelline di due anni. I marines si erano precipitati nella stanza da letto più grande dove avevano scoperto Emma Coronel, la giovane moglie del Chapo, che si era appena svegliata.

El Chapo era schizzato fuori dal letto in mutande e si era rifugiato in un piccolo bagno con un fucile d'assalto. Mentre Emma gridava: «Non uccidetelo! Non uccidetelo!» Guzmán aveva deposto il fucile, mostrando le mani vuote da dietro la porta. Avevano catturato El Chapo senza sparare nemmeno un colpo e l'avevano portato con l'ascensore di servizio nel parcheggio sotterraneo.

Vidi Brady che aiutava alcuni marines a portare le figlie del Chapo – con indosso ancora i loro pigiamini gialli e rosa – dalla Chevy Captiva all'edificio in cui era trattenuto Guzmán.

Scesi un po' più in giù lungo la strada e vidi Condor – l'avevamo identificato: si trattava di Carlos Manuel Hoo Ramírez – nel cassone di un pickup, ammanettato e bendato come El Chapo.

Lo riconobbi, era l'uomo ritratto nella foto che avevamo trovato nella sua casa a Culiacán. Tirai fuori l'iPhone e feci una foto del tatuaggio che aveva sul polpaccio: la testa di un condor. Ripresi a camminare e vidi Emma, la cuoca e la bambinaia ammanettate all'interno di un altro veicolo, anche loro bendate.

Brady e io continuavamo ad abbracciare tutti i marines che incontravamo nella base e a congratularci con loro. A un certo punto mi resi conto che avevo ancora la pistola di Tigre infilata nella cintola.

«Gracias, carnal» dissi, restituendo a Tigre la sua FN Five-Seven. Non riuscivo ancora a credere che non fosse stato necessario sparare nemmeno un colpo in tutta l'operazione. Tigre prese la pistola e la infilò nella fondina.

«*Tu lo hiciste*» rispose sorridendo. «Hai fatto tutto tu.»

Più tardi, anche l'ammiraglio Garra si lasciò sfuggire un sorriso quando mi congratulai con lui.

Alla fine, Nico, Chino, Chiqui e diversi altri marines condussero El Chapo, bendato e ammanettato, fuori dalla stanza degli interrogatori e lo caricarono sul Blackhawk. Le pale sollevarono nuvole di polvere e terriccio, e dovetti coprirmi gli occhi con una mano mentre l'elicottero si staccava dal suolo diretto all'aeroporto di Mazatlán. Da lì, El Chapo, accompagnato dall'ammiraglio Furia, sarebbe stato immediatamente trasferito con un Learjet a Città del Messico, dove l'avrebbero fatto sfilare davanti alla stampa internazionale.

Poco dopo la partenza del Chapo, io e Brady ci imbarcammo su un MI-17 e decollammo per un volo a bassa quota sulla costa del Pacifico. I due piloti e i loro equipaggi erano fra i migliori della SEMAR ed erano stati con la brigata fin da quando avevamo lasciato La Paz. Per noi erano diventati elementi essenziali del gruppo.

«Non c'è mai un attimo di riposo per questi ragazzi» dissi a Brady. Erano pronti a volare ovunque, con ogni condizione atmosferica e senza preavviso.

I piloti si tennero bassi, appena sopra la superficie dell'oceano, così vicino che vedevo chiaramente la cresta delle onde e mi sembrava quasi di poter allungare una mano fuori dal portellone aperto e toccare l'acqua. Al nostro passaggio, i bagnanti si immergevano come se l'MI-17 potesse colpirli.

Dopo quella breve scorribanda atterrammo all'aeroporto di Mazatlán, da dove El Chapo aveva preso il volo pochi minuti prima sul Learjet.

Quella era l'ultima volta che avrei visto quei marines, lo sapevo, e avevo la sensazione di lasciare un gruppo di fratelli... Quei guerrieri messicani avevano fatto *di tutto* per tenere fuori pericolo il personale americano.

Per settimane avevamo mangiato, dormito e compiuto raid notturni insieme. Al pensiero di tornare alla DEA mi sentivo un estraneo, esattamente come mi ero sentito un estraneo entrando a Culiacán.

Abbracciai Brady un'ultima volta.

E in quell'istante mi resi conto, in un misto di tristezza e gratitudine, che stavo perdendo un compagno. Non avrei mai potuto portare a termine un'operazione del genere – non sarei mai nemmeno arrivato vicino ad arrestare El Chapo – senza l'aiuto di Brady, degli agenti, dei supervisori e dei traduttori dell'HSI al lavoro nella sala operativa di El Paso.

«Di' a Joe e Neil che hanno fatto un pezzo di storia.»

«Sì, è proprio così» rispose Brady.

«Buon viaggio, fratello.»

«Qualunque cosa succeda, potremo sempre contare l'uno sull'altro. Promesso?»

«Promesso.»

Le eliche del King Air cominciarono a girare e uno dei piloti mi disse che erano pronti a decollare. Feci un ultimo cenno di saluto ai marines che stavano sul bordo della pista e saltai sull'aereo.

Ero rimasto solo nella cabina buia del King Air che saliva prendendo quota. Guardai fuori dal finestrino i marines che si facevano sempre più piccoli, poi la costa di Mazatlán sparì in lontananza.

A Città del Messico vennero ad accogliermi sulla pista il direttore regionale McAllister, il suo assistente e il mio supervisore di gruppo, e si congratularono tutti con me per lo splendido lavoro svolto. Grazie a loro mi era stato permesso di condurre l'indagine dall'inizio alla fine, mi avevano concesso tempo e libertà d'azione, e il risultato era una fantastica vittoria per tutta la DEA.

Camila Defusio della Procura federale di Washington – insieme al suo gruppo di assistenti – aveva fatto in modo che gli obblighi giudiziari non intralciassero l'operazione. Ma anche Don Dominguez della divisione Operazioni speciali e il suo staff – compreso il gruppo di analisti a Città del Messico – erano stati eroici protagonisti dietro le quinte della cattura.

I miei capi mi accompagnarono subito a La Condesa per riabbracciare mia moglie e i miei figli.

Mi asciugai le lacrime, ringraziando il cielo per essere di nuovo a casa, e mi sedetti al tavolo in cucina. I rustici pasti della SEMAR mi avevano sempre soddisfatto, ma non potevano reggere il confronto con una cena preparata da mia moglie. Mangiammo lentamente senza quasi scambiarci una parola. Eravamo troppo felici per il fatto di essere di nuovo insieme.

Il mattino seguente feci un giro in bicicletta per la città con mia moglie e i miei figli, proprio come avevamo sempre fatto nei weekend. La domenica il Paseo de la Reforma era chiuso alle auto ed era pieno di gente che andava in bici, pattinava, correva o passeggiava. Nelle edicole tutti i giornali – *Reforma, Excélsior, El Universal, Milenio* – avevano la faccia del Chapo in prima pagina sotto il titolo a caratteri cubitali:

CAPTURAN A EL CHAPO!
CAYÓ!
AGARRAN A EL CHAPO!
POR FIN!
CAE A EL CHAPO!

Dopo le settimane passate con i marines della SEMAR, trovarsi sul Paseo de la Reforma e acquistare quei quotidiani come un messicano qualsiasi significava quasi vivere un'altra vita. Comprai una copia di ogni giornale e le infilai nel portapacchi della mia Raleigh. Avevo l'impressione di essere ancora sotto copertura, una specie di camaleonte che si mescola tra la folla. Ma nessuno poteva sospettare che quel ciclista biondo con la barba in pantaloni corti, maglietta bianca e *chanclas* era stato uno dei protagonisti di quella caccia all'uomo. Nessuno poteva immaginare che poche ore prima ero stato l'agente che aveva guidato la cattura del criminale più ricercato al mondo.

La mattina seguente indossai un completo, mi feci il nodo alla cravatta – come in ogni ordinario lunedì – e mi recai all'ambasciata con la Tahoe blindata.

Ma subito, all'ingresso, mi parve di essere uno zombie: il mio corpo era lì, ma la mente era altrove. Andai alla mia scrivania e sentii un agente che parlava di ping e cellulari a proposito di un'indagine che stava conducendo sul narcotraffico. Mi tremarono le gambe e tutto l'ufficio cominciò a vorticarmi intorno. Sentii calare la pressione e fui colto da un senso di nausea, come se stessi per vomitare sulla scrivania.

Avevo sempre immaginato che mi sarei sentito euforico dopo la cattura del Chapo, invece era il contrario. Nei giorni successivi cercai di scuotermi da quella sensazione, ma il vuoto si fece sempre più profondo.

Dal giorno della sua cattura, avvenuta nel mese di febbraio, El Chapo era stato interrogato negli uffici della Procura generale messicana prima di essere rinchiuso nel carcere più sicuro del paese, il Centro federale di riabilitazione n. 1 (Altiplano) nel Messico centrale, non lontano da Toluca.

Tempo dopo mi venne riferito un eccezionale scambio di battute avvenuto tra gli avvocati della Procura generale e Guzmán. Pare che, nel corso di un interrogatorio, gli avvocati avessero detto di poter finalmente liquidare i tredicimila omicidi attribuiti a El Chapo.

«Tredicimila?» mi dissero che aveva risposto El Chapo, con aria genuinamente sorpresa. «No, non tredicimila. Forse *un paio* di migliaia.»

Al di là del conteggio dei cadaveri, apparentemente Guzmán non costituiva più una minaccia: le autorità avevano garantito all'opinione pubblica che si trovava ad Altiplano in regime di videosorveglianza continua. Quel carcere di massima sicurezza ospitava i più violenti e pericolosi narcotrafficanti messicani ed era considerato a prova di evasione.

Guzmán stava dietro le sbarre, ma il sangue continuava a scorrere nel suo territorio. Il 10 aprile 2014 lessi in un giornale locale che il cadavere di Manuel Alejandro Aponte Gómez – Bravo – era stato ritrovato lungo una strada sterrata vicino a La Cruz de Elota, nello Stato di Sinaloa. A quanto si diceva, Bravo era stato torturato, poi gli avevano sparato diversi colpi ed era stato ucciso insieme a due suoi associati. Nessuno poteva affermarlo con certezza, ma presto si sparse la voce che Bravo fosse morto per aver commesso l'imperdonabile errore di non avere adeguatamente protetto il boss quando era in fuga a Mazatlán.

Alcuni giorni dopo l'assassinio di Bravo, volai a Washington con Tom McAllister e il mio supervisore di gruppo e da lì ci trasferimmo ad Arlington, in Virginia, nel quartier generale della DEA, per ragguagliare Michele Leonhart. In un'affollata sala riunioni fornii tutti i dettagli dell'operazione con l'aiuto di numerose diapositive, e alla fine Michele si congratulò con me e la mia squadra.

«Sono nella DEA da molti anni» disse l'agente speciale a capo della SOD, «e questo è uno dei casi più importanti e meglio risolti che abbia visto nella mia carriera.»

Subito dopo mi infilai in una Suburban nera blindata con Michele Leonhart, e con un corteo di macchine attraversammo il Potomac per raggiungere la sede del dipartimento di Giustizia, dove avremmo incontrato il procuratore generale Eric Holder.

«Questo era l'ufficio di Bobby Kennedy quando era procuratore generale» mi disse uno degli assistenti di Holder quando entrai. Guardai il ritratto di Kennedy – quello in cui indossa un giubbotto da aviatore – appeso alla parete insieme ai ritratti di altri procuratori generali.

Strinsi la mano a Holder ed ebbi subito la sensazione di un sincero e genuino interesse da parte sua. McAllister gli illustrò chi ero, poi mi lasciò la parola e io gli spiegai come si era svolta tutta l'operazione, dalla scoperta di Duck Dynasty alle successive irruzioni nei rifugi di Culiacán, fino alla cattura nell'Hotel Miramar.

Il procuratore mi chiese di raccontargli più nel dettaglio la prima fuga del Chapo attraverso il tunnel sotto la vasca da bagno.

«Be', sapevamo che aveva fatto costruire un tunnel» risposi. «Ma non sapevamo che ne aveva fatto costruire uno in *ogni* rifugio.»

«Di quanti rifugi disponeva?»

«Cinque a Culiacán» risposi. «Tutti collegati attraverso il sistema fognario.»

Holder era impressionato dalla pervicacia con cui avevamo proseguito la caccia e volle sapere con precisione come eravamo riusciti a tenere in vita l'operazione fino alla fine.

«Abbiamo usato i rifugi del Chapo come basi» spiegai. «Li abbiamo praticamente trasformati in caserme improvvisate, ammassandoci uno sull'altro e facendo da mangiare nelle sue cucine. Dormendo nei suoi letti.»

Mezz'ora più tardi, terminato il racconto, il procuratore Holder espresse il ringraziamento ufficiale a nome dell'amministrazione Obama e del popolo americano per avere assicurato Guzmán alla giustizia. Mi disse che tutto questo sarebbe stato ricordato come uno dei principali risultati dell'amministrazione.

«E adesso cosa farà?» domandò Holder.

Lo guardai negli occhi – non capivo bene – poi lui aggiunse: «Dico sul serio, cosa farà nell'immediato? Un po' di vacanza a bersi cocktail sulla spiaggia?».
Tutti risero.
«È quello che sto cercando di capire» risposi.

Cosa potevo fare nell'immediato? La domanda del procuratore generale mi rimbalzava in testa mentre facevo ritorno a Città del Messico. Rientrando all'ambasciata sentii di nuovo quella dolorosa sensazione di vuoto che non mi mollava.
Qué sigue?
Avevo vinto la sfida più grande che un agente impegnato nella lotta al narcotraffico potesse immaginare, eppure mi resi conto che non c'era più niente da fare per me alla DEA. Niente che potessi dare. Non potevo tornare a mettermi sulle tracce di trafficanti di secondo piano – monitorando i loro cellulari, chiamando a rapporto gli informatori, raccogliendo dati, masticando numeri – né in Messico né in altri paesi.
Nel mio mondo, fra tutti gli obiettivi internazionali della DEA, chi era più *grande* di Chapo Guzmán?
In realtà, i miei ultimi anni non erano stati dedicati a El Chapo, ma alla caccia, quella lunga caccia all'uomo che adesso era finita.

Dovevo anche considerare i rischi a cui erano esposti mia moglie e i miei figli, soprattutto lì in Messico. Nessuno ci aveva offerto una qualche forma di sorveglianza, e non avevo nemmeno organizzato il nostro rientro in patria col primo aereo.

Tutto questo faceva parte del mestiere: catturi un boss della droga – anche uno famigerato come Chapo Guzmán – e poi torni al lavoro di prima.

Per quanto ci provassi, tuttavia, non riuscivo a togliermi quella frase dalla mente: *In Messico è tutto bello, finché all'improvviso smette di esserlo.*

Con le preoccupazioni legate alla sicurezza e l'intenso desiderio di affrontare un'altra sfida – la mia prossima caccia – a meno di nove mesi dalla cattura diedi le dimissioni dalla DEA, mi imbarcai su un aereo con la mia famiglia e sparii dalla circolazione alla stessa velocità con cui El Chapo mi era sfuggito sotto il naso a Culiacán.

EPILOGO: OMBRE

Nella prigione di Altiplano, sabato 11 luglio 2015, alle ore 20.52 la telecamera di sorveglianza riprese Chapo Guzmán che si sedeva sul suo letto, si cambiava le scarpe e si infilava velocemente nella doccia costruita in un angolo della sua cella. Sparì dietro il muretto che delimitava la doccia, l'unico punto in quella cella di un metro e mezzo per due nascosto alla telecamera. Scomparve alla vista e se ne andò, scivolando in un buco quadrato di cinquanta centimetri scavato nel pavimento. Si strizzò in un condotto verticale che dava su un tunnel, scese una scaletta e finì in un cunicolo sapientemente costruito, lungo un chilometro e mezzo. Al soffitto erano appese delle luci e dei tubi in PVC pompavano aria fresca per tutta la sua lunghezza. L'ultimo tunnel di Chapo Guzmán aveva l'aria condizionata.

Erano anche stati sistemati dei binari in modo che un ingegnoso veicolo – un piccolo carrello ferroviario attaccato al telaio di una motocicletta opportunamente modificata – potesse portare in fretta il fuggiasco all'uscita del tunnel. Era un cunicolo largo poco più di mezzo metro scavato nella roccia, con le pareti irregolari e senza travi né puntelli, di una misura a malapena sufficiente a far passare un uomo come El Chapo.

Il tunnel arrivava sotto una casa in costruzione nella vicina città di Santa Juana. Quando scattò l'allarme e venne dato il via a un'imponente ricerca, Chapo Guzmán aveva già preso il largo.

L'audacia di quel piano di fuga – oltre al fatto di avere a disposizione del personale capace di scavare sotto il carcere più sicuro del Messico, un po' come avevano fatto Kava e la sua squadra – destò scalpore in tutto il mondo. Ma non fu un mistero per me, né per chi aveva studiato per anni i metodi del Chapo. Come già era successo nel 2001 a Puente Grande, quell'evasione presentava uno dei tratti distintivi del Chapo: la capacità di corrompere, a tutti i livelli.

La versione ufficiale delle autorità messicane venne subito respinta come farsesca. I rapporti in cui venivano riferiti forti rumori di trapanatura erano passati inosservati. Il supposto punto cieco nella videosorveglianza si rivelò un semplice caso d'intenzionale negligenza: le guardie carcerarie avevano deliberatamente ignorato tutto quello che succedeva nella cella del Chapo.

Negli attimi precedenti l'evasione, El Chapo – visibilmente inquieto e nervoso – si avvicina spesso alla doccia per controllare qualcosa dietro il muretto, e a un certo punto si china addirittura, come per aiutare ad aprire qualcosa con una leva. Nel video si vede anche un iPad vicino al letto di Guzmán, a dispetto del fatto che cellulari, tablet e ogni genere di apparecchiatura elettronica fossero assolutamente vietati all'interno del carcere.

Nel riesame condotto mesi dopo dalla commissione bicamerale per la sicurezza nazionale si affermava che El Chapo non era mai stato trattato come un qualsiasi detenuto di Altiplano. Nei diciassette mesi da lui trascorsi in quel carcere gli erano stati concessi dei privilegi straordinari: aveva ricevuto duecentosettantadue visite dei suoi avvocati, oltre alle diciotto di suoi famigliari e a quarantasei visite coniugali. Tra queste, forse la più sensazionale era stato un supposto incontro privato con una deputata del Partito d'azione nazionale di nome Lucero Sánchez López, che era stata accusata di essersi introdotta nel carcere con dei documenti falsi, e di avere trascorso un'intera notte con Guzmán. La Sánchez aveva ovviamente respinto le accuse, ma era stata comunque privata dell'immunità parlamentare.

Il 21 giugno 2017 la Sánchez venne arrestata da agenti federali degli Stati Uniti all'Otay Mesa Cross Border Xpress – il ponte che collega l'aeroporto internazionale A.L. Rodríguez di Tijuana con San Diego – e il giorno seguente incriminata per collusione nel traffico di stupefacenti dalla corte federale della California. Rileggendo i testi delle intercettazioni dopo il suo arresto, io e Brady sospettammo che la Sánchez fosse la *fidanzata* che – come ci aveva raccontato Picudo – era scappata con El Chapo attraverso il tunnel e lungo le fogne a Culiacán poco prima che facessimo irruzione nel rifugio.[1]

---

[1] Nel testo della denuncia depositata contro la Sánchez si afferma che l'ex deputata ha continuato a negare di essere stata l'amante di Guzmán. Tuttavia, nella dichiarazione giurata di un agente, allegata alla denuncia, si legge che un membro del cartello che collaborava con gli investigatori americani aveva sostenuto che la Sánchez era da tempo la fidanzata di Guzmán, e che lei stessa aveva ammesso di essere fuggita con El Chapo lungo il tunnel il 17 febbraio 2014, poco prima che la SEMAR facesse irruzione nel rifugio del boss a Culiacán.

Immediatamente dopo l'evasione, El Chapo recuperò il suo status di latitante più ricercato al mondo. L'Interpol spiccò un mandato d'arresto internazionale. Su Twitter c'era chi sosteneva di aver visto El Chapo tranquillamente seduto in un caffè in Costa Rica. Alcune voci erano ridicole e assurde: secondo qualcuno Guzmán se n'era andato in Patagonia, dove era stato visto in un bar-pasticceria... Esercito e polizia temevano che si fosse rifugiato sulle Ande e che si preparasse a sconfinare in Cile.

In realtà El Chapo non si era allontanato dalle montagne in cui era nato e che gli davano conforto e sicurezza.

Nell'attimo in cui si diffuse la notizia dell'evasione si scatenò una gigantesca caccia all'uomo. L'ammiraglio Furia e la brigata della SEMAR di stanza a Città del Messico presero ancora una volta il comando delle operazioni, seguendo il nostro modello operativo e i risultati di anni di intelligence. La SEMAR, lavorando a stretto contatto con la Procura generale e la polizia federale del Messico, arrestò Araña – il più fidato pilota del Chapo – in quanto sospettato di aver trasportato il signore della droga nella Sierra Madre subito dopo l'evasione da Altiplano.

Guzmán, sentendosi più che mai un intoccabile, rimise in piedi il suo sistema di comunicazioni senza alcun timore. Forse non aveva più Condor come suo fedele segretario, ma le autorità messicane furono tranquillamente in grado di intercettare i messaggi del Chapo ai suoi associati, proprio come avevamo fatto noi per mesi.

Mentre se ne stava nascosto sulle montagne, Kate del Castillo – la star della telenovela preferita di Guzmán, *La Reina del Sur* – era tornata sulla scena e comunicava col

Chapo attraverso diversi BlackBerry specchio. Anche da latitante El Chapo cercava di portare la sua storia sul grande schermo, proprio come aveva fatto con Alex Cifuentes nell'ottobre del 2013. Guzmán era chiaramente ancora infatuato di quella donna, e così eccitato all'idea di incontrarla da ignorare del tutto chi l'avrebbe accompagnata, incluso l'attore Sean Penn. El Chapo non aveva mai sentito parlare di lui, ma Kate gli aveva assicurato che Penn avrebbe potuto facilitare la produzione del film.

Il narcisismo del Chapo lo mise involontariamente in trappola, una variante dell'operazione in stile *Argo* che io e Brady avevamo messo a punto due anni prima. Il 2 ottobre 2015 Guzmán accettò di incontrarsi faccia a faccia con Kate, Sean Penn e altri in un posto isolato nella Sierra Madre, lungo il confine tra lo Stato di Durango e il Sinaloa. Come riferirono i media messicani, le autorità avevano già messo sotto sorveglianza Kate, Penn e gli avvocati del Chapo. L'incontro si trasformò in una cena a base di tequila, con gli amici hollywoodiani di Kate che nel frattempo sviluppavano la storia del boss. Sean Penn, si scoprì in seguito, fece la parte del giornalista incaricato dalla rivista *Rolling Stone* di scrivere un articolo in esclusiva. Quando il pezzo venne pubblicato (*Parla El Chapo*), Guzmán non fece particolari commenti. Quell'articolo sconclusionato – un resoconto in prima persona di una ventina di cartelle – venne considerato da tutti ingenuo e condiscendente, ma scatenò l'ira generale per il fatto che *Rolling Stone* avesse concesso a Guzmán – o meglio, ai suoi avvocati – il diritto di approvare la versione finale.

Secondo Castillo, dopo cena Guzmán se ne andò quasi di punto in bianco, sostenendo che per lui non fosse sicuro passare la notte nello stesso posto dei suoi ospiti. Qualche giorno dopo, la SEMAR mandò alcuni elicotteri a compiere dei raid aerei nei villaggi montani intorno a Tamazula, nel Durango, ma i marines rimasero invischiati in violenti scontri a fuoco con gli uomini del Chapo sul campo. Quando alla fine riuscirono a fare irruzione in una casa nei pressi di Tamazula, trovarono BlackBerry, medicinali e radio ricetrasmittenti. Ancora una volta El Chapo era riuscito a scappare per un soffio dal retro, scendendo lungo il ripido pendio di una collina e poi calandosi in un burrone. Secondo alcune fonti aveva riportato ferite al volto e a una gamba.

Con le forze della SEMAR in azione da sud, e i numerosi raid nei villaggi di montagna – dove avrebbe potuto nascondersi senza correre troppi rischi –, El Chapo non aveva altra scelta che fuggire verso nord attraverso il Sinaloa.

Ovviamente non poteva più contare sulla sua rete di rifugi a Culiacán. Morto Bravo, Guzmán si diresse senza esitare a Los Mochis per mettersi nelle mani dell'unico luogotenente ancora sul suo libro paga, il temuto Cholo Iván. La SEMAR non smise di dargli la caccia, finché El Chapo si fermò lungo la costa del Pacifico, in un rifugio che aveva le stesse caratteristiche di quelli di Culiacán.

L'8 gennaio 2016, al buio e sotto la pioggia, la SEMAR lanciò l'Operación Cisne Negro (Cigno Nero). Diverse unità di marines mascherati si avvicinarono su *rápidas* a fari spenti, con gli elicotteri che sorvegliavano dall'alto, e circondarono una casetta bianca di due piani in un quartiere residenziale di Los Mochis, dove avevano avuto la conferma che Cholo Iván e El Chapo si fossero nascosti.

Verso le 4.30, la SEMAR fece irruzione dalla porta principale e subito venne investita da un intenso fuoco di sbarramento. I marines procedettero lentamente lanciando granate e rispondendo al fuoco con i fucili d'assalto. Dopo più di venti minuti di combattimento, cinque uomini del Chapo giacevano a terra, sei erano feriti e molti altri erano stati catturati. Solo un marine invece era rimasto ferito.

Nel frattempo, però, El Chapo e Cholo Iván erano riusciti a scappare. Perquisendo la casa vennero scoperti due tunnel: uno sotto il frigorifero, l'altro in un ripostiglio annesso alla camera da letto. Un interruttore vicino alla lampadina attivava una botola che, nascosta dietro uno specchio, dava su una scala che portava a un cunicolo collegato con le fogne di Los Mochis. Era la firma del Chapo, il suo inconfondibile modus operandi.

Raggiunta la fogna – alta appena un metro e piena d'acqua per via della pioggia incessante – El Chapo e Cholo Iván avevano dovuto nuotare per quattro isolati in quell'acqua fetida piena di rifiuti organici.

Meno di un'ora dopo i due riemersero dalle fogne. I fuggitivi forzarono un tombino quadrato con qualche difficoltà, incuneando una scarpa per aprirlo. Si erano lasciati alle spalle nella fogna un AR-15 equipaggiato per lanciare granate.

La fortuna del Chapo stava scemando. Stando ai resoconti dei media, Guzmán e Cholo Iván, brandendo i loro fucili, si impadronirono di una Volkswagen Jetta bianca appena usciti in strada. Ma, sorprendentemente, la Jetta si guastò quasi subito, e dopo pochi isolati furono costretti ad abbandonarla. A un semaforo si impossessarono di una Ford Focus rossa, guidata da una donna che viaggiava con la figlia e il nipotino di cinque anni.

A una decina di chilometri da Che Ríos, la Ford venne fermata dalla polizia federale. Cholo Iván scese dall'auto armato mentre El Chapo rimase accucciato sul sedile posteriore.

Sempre secondo i media, El Chapo offrì ai poliziotti case e affari in Messico e negli Stati Uniti, promettendo che "avrebbero potuto dimenticarsi di lavorare per il resto della loro vita". In cambio, dovevano solo lasciarlo andare. I poliziotti rifiutarono e trasferirono i due criminali sulla loro auto. Fecero anche una foto e la inviarono ai loro superiori: mostrava El Chapo seduto sul sedile posteriore con indosso una canottiera sporca e, vicino a lui, Cholo Iván a torso nudo e con lo sguardo truce.

Temendo l'intervento di altri uomini del cartello e per evitare una sparatoria, i poliziotti portarono i due arrestati all'Hotel Doux, appena fuori Los Mochis, e lì rimasero rintanati nella stanza 51 fino all'arrivo della SEMAR e di altri agenti della polizia federale.

El Chapo e Cholo Iván vennero quindi trasportati con un aereo a Città del Messico. Guzmán si ritrovò nuovamente ad Altiplano, lo stesso carcere di massima sicurezza da cui era evaso l'estate precedente. I sei mesi di latitanza – mesi di grave imbarazzo per il governo – erano finalmente giunti al termine.

Missione compiuta, twittò il presidente Enrique Peña Nieto. *L'abbiamo preso.*

Come poteva il Messico garantire che El Chapo non avrebbe tentato di evadere ancora una volta? I dirigenti del carcere dichiararono che il sistema di sorveglianza di Altiplano era stato rinnovato per l'arrivo di Guzmán. Dissero di avere installato centinaia di nuove telecamere, sensori di movimento nei condotti dell'aria e nel sottosuolo, pavimenti di cemento con rinforzi d'acciaio. Avevano anche schierato dei cani addestrati apposta a riconoscere l'odore particolare del Chapo, e dissero che l'avrebbero spostato frequentemente di cella scortato da un'intera squadra di guardie.

Poi, all'alba del 6 maggio 2016, El Chapo venne trasferito senza preavviso in una prigione nei dintorni di Ciudad Juárez, evidentemente per la sua vicinanza al confine, cosa che avrebbe reso più semplice una sua rapida estradizione negli Stati Uniti. Guzmán cominciò subito a lamentarsi del trattamento disumano e delle condizioni insopportabili a cui era sottoposto. La sua cella a Juárez era così sporca che aveva chiesto della candeggina per pulirla con le sue mani. A detta degli avvocati e dello psichiatra che l'aveva visitato, il signore della droga peggiorava a vista d'occhio: era "depresso, soffriva di allucinazioni e di perdita della memoria a causa delle pessime condizioni del carcere in cui era detenuto".

El Chapo disse al dottore che gli veniva inflitta una "tortura psicologica". Nella sua cella la luce era accesa ventiquattr'ore al giorno, e l'unico contatto umano che aveva era con guardie carcerarie col volto coperto. Disse anche che veniva svegliato ogni quattro ore per l'appello. «Non mi lasciano dormire» affermò, com'era scritto nella relazione dello psichiatra. «È un inferno.» Guzmán sosteneva di dover assumere ogni giorno un cocktail di tredici pillole, contro il dolore, l'insonnia e la costipazione. La mancanza di sonno e le allucinazioni erano così gravi che si sentiva sul punto di morire. «Non mi hanno abbattuto» disse, «ma preferirei che l'avessero fatto.»

Il 24 ottobre 2016 Emma Coronel presentò un reclamo ufficiale alla commissione nazionale per i diritti umani in cui sosteneva che le condizioni di quella nuova prigione stavano provocando dei danni *irreparabili* alla psiche di suo marito. Affermava che la reclusione nel carcere di Juárez avrebbe ucciso El Chapo, o l'avrebbe fatto *impazzire* nel giro di pochi mesi. Lamentava inoltre che le visite coniugali con suo marito erano state ridotte da quattro ore a due soltanto a settimana.

Le autorità messicane negarono che i diritti di Guzmán fossero stati violati – veniva semplicemente trattato come un prigioniero sottoposto a una particolare attenzione, considerando che aveva già due evasioni al suo attivo – e lasciarono intendere che le accuse di maltrattamento fossero una strategia legale messa in atto da un individuo particolarmente astuto.

Si può dire che El Chapo sia stato il più potente narcotrafficante di tutti i tempi? In realtà la sua presa su un'attività in continua espansione nel Sinaloa cominciava ad allentarsi.

I suoi figli più fedeli – Iván, Alfredo, Güero e Ratón – erano ancora liberi, ma non godevano nemmeno lontanamente del rispetto che circondava il loro padre. Molti membri del suo cerchio magico erano morti, come Bravo, o in prigione, come Condor, Cholo Iván, Picudo e Araña.[2]

Nemmeno la madre del Chapo era più vista come

---

[2] Non venne mai confermata l'identità di Lic-F, anche se personalmente avevo un fondato sospetto. All'inizio del maggio 2017 la Procura generale del Messico annunciò che l'ex agente di polizia Dámaso López era stato arrestato in un appartamento di lusso vicino al centro di Città del Messico.

un'intoccabile. Nel giugno del 2016 i media riportarono la notizia che un gruppo di centocinquanta uomini armati aveva fatto irruzione nella città natale di Guzmán, La Tuna, uccidendo tre membri del cartello e saccheggiando la casa della madre del Chapo, dove avevano rubato alcuni veicoli. L'ottantaseienne Consuelo Loera de Guzmán non aveva subìto alcuna violenza, ma il saccheggio della casa d'infanzia del Chapo, l'*hacienda* in cui spesso si era rifugiato, nel mondo dei narcos fu visto come una prova incontrovertibile del fatto che Guzmán ormai non aveva più nessun potere sul cartello.

El Chapo avrebbe dovuto affrontare numerosi processi in Messico, soprattutto per traffico di stupefacenti e omicidio, ma il governo dichiarò di non avere più interesse a vederlo comparire in un tribunale messicano, e all'inizio del 2016 il presidente Peña Nieto annunciò di aver chiesto al suo procuratore generale che "l'estradizione di quel pericolosissimo criminale avvenisse nel minor tempo possibile".

Guzmán dovette affrontare la giustizia degli Stati Uniti da imputato per traffico di stupefacenti, associazione a delinquere, riciclaggio, sequestro di persona, e come mandante di svariati omicidi. I tribunali di diversi Stati – Arizona, California, Texas, Illinois, New York, Florida e New Hampshire – avanzarono il proprio diritto a processarlo per diversi crimini, tutti legati al suo ruolo di boss del cartello di Sinaloa.

Molti esperti di legge concordarono sul fatto che, una volta estradato, El Chapo sarebbe stato probabilmente inviato all'Eastern District di New York, la sede di Brooklyn in cui, negli anni Ottanta e Novanta, avevano avuto luogo i processi contro famigerati boss della mafia come John Gotti.

Loretta Lynch, allora procuratore dell'Eastern District – sarebbe poi diventata procuratore generale degli Stati Uniti – aveva firmato di suo pugno l'atto d'accusa, formalizzato il 25 settembre 2014, incriminando Guzmán e altri presunti membri del suo cartello per concorso nell'importazione di tonnellate di cocaina negli Stati Uniti tra il 1990 e il 2005.

Nell'atto d'accusa si sosteneva che Guzmán avesse utilizzato dei sicari in centinaia di atti di violenza in Messico: omicidi, torture e sequestri di persona. Loretta Lynch definiva il cartello di Sinaloa creato dal Chapo "la più grande organizzazione di narcotraffico del mondo", responsabile dell'introduzione della maggior parte della droga negli Stati Uniti.

Tuttavia, data la sua reputazione d'insuperabile artista dell'evasione moderna, fu abbastanza inevitabile che nel luglio del 2016 in rete girasse la voce che Guzmán fosse scappato dal carcere di Ciudad Juárez.

La risposta del governo messicano non si fece attendere: il secretario de Gobernación (una carica che ha fra le sue funzioni quella di ministro dell'Interno) Miguel Ángel Osorio Chong pubblicò una foto su Twitter che mostrava El Chapo nella sua triste cella illuminata a giorno, perfettamente rasato e circondato da un gruppetto di guardie nell'ombra, in attesa dell'estradizione. *Para los rumores, una imagen…* scrisse Osorio Chong. In risposta alle voci che corrono, un'immagine…

Tutto faceva pensare che i legali di Guzmán avrebbero cercato di protrarre per molti mesi le pratiche di estradizione, ma il 19 gennaio 2017 – senza alcun preavviso – il ministero degli Esteri messicano e il dipartimento di Giustizia degli Stati Uniti annunciarono che Guzmán sarebbe stato estradato.

El Chapo venne trasferito dalla prigione ammanettato, con la divisa grigia dei detenuti e un giubbotto beige troppo grande, pallido in volto e con la testa rasata al punto da farlo sembrare uno skinhead. Era chiaramente inquieto e spaventato quando prese posto sul Challenger 605 del governo messicano che decollò diretto a New York poco dopo le 17.30. Alcune ore più tardi l'aereo atterrò all'aeroporto MacArthur di Islip, Long Island. El Chapo venne preso in consegna e scortato da agenti della DEA e dell'HSI.

I tempi di quell'estradizione sembrarono a tutti piuttosto insoliti, e il governo di Peña Nieto non fornì spiegazioni sui motivi che l'avevano indotto a trasferire il suo prigioniero più importante negli Stati Uniti proprio l'ultimo giorno del mandato presidenziale di Obama.

Da Long Island Guzmán venne trasportato nella sua dimora temporanea nel cuore di Lower Manhattan, il Metropolitan Correctional Center (MCC), un edificio squadrato di dodici piani incuneato fra il ponte di Brooklyn e il Manhattan Bridge sulla Park Row. È in quel carcere federale, uno dei più sicuri del paese, che altri celebri detenuti avevano atteso di essere processati, fra cui John Gotti, il boss della famiglia Gambino, e alcuni sospetti terroristi di Al Qaeda, soci di Osama bin Laden e Ramzi Yousef, la mente che aveva organizzato l'attentato al World Trade Center nel 1993.

Guzmán venne rinchiuso nell'ala di massima sicurezza del MCC – la 10 South – nota come *Little Gitmo*.

Il 20 gennaio – mentre la gran parte del mondo guardava la cerimonia d'insediamento del presidente Trump a Washington – Guzmán venne condotto davanti a un giudice nell'Eastern District a Brooklyn, dove ascoltò i diciassette capi d'accusa in cui si sosteneva che tra il 1989 e il 2014, come capo del cartello di Sinaloa, aveva gestito un'impresa criminale responsabile di avere importato e distribuito negli Stati Uniti massicce quantità di stupefacenti illegali e di avere concorso all'omicidio di individui che costituivano una minaccia a questa impresa dedita al traffico di stupefacenti. Il governo degli Stati Uniti richiese che El Chapo restituisse 14 miliardi di dollari di ricavi derivati dal traffico di stupefacenti e profitti illeciti da lui trasferiti illegalmente in Messico dagli Stati Uniti.

«Questo giorno è una pietra miliare nella caccia a Chapo Guzmán» disse Robert Capers, il procuratore federale dell'Eastern District. «Quella di Guzmán non è la storia di un buon samaritano o di un Robin Hood, e nemmeno quella di un celebre illusionista maestro di evasioni. La sua ascesa devastante e omicida ai vertici del traffico internazionale di stupefacenti è simile a un cancro che ha metastatizzato, trasformandosi in un autentico flagello che per decenni ha riempito le strade del Messico di cadaveri, vittime di violente guerre fra narcos per il controllo del territorio.»

I procuratori federali sostennero che El Chapo avesse continuato a gestire il suo impero anche durante la detenzione nelle prigioni messicane. «È un uomo noto per aver dedicato l'intera vita al crimine, alla violenza, alla morte e alla distruzione, e ora dovrà rispondere di tutto questo» disse Capers.

El Chapo non fece passare molto tempo prima di iniziare a lamentarsi delle durissime condizioni a cui era sottoposto a Little Gitmo. Il 3 febbraio 2017, scortato da una massiccia presenza di poliziotti, Guzmán venne portato dal MCC al tribunale federale di Brooklyn. Non si era mai vista una scena simile a New York, nemmeno in occasione dei grandi processi contro i peggiori criminali. Neppure per gangster tristemente famosi come John Gotti o per elementi di spicco del terrorismo internazionale era stato predisposto un dispiego così imponente di polizia e forze di sicurezza.

Una carovana di dodici veicoli, con Guzmán nascosto dietro i pesanti vetri oscurati di un furgone blindato, bloccò per quindici minuti il ponte di Brooklyn nel pieno dell'ora di punta. Le autorità ammisero di temere che El Chapo avesse le risorse per lanciare un'operazione di salvataggio su *scala militare*.

Guzmán comparve davanti al giudice con indosso l'uniforme blu della prigione, e a un certo punto si girò per fare un sorriso a sua moglie, Emma, che era seduta in prima fila nell'aula del tribunale. Non si erano ancora mai visti da quando era stato estradato.

Gli avvocati difensori chiesero che venissero alleggerite alcune delle misure di sicurezza più rigorose messe in atto al MCC. Lamentarono il fatto che Guzmán era chiuso in cella per ventitré ore al giorno, che gli veniva consentito di uscirne solo per parlare con un numero limitato dei suoi legali, e che gli veniva concessa soltanto un'ora di esercizio fisico nell'arco della giornata. Uno dei suoi avvocati d'ufficio, Michelle Gelernt, definì le misure di sicurezza *estremamente restrittive* e disse che a El Chapo doveva essere almeno consentito di telefonare ai suoi legali e avere dei colloqui a quattr'occhi con sua moglie. Inoltre ribadì che Guzmán non aveva mai creato problemi di sicurezza da quando era arrivato negli Stati Uniti, e che di conseguenza le attuali restrizioni erano eccessive.

Ma il giudice Brian Cogan non si lasciò impressionare. E senza citare le due evasioni precedenti, disse con aria impassibile, a proposito delle misure di sicurezza: «Abbiamo i nostri buoni motivi».

Era un sabato sera ventilato di mezz'estate. Mi trovavo in Arizona per il matrimonio di un amico, e Diego venne a prendermi allo Sky Harbor International Airport con la sua Chevrolet Silverado.

Non era la vecchia Black Bomber, ma il potente impianto stereo mi fece ripensare ai tempi in cui avevamo lavorato insieme, dieci anni prima, nella squadra speciale di Phoenix.

«*Paraíso personal de la dinastia Guzmán entre bungalows y alberca*» cantava Diego schiacciando a fondo l'acceleratore. «*Lo querían asegurar al más grande de los grandes… Señor Chapo Guzmán.*»

Un paradiso privato per la dinastia Guzmán
Fra i gazebo e la piscina
Volevano catturare il più grande di tutti
Señor Chapo Guzmán

Mentre ci avvicinavamo al quartiere di Maryvale per un piatto di *mariscos* e una birra mi sentivo come ai vecchi tempi.

Andavamo incontro a un tramonto quasi accecante, e i grandi cactus saguaro sullo sfondo delle Phoenix Mountains ci davano il benvenuto come a vecchi amici. Dalle casse Bose connesse via Bluetooth all'iPhone usciva a tutto volume il narcocorrido *La Captura del Chapo Guzmán* di Jorge Santa Cruz. Diego cantava a voce alta scandendo le parole, sillaba dopo sillaba, guidando la Silverado verso ovest sull'Interstate 10.

Non avevo più bisogno di aiuto con la traduzione. E mi tornò in mente ciò che Diego mi aveva detto quando ero da poco entrato a far parte della DEA: «Nel mondo dei narcos non sei nessuno finché non hai il tuo corrido».

Ero impressionato dalla precisione con cui *La Captura del Chapo Guzmán* raccontava tutta la vicenda. Ogni dettaglio dell'operazione era ripreso nei versi della canzone: l'irruzione dei marines nel paradiso privato del Chapo, Duck Dynasty; il piano B per catturarlo di sorpresa nel rifugio di Río Humaya a Culiacán; l'evasione alla Houdini nel passaggio segreto sotto la vasca da bagno e lungo il sistema fognario; la confessione di Picudo, che aveva lasciato *el más grande de los capos* sulla strada per Mazatlán, dove Bravo doveva prenderlo in consegna. E infine l'accerchiamento dei marines il 22 febbraio, poco prima dell'alba, e l'irruzione a sorpresa nella stanza 401.

A Mazatlán, Sinaloa
Un lugar paradisiaco
Elementos de Marina

Uno a uno fue llegando
Pa no levantar sospechas
En el Hotel Miramar
El 22 de Febrero
Cayó El Chapito Guzmán

«Ehi, parlano di te» disse Diego. «La caduta di Chapito. È il tuo corrido, Drew. *Felicidades!*» Fece una sonora risata. «Ce l'hai fatta, fratello.»

Annuii mentre Diego imboccava l'uscita 138, svoltando nella Cinquantanovesima Avenue.

Tuttavia, per quanto precisa fosse la ricostruzione della cattura fatta nel corrido, il testo non menzionava le forze americane in campo, né venivano pronunciate le tre lettere più temute dai narcotrafficanti: DEA.

«Sì» risposi, «ma manca qualcosa.»

«Cosa?»

«Non si parla delle Tres Letras.»

«È vero» disse Diego. «Ma loro non sapevano delle Tres Letras.»

«*Como siempre*» risposi sorridendo. «Nell'ombra. Come sempre.»

342

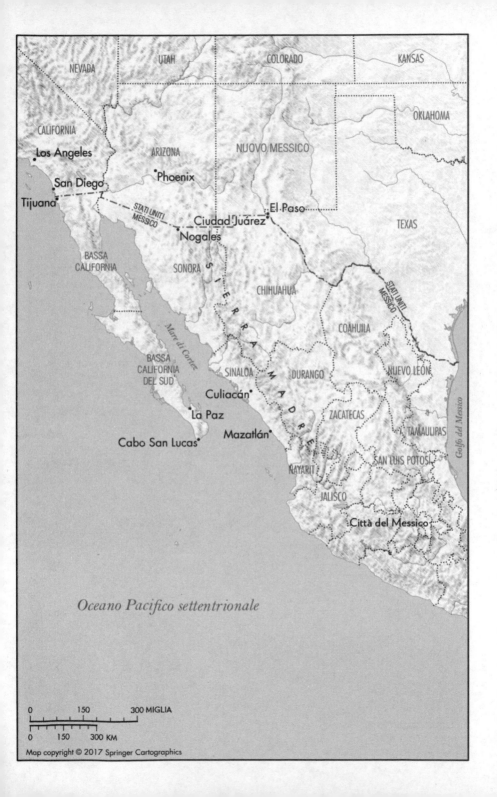

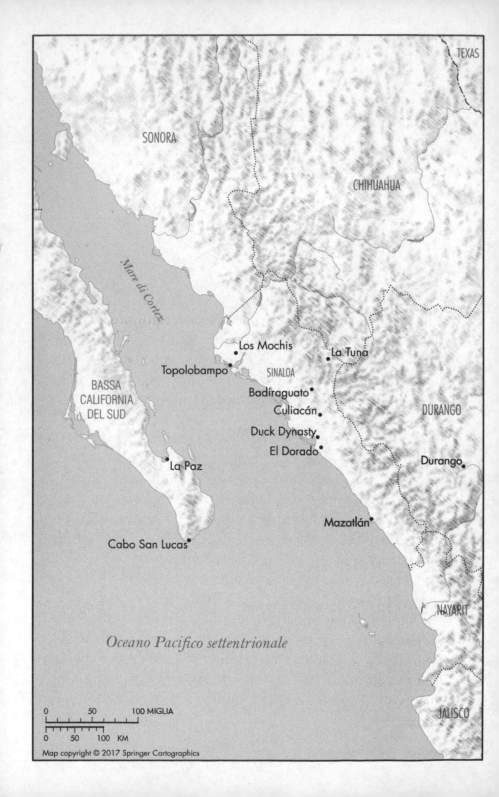

TEXAS

SONORA

CHIHUAHUA

Mare di Cortez

Los Mochis

La Tuna

Topolobampo

SINALOA

BASSA
CALIFORNIA
DEL SUD

Badiraguato

Culiacán

DURANGO

Duck Dynasty

El Dorado

La Paz

Durango

Cabo San Lucas

Mazatlán

NAYARIT

Oceano Pacifico settentrionale

JALISCO

0   50   100 MIGLIA

0   50   100 KM

Map copyright © 2017 Springer Cartographics

RINGRAZIAMENTI

Un uomo solo non sarebbe mai riuscito a catturare il boss della droga più ricercato al mondo. Nel corso della mia carriera ho avuto il piacere di lavorare con centinaia di uomini e donne a cui va il mio più sincero e profondo ringraziamento, ma ragioni di sicurezza mi impediscono di fare i loro nomi.

Nutro un'immensa gratitudine per mia moglie, per l'amore, il sostegno e la pazienza incrollabili. Il tempo che ha sacrificato in questi anni è stato un contributo essenziale al mio successo, e posso solo sperare che l'amore che provo per lei possa alleviarle almeno in parte le infinite preoccupazioni. I miei figli – la vera grande impresa della mia vita – hanno messo a fuoco il significato reale di questa vicenda. Saranno per sempre la mia ispirazione.

Ringrazio i miei genitori, i miei nonni, i parenti acquisiti, i fratelli, i cugini, gli zii, i nipoti e tutti gli amici che hanno seguito il mio viaggio da vicino e sono stati una fonte costante di affetto e sostegno. Un grazie particolare a due grandi amici: uno mi ha spinto a entrare nella DEA quando non ne avevo la minima intenzione, e l'altro è sempre stato presente nei momenti giusti, e ha generosamente offerto a me e alla mia famiglia le opportunità per andare avanti al meglio quando ho smesso di lavorare per la DEA.

Senza Diego Contreras la mia carriera nella DEA non sarebbe progredita alla stessa velocità. Siamo cresciuti insieme, complementari uno all'altro, fino a diventare una squadra formidabile. Gli sarò sempre grato per questo. Il suo approccio esperto e scaltro a un'indagine è stupefacente; Diego è stato la vera forza trainante che alla fine ha condotto alla cattura del Chapo. La sua innata abilità nell'infiltrarsi all'interno delle organizzazioni messicane fa di lui uno dei migliori investigatori sotto copertura nella storia delle agenzie federali. Sarà sempre un fratello e un compagno per me, nonostante la distanza che ci separa.

La Drug Enforcement Administration (DEA) è una delle più importanti agenzie del mondo, e mi considero fortunato e onorato di avere servito nelle sue fila insieme ad alcuni dei suoi uomini migliori. Un grazie particolare va all'ex amministratrice Michele Leonhart e al suo staff nel quartier generale; al direttore regionale Tom McAllister e al suo staff, compresi i vicedirettori regionali e i supervisori di gruppo; e agli agenti speciali, agli analisti, ai piloti, al personale amministrativo di supporto. Un grande grazie anche a Nico Gutierrez per le sue traduzioni e per il coordinamento in prima linea.

La missione non sarebbe mai andata in porto senza l'aiuto dell'ex SAC della divisione Operazioni speciali e del suo staff, in particolare Don Dominguez e la sua squadra, senza quello del mio ex ASAC e di due supervisori di

346

gruppo della squadra speciale Narcotici, nonché di tutti i miei colleghi del Team 3. Infine, un ringraziamento speciale a Snake per avere fatto in modo che tutto filasse sempre liscio.

Quando mi sono imbattuto per la prima volta nell'agente speciale Brady Fallon dell'Homeland Security Investigations ho avuto l'impressione di conoscerlo da anni. La sua umiltà, il suo buon umore e la sua determinazione sono stati fondamentali per creare e mantenere buone relazioni all'interno dell'HSI e della DEA; questo è uno dei segreti del nostro successo.

Nessuno riuscirà mai a comprendere fino in fondo cosa abbia comportato guidare un'indagine e un'operazione di tale complessità, ma Brady lo sa, perché abbiamo fatto praticamente ogni passo insieme. Devo a lui, a Neil Miller e a Joe Dawson un mondo di gratitudine; sono stati i cavalli da tiro dietro le quinte dell'operazione, gli eroi misconosciuti. Ho un debito di riconoscenza anche verso la tenace squadra dell'HSI. Supervisori, agenti speciali, analisti e traduttori. Senza il loro diligente lavoro e il loro coordinamento, la cattura non sarebbe mai avvenuta.

Leroy Johnson e la sua squadra di US Marshals avrebbero meritato più spazio di quanto il mio racconto abbia concesso, e non hanno ottenuto i riconoscimenti che meritano per il loro coraggio. Una volta entrati nel Sinaloa, le loro tecniche e la loro esperienza sono state essenziali. Ringrazio sinceramente ciascuno di loro.

Ci sono molte persone nel dipartimento di Giustizia e nella procura generale che meritano la mia gratitudine, ma nessuna è stata determinante per portare a termine l'operazione come Camila Defusio e il suo team di assistenti. I loro sforzi ci hanno fornito gli strumenti per individuare e catturare il signore della droga più sfuggente dei nostri tempi. Devo anche ringraziare diversi procuratori federali di San Diego e Chicago, con i quali ho avuto il piacere di lavorare a lungo; il loro sostegno ha avuto un impatto decisivo sull'indagine che ha portato alla cattura. Non ci saremmo riusciti senza di loro.

Nell'ufficio del Lincoln County Sheriff voglio ringraziare tutti coloro che mi hanno aperto le porte, dando inizio alla mia carriera nelle forze di polizia, e che non hanno mai smesso di sostenermi. Ho avuto il privilegio di vivere e di lavorare in un paese che sono arrivato ad amare quasi quanto il mio, e questo è merito soltanto del popolo messicano. Uomini e donne pieni di orgoglio per la propria nazione, che ti aprono le loro case, condividono la loro cultura e credono nel bene comune. L'ammiraglio Furia della SEMAR e i suoi marines sono quel genere di patrioti. *Todo por la patria.* I marines messicani vivono – e molti sono morti – per queste parole. L'ammiraglio Furia e la sua brigata hanno capito l'importanza della fiducia reciproca e hanno accettato la nostra presenza con totale spirito di collaborazione.

I rapporti fra nazioni – anche grandi come gli Stati Uniti e il Messico – spesso si riducono a una manciata di relazioni personali. A mio giudizio non c'è esempio migliore del nostro per dimostrare come due paesi possano operare come una squadra per ottenere ciò che sembra impossibile. È stato un grande onore lavorare gomito a gomito con la SEMAR; non sarò mai in grado di ripagare il mio debito di gratitudine con l'ammiraglio Furia e con tutti i marines che hanno partecipato all'operazione. Hanno protetto le nostre vite, garantendoci di tornare sani e salvi alle nostre famiglie senza mai sparare nemmeno un colpo. Sono guerrieri nel vero senso della parola, e porterò sempre con me il loro cameratismo.

Infiniti ringraziamenti vanno anche alla polizia federale messicana, alla procura generale del Messico e a tutte le unità antinarcotici dell'America Latina con cui io e Diego abbiamo lavorato intensamente nei primi anni. Sono uomini e donne che combattono ogni giorno una corruzione endemica, e con i loro successi riescono a migliorare la qualità della vita dei propri concittadini. Sono onorato di essere amico di molti di loro.

Ringrazio anche i membri delle forze di polizia canadesi – in particolare la polizia di Vancouver e la polizia provinciale del Quebec – per i loro sforzi e per il sostegno offerto alla DEA.

Sono immensamente grato a Douglas Century, il mio coautore. La sua dedizione generosa e il suo coinvolgimento sono stati decisivi nel cogliere ogni dettaglio, ogni fatto, ogni sensazione, ogni sentimento. Sono stati necessari diversi anni di duro lavoro per affinare ogni riga, ogni paragrafo, ogni pagina. Non avrei mai potuto scrivere questo libro senza di lui.

La mia agenzia, 3Arts Entertainment, ha avuto un ruolo determinante nel metterci insieme e nell'aiutarci a definire come rendere al meglio questa storia. Sono immensamente grato a tutta la 3Arts e all'intero team di HarperCollins.

Quando ero all'accademia della DEA, poco prima di diplomarci, realizzammo una T-shirt per la nostra classe su cui era scritto:

Guai all'empio! Il male ricadrà su di lui!
Isaia 3:11

Non è che fossimo particolarmente religiosi, ma quel sentimento ci si era radicato nel profondo. Non importa quanto sia forte e potente un criminale, quanto sia lontano o nascosto il suo covo: ci saranno sempre dei poliziotti, uomini e donne, che li consegneranno alla giustizia. Nessun criminale può agire impunemente per sempre.

Guai all'empio! È una frase che mi risuona nella mente dai tempi dell'accademia. E così il mio ringraziamento finale va a tutti quegli eroi del nostro paese che si dedicano a far rispettare la legge e che ogni giorno e ogni notte si impegnano a "far ricadere il male sull'empio" perché *noi tutti* possiamo dormire in pace.

A.H.

NOTA SULLE FONTI

Scrivere un libro ambientato nel *milieu* criminale dell'odierno narcotraffico può essere sconfortante. Molto spesso nel mondo del crimine ciò che passa per storia ufficiale è frutto di congetture o di mitologie. È quasi impossibile separare i fatti dalle favole: leggende metropolitane, folklore carcerario e vecchie storie di guerra vengono ripetuti da una generazione all'altra – raccontati su giornali, riviste, blog e libri – tanto da renderli spesso indistinguibili dalla verità. Questo valeva all'inizio per Chapo Guzmán come valeva per gangster americani come John Dillinger o Pretty Boy Floyd, Al Capone o Bugsy Siegel.

Gli Stati Uniti e l'America Latina oggi sono pieni di *narco-porn*: film osceni, libri, siti web e riviste che spesso indugiano in esagerazioni o voci infondate e glorificano le imprese di signori della droga spudoratamente ricchi.

È vero però che esistono centinaia di scrittori obiettivi che stanno in prima linea e parlano con coraggio e serietà del narcotraffico e della corruzione che si annida nelle istituzioni, mantenendosi imparziali e cercando il sostegno di fonti primarie. Il libro di Gabriel García Márquez *Notizia di un sequestro* – uno splendido resoconto del regno del terrore instaurato in Colombia da Pablo Escobar all'inizio degli anni Novanta – è stato per me fonte di ispirazione: è uno dei migliori esempi di come un autore di prima grandezza riesca, grazie a interviste serrate, ricerche meticolose e uno stile da narratore, a cogliere il terrore viscerale messo in atto da criminali come quelli del cartello di Medellín.

Per questo libro ho avuto la fortuna di lavorare con un ex agente federale che ha *vissuto* questi eventi, ne è stato testimone, ne ha fatto esperienza diretta. Non capita spesso che un uomo del calibro di Andrew abbandoni, così giovane, una brillante carriera all'interno di un'agenzia federale, con la sua indagine ancora fresca e al centro dell'attenzione. Insieme ci siamo sforzati di scrivere questo libro con rigore, separando le voci, i *sentito dire* e i resoconti di dubbia attendibilità che circondavano *il narcotrafficante più ricercato al mondo* dai fatti verificabili.

Troppo spesso le storie di uomini come Andrew non vengono raccontate. Questa operazione di cattura, con tutti i suoi intrecci e colpi di scena, meritava una cronaca accurata da consegnare alla posterità. E i personaggi-chiave – non solo Andrew, ma anche gli altri agenti della DEA e dell'HSI, gli US Marshals, le truppe e i comandanti della SEMAR – meritavano il giusto riconoscimento per tutti gli anni di sacrificio e di abnegazione che sarebbero altrimenti rimasti confinati nell'ombra. Sono immensamente grato a Andrew, e a tutti coloro che hanno lavorato duro – alla 3Arts Entertainment, all'HarperCollins e all'ICM Partners – per aiutarci a far conoscere questa storia unica.

D.C.

GLOSSARIO

Abrir las cartas: in spagnolo letteralmente *aprire le lettere* o *aprire i libri*. Nel contesto di un'indagine internazionale sul traffico di stupefacenti significa *condividere tutte le informazioni*.

ASAC: Assistant special agent in charge. Agente speciale a tutti gli effetti che riporta a un direttore, figura che negli Stati Uniti è detta GS-15. GS, acronimo di General Schedule, è il sistema di classificazione del grado e dei relativi compensi dei funzionari alle dipendenze del governo federale; 15 è la posizione più alta.

ATF: abbreviazione di United States Bureau of Alcohol, Tobacco and Firearms (oggi ufficialmente noto come Bureau of Alcohol, Tobacco, Firearms and Explosives). È un'agenzia federale che dipende dal dipartimento della Giustizia e indaga sui reati relativi all'uso, alla fabbricazione e al possesso di armi da fuoco ed esplosivi, nonché al traffico illegale di alcolici e tabacchi.

Beltrán-Leyva: cartello della droga messicano guidato dai cinque fratelli Beltrán-Leyva. Oggi ha base nella parte settentrionale dello Stato di Sinaloa. Nato come diramazione del cartello di Sinaloa, è diventato indipendente dopo l'arresto di Alfredo Beltrán-Leyva, noto anche come *El Mochomo*, nel 2008. I Beltrán-Leyva hanno sempre ritenuto Chapo Guzmán responsabile di quell'arresto.

Birria: stufato di carne di capra piccante.

Caballeros Templarios, Los: i Cavalieri Templari, cartello della droga messicano composto dai resti del defunto cartello della Familia Michoacana con base nello Stato di Michoacán.

Cajeta: letteralmente *caramello*, è il termine gergale utilizzato nelle DTO per indicare la marijuana messicana di qualità.

Carnal: spesso abbreviato in *cnl* negli sms, significa letteralmente *carnale, consanguineo*, e viene usato affettuosamente come *fratello*.

Chanclas: sandali.

Chilango: termine gergale per indicare gli abitanti di Città del Messico o la gente nata nella capitale.

Cholo: in origine definiva un *mestizo*, cioè un individuo nato dall'incrocio dei coloni europei con gli indios. Oggi il termine *cholo* viene usato per definire un messicano dei ceti più bassi (soprattutto nelle aree metropolitane) o un bandito. Nel mondo del crimine e della droga cholo sta per *duro* (come in Cholo Iván Gastélum, il boss della piazza di Los Mochis).

Cisne Negro: *cigno nero* in spagnolo. È il nome dell'operazione top-secret lanciata dalla SEMAR per ricatturare Chapo Guzmán nel gennaio 2016.

Cuete: letteralmente *razzo (cohete)*. In gergo viene usato per *pistola* o *rivoltella*.

Desmadre: termine intraducibile usato in particolari locuzioni per indicare qualcosa di eccessivo; da sballo, casino.

Direttore regionale: il massimo dirigente di un ufficio internazionale della DEA. Il direttore regionale è responsabile di una regione estera definita (dall'ufficio territoriale di Città del Messico, per esempio, dipendono gli uffici DEA di Canada, Messico e America Centrale). Il direttore regionale riporta direttamente al capo delle Operazioni a Washington.

DTO: acronimo di Drug-Trafficking Organization, organizzazione dedita al traffico di stupefacenti.

El generente: *il direttore*, uno dei nomi in codice di Chapo Guzmán.

El Señor: *signore*, termine di rispetto e uno dei nomi in codice di Chapo Guzmán.

Elote: mais dolce in tazza con burro sciolto e una spruzzata di maionese e peperoncino in polvere.

Gárgola: *gargoyle* in spagnolo. È il nome dell'operazione top-secret lanciata dalla SEMAR per catturare Chapo Guzmán nel febbraio 2014.

GS: supervisore di gruppo. GS-14 negli Stati Uniti e in sedi estere (vedi ASAC).

Güey: equivalente di *amico* in proposizioni esclamative e interrogative.

Halcón (los halcones): *falco* in spagnolo. Fiancheggiatori che spiano e riferiscono quello che succede intorno a loro, avvisando i cartelli di movimenti e attività della polizia, dell'esercito o di altre organizzazioni.

Inge: abbreviazione di *ingeniero* (ingegnere), uno dei nomi in codice di Chapo Guzmán.

Jefe de jefes: *Capo dei capi* in spagnolo. È la definizione per il leader di un cartello in Messico, spesso associata a Miguel Ángel Félix Gallardo.

La Paz: letteralmente *la pace*, è una città del Messico situata sulla costa orientale della penisola della Bassa California.

Las Tres Letras: *le tre lettere* in spagnolo. È il modo in cui i cartelli della droga chiamano la DEA.

Lic: Abbreviazione di *licenciado*.

Licenciado: *laureato* in spagnolo. Nel gergo dei cartelli si riferisce quasi sempre a un avvocato o a un consulente di alto profilo.

Machaca con huevo: manzo secco tritato e strapazzato con le uova. Viene spesso consumato come prima colazione.

Mariscos: *frutti di mare*, soprattutto vongole, ostriche e gamberetti. Piatto molto popolare nello Stato di Sinaloa.

Más tranquilo: *più tranquillo*.

Nana: *nonna*, uno dei nomi in codice di Chapo Guzmán.

Narcocorrido: letteralmente *ballata della droga*. Si tratta di un popolarissimo sottogenere del *norteño*, la tradizionale musica folk del Messico settentrionale. Si ritiene che il moderno narcocorrido sia nato nel 1974 con lo straordinario successo di *Contrabando y Traición* (*Contrabbando e Tradimento*) dei Los Tigres del Norte. Oggi è un genere enormemente diffuso sia in Messico sia negli Stati Uniti, e ci sono artisti che accettano di scriverne su commissione per boss della droga e trafficanti che vogliono vedere celebrate le loro imprese. Per il ritmo incalzante affidato a tube e fisarmoniche, e per i testi in cui spesso si esaltano l'omicidio, la vendetta e la violenza, l'odierno narcocorrido viene spesso paragonato al gangsta rap degli anni Novanta. Si può dire che oggi è la forma di musica più in voga tra i giovani, malgrado il fatto che trovi poco spazio alla radio e che le autorità facciano di tutto per proibirlo. La sua popolarità cresce grazie ad artisti come Roberto Tapia, Gerardo Otiz, Movimiento Alteradand e El Komander, che attirano schiere di fan con canzoni che celebrano i signori della droga.

Narcos junior: i figli dei trafficanti ormai anziani; una nuova e più appariscente, pacchiana, eccessiva generazione di narco. A differenza dei loro padri o nonni, per la maggior parte i narcos junior sono stati cresciuti in un ricco ambiente urbano e hanno un grado di istruzione elevato.

Navolato: città messicana a ovest di Culiacán nello Stato di Sinaloa.

NCAR: North and Central Americas Region, la direzione regionale della DEA per il Canada, il Messico e il Centro America.

Palapa: tradizionale capanno messicano col tetto di foglie o rami di palma, spesso costruito sulla spiaggia o vicino a uno specchio d'acqua.

Pan dulce: pane dolce spesso consumato come prima colazione.

Pattern of life: metodo di sorveglianza usato in particolare per studiare e documentare i movimenti e le abitudini quotidiane di un soggetto. L'analisi delle informazioni ottenute può essere utile alle forze di polizia per prevedere le future azioni del soggetto tenuto sotto osservazione.

PF: Policía Federal. Polizia federale messicana.

PGR: Procura generale della Repubblica. In Messico il procuratore generale è una carica politica, paragonabile al ministro della Giustizia italiano.

Pinche cabrón: espressione volgare equivalente a *figlio di puttana* o *bastardo*. Può anche essere usata in senso non dispregiativo come *tipo tosto*.

Plaza: territorio, zona controllata da una banda o anche via principale di contrabbando tra il Messico e gli Stati Uniti. Può significare altresì il dazio da pagare per l'uso di queste vie.

Rápida: letteralmente *veloce*. Nel gergo messicano indica i pickup armati impiegati dalla SEMAR.

Raspados: l'equivalente della granita.

SAC: Special agent in charge. Massimo dirigente responsabile di una specifica zona di divisione nazionale (la divisione di Chicago, per esempio, ha giurisdizione su Illinois, Indiana, Wisconsin e Minnesota).

Secre: abbreviazione di *secretario*, uno dei nomi in codice di Chapo Guzmán o dei suoi segretari Condor e Chaneke.

SEDENA: Secretaría de la Defensa Nacional, l'esercito messicano.

SEMAR: Secretaría de Marina, i marines messicani.

Sierra Madre: nome delle tre catene montuose del Messico. La Sierra Madre Occidentale corre lungo il mare di Cortez (o golfo di California) e attraversa la zona orientale dello Stato di Sinaloa.

Specchio: tecnica utilizzata dai trafficanti per sfuggire al controllo elettronico da parte delle forze di polizia: membri del cartello di basso livello rinviano manualmente sms e messaggi da un cellulare a un altro che funge da specchio e li rinvia a un terzo. Si rende così difficile ai controllori tenere traccia dei messaggi fino al destinatario finale, e se ne ostacola l'intercettazione.

Tacos de canasta: tacos fatti in casa serviti da un cesto, spesso tenuto nel bagagliaio di un'auto.

Tlacoyos: piccole tortilla ovali a base di farina di granturco ripiene di fagioli (o fave), formaggio, carne, e coperte di salsa piccante. Vengono cucinate all'aperto da venditori ambulanti su un *comal* (particolare tipo di piastra un tempo di ceramica, ma oggi perlopiù di acciaio o di ghisa).

Zetas, Los: cartello della droga messicano formato da disertori delle forze speciali dell'esercito. Inizialmente reclutati dal cartello del Golfo come forza paramilitare, nel 2010 Los Zetas si separarono per dare vita a un proprio cartello. Considerato il più violento degli odierni cartelli messicani, Los Zetas si dedica anche ai sequestri di persona e all'estorsione.